Isabelle Liegl & Albert Wunsch
Wo bitte geht's nach Stanford?

W0085793

Isabelle Liegl & Albert Wunsch

# Wo bitte geht's nach Stanford?

Wie Eltern die Leistungsbereitschaft
ihrer Kinder fördern können

Dieses Buch ist erhältlich als:
ISBN 978-3-407-86450-5 Print
ISBN 978-3-407-86452-9 E-Book

1. Auflage 2017

© 2017 im Beltz Verlag
in der Verlagsgruppe Beltz · Weinheim Basel
Werderstraße 10, 69469 Weinheim
Alle Rechte vorbehalten

Lektorat: Katharina Theml, Büro Z, Wiesbaden
Umschlaggestaltung: www.anjagrimmgestaltung.de (Gestaltung),
www.stephanengelke.de (Beratung)
Umschlagabbildung: Illustration © Thomas Kappes, gutentag-hamburg.de
Layout, Satz und Herstellung: Antje Birkholz
Druck und Bindung: Beltz Bad Langensalza GmbH, Bad Langensalza
Printed in Germany

Weitere Informationen zu unseren Autoren und Titeln finden Sie unter: www.beltz.de

# Inhalt

Vorwort von Isabelle Liegl .......................................... 7
Eine Navigationshilfe auf dem Weg nach oben –
    von Albert Wunsch ........................................ 14


**Teil 1 von Isabelle Liegl: Der Weg von der Familie
zur Top-Hochschule** .......................................... 21
Auf dem Weg zum Ziel ...................................... 23
Kindheit ...................................................... 32
Schule ........................................................ 60
Der Weg in die internationale Ausbildung ................ 99
Studieren in den USA ...................................... 119
Der Bewerbungsprozess ................................... 150
Finanzielle Unterstützung ................................. 169
Stipendiaten berichten über ihre Erfahrungen ........ 177
Kulturelle Besonderheiten an amerikanischen
    Universitäten ........................................... 190
Gap Year – Raus aus der Komfortzone .................. 212
Während der Schulzeit in die USA
    und nach Kanada ....................................... 216


**Teil 2 von Albert Wunsch: Dem Wollen mit
Können gezielt den Weg weisen** ........................ 223
Faktoren einer behutsamen Erziehung zwischen
    Unter- und Überforderung ........................... 225
Was ist eine Leistung und wer definiert den
    Leistungsanspruch? ................................... 250

Durch welche Einflüsse wird der Leistungswille
   massiv reduziert? ........................................................ 294
Durch welche Initiativen wird die
   Leistungsfähigkeit gefördert? ................................. 313

Danksagungen .................................................................. 341
Anmerkungen ................................................................... 342

# Vorwort von Isabelle Liegl

Gerade einen Tag ist es her, dass wir aus Chicago zurückgekommen sind. Vier Tage waren wir in der Windy City, die für eine Stadt mit vielen Hochhäusern besonders schön ist. Nicht zu groß und nicht zu klein, gelegen an einem himmelblauen Riesensee, von ausnehmend schöner Architektur, mit ungewöhnlich vielen und berühmten Skulpturen auf großen Plätzen, interessanten und kreativen Restaurants und *last but not least* einem der schönsten Kunstmuseen der Welt, dem Art Institute of Chicago, sowie einer hervorragend besetzten Oper.

Für uns aber ist und war ein Ort der beste aller Orte in Chicago, die University of Chicago, an der unser jüngerer Sohn Frederic studiert. Eine Universität wie aus dem Bilderbuch, mit weinberankten Gebäuden im neogotischen Stil, einer alten Bibliothek, die an *Harry Potter* erinnert, und einer enormen modernen Bibliothek unter einem imposanten eiförmigen Glasdach. Auf dem Weg zu topmodernen Forschungszentren begegnen wir einer Menge internationaler Studenten und Studentinnen und erleben die dem Mittleren Westen eigene Liebenswürdigkeit, wie man sie nur noch selten auf der Welt findet.

Neben vielen kleinen Cafés gibt es einen wunderschönen Hauptplatz, der von Besuchern aus unzähligen Ländern nur so wimmelt. Gruppen von Touristen betrachten andächtig die Inschriften auf den Gebäuden und hoffen, einen Nobelpreisträger zu entdecken – und sie sprechen von der Zukunft ihrer Kinder. In der University of Chicago finden Sie laut *The Economist* die beste Business School der Welt, genannt Booth, an der weltweit die meisten Nobelpreisträger in Economics lehren.

Unser älterer Sohn studiert an der Stanford University, ebenfalls in den USA an der Westküste in der Nähe von San

Francisco gelegen. Die Universität Stanford liegt im sogenannten Silicon Valley und ist so groß, dass man zumindest ein Fahrrad braucht, um sich auf dem Campus zu bewegen.

Es gibt unzählige neue Gebäude, gestiftet von bekannten Firmengründern und berühmten Unternehmen, Palmen säumen die Hauptavenuen, der Konzertsaal wurde in zwei Jahren gebaut und würde die Münchner glücklich machen. Es gibt ein hervorragendes Krankenhaus auf dem Campus, genauso wie ein großes und schönes Einkaufszentrum. Was jedoch besonders auffällt, ist die sportliche und fröhliche Atmosphäre um uns herum. Alle fahren auf Fahrrädern und Skateboards, sausen gut gelaunt auf Rollschuhen von Gebäude zu Gebäude oder über Plätze, die mit beeindruckenden Skulpturen geschmückt sind. Alles ist grün, voller Blumen und sehr gepflegt. Das Klima ist angenehm, nicht zu heiß und nicht zu kalt. Auf dem Hauptplatz spielt ein bärtiger, langhaariger Physikprofessor täglich Saxofon. Eine Gruppe junger Frauen protestiert gegen Diskriminierung, eine andere Gruppe übt einen Tanz ein. Das Football-Stadion ist fast so groß wie die Allianz Arena in München, und die Fitnesszentren übertreffen alles, was man sich nur vorstellen kann. Stanford-Studenten gewinnen bei den Olympischen Spielen im Schnitt 16 Medaillen, und wenn sie als eigenes Land antreten könnten, wären sie die Fünftbesten der Welt.

Beide Universitäten – die University of Chicago und die Stanford University – gehören zu den Top-Universitäten der Welt.

Sie werden sich nun vielleicht denken: Da ist offenbar eine extrem ehrgeizige Mutter bei ihren verwöhnten Sprösslingen zu Besuch gewesen, die die letzten Jahre damit verbracht hat, ihre Kinder auf Höchstleistungen zu drillen. Doch so einfach ist es nicht – vor allem ist es falsch. Unsere Kinder sind ambitioniert – oder wie soll ich es sagen? Ehrgeizig. Dieses Wort hat im Deutschen einen eher negativen Klang, denn Geiz ist keine

Tugend, er ist verwandt mit dem Neid. Und der ist allenfalls eine Untugend.

Für mich ist der Werdegang meiner Kinder eher ein Beweis dafür, wie es gehen kann, wenn manche Phasen im Leben ein bisschen anders gestaltet sind, sei es generell während der Kindheit oder speziell in Kindergarten und Schule und dann vor allem in der wichtigen Zeit vor dem Schulabschluss. Aber was heißt hier anders?

Anders heißt, Erziehungsideale oder Sichtweisen zu haben, die sich durchaus von traditionellen oder auch vermeintlich deutschen unterscheiden. Anders ist, wenn durch die Erziehung der Vergleich von Deutschland mit Ländern wie England, Frankreich und den USA erst auffällig wird. Wenn ich mich streng nach hierzulande üblichen und von der Mehrheit für gut befundenen Erziehungsregeln richte, dann kann ein Vergleich gar nicht erst entstehen, denn mein Fokus ist nur nach »innen« gerichtet. Der Blick nach »draußen« aber findet oftmals nicht oder nur sehr eingeschränkt statt, mit vielen Vorbehalten, falschen Informationen und bei uns auch gern mit viel Kritik. Anders ist, wenn als Ziel der Erziehung nicht die Konformität oder die möglichst optimale Anpassung an das vorhandene System angestrebt wird, sondern wenn das Ziel in einer Fülle von Möglichkeiten besteht, unter denen man eine informierte Entscheidung treffen kann, die den persönlichen Talenten und Vorstellungen gerecht wird. Und dabei geht es nicht um äußerliche Entscheidungsfaktoren wie Land, Leute, Sprache oder was »man« für das Beste hält, sondern es geht um Erkenntnisse, die die Kinder und Jugendlichen selbst erfahren haben: Wer bin ich? Was kann ich? Wo kann ich mich verbessern und wie schaffe ich das?

Wir haben zu Hause Wert darauf gelegt, dass unsere Kinder bereits früh gejobbt und sich sozial engagiert haben. Sie haben von beiden Elternteilen gelernt, dass es im Leben nichts geschenkt gibt und dass es sich aus vielen Gründen lohnt, etwas zu leisten – nicht zuletzt deshalb, weil der schönste Erfolg ein verdienter Erfolg ist.

Es ist ein Modell, das sich letztlich aufs ganze Leben übertragen lässt. Und es ist eines, das in der Erziehung oft zu kurz kommt. Da wird gern der leichte Weg genommen, sei es wegen mangelnden Interesses, sei es, weil alles andere zu anstrengend ist oder weil wir oft genug nicht wissen, was richtig und was falsch ist, was unsere Kinder weiterbringt und was sie stresst, oder weil wir schlichtweg nicht wahrnehmen, was gut oder eben nicht so gut läuft. Gern wird die Verantwortung auch ab einem gewissen Alter abgegeben – und das Internat übernimmt den Job.

Doch so leicht darf man es sich nicht machen. Tatsächlich steckt in unseren Kindern alles drin – man muss es nur herauslocken. Viele Kinder könnten so viel besser reüssieren, wenn man sie nur frühzeitig mit ihren Fähigkeiten bekannt gemacht hätte.

Wir haben von unseren Kindern nichts Unmögliches verlangt. Aber wir haben sie auch nicht unterfordert. Wir haben sie gefördert und gefordert, und ich kann sicher sagen, es sind glückliche junge Menschen aus ihnen geworden. Und das sicher nicht *trotz* gewisser Forderungen, die wir an sie gestellt haben, sondern zu einem Gutteil auch *wegen* dieser Forderungen. Wir haben sie aufgefordert, sich nicht mit weniger zufriedenzugeben, als sie leisten und schaffen können. Wir haben sie aufgefordert, sich Ziele zu setzen und diese Ziele auch mit Leidenschaft zu verfolgen. Ein chinesisches Sprichwort rät, sich einen Beruf zu suchen, den man liebt, denn dann muss man nie wieder arbeiten! Diese Vorstellung gefällt mir.

Das Wesentliche aber, was wir aus Stanford und Chicago zurück nach München mitgebracht haben, ist der Eindruck, dass wir bis jetzt entgegen aller Unkenrufe, die lange nicht verstummen wollten, wohl alles richtig gemacht haben – soweit man so etwas behaupten kann. Unsere Kinder erhalten eine unglaublich gute Ausbildung an zwei der besten Universitäten der Welt. Dazu gehört ein Kosmos, in dem Intelligenz, Kreativität und Zukunft brillieren. Es gibt herausragende Forscher und beeindruckende Professoren, die weltweit Anerkennung genießen. Eine der besten Stammzellenforscherinnen der Welt lebt und arbeitet in Stanford – sie war in ihrem früheren Leben Bibliothekarin. Die Studenten und Studentinnen sind beeindruckend interessant, offen und motiviert, und der Campus, auf dem sie leben und arbeiten, ist nicht nur schön, sondern bietet einfach alles, was man sich als Eltern für seine Kinder erträumen kann.

Und das fühlt sich wirklich gut an. Nicht weil wir uns persönlich bestätigt fühlen, sondern weil wir uns schlichtweg keine Sorgen zu machen brauchen. Unsere Söhne können mit Hilfe ihrer Universitäten durchstarten, nicht nur in puncto Praktika oder Jobs, sondern auch im Anschluss daran. Diese Sicherheit kommt nicht von allein und mühelos oder weil unsere Söhne Genies sind. Denn das sind sie sicherlich nicht. Sie kommt durch harte Arbeit zur richtigen Zeit. Sie kommt von einer durchdachten Bewerbungsstrategie dank langer und intensiver Vorarbeit im Rahmen ihrer persönlichen Fähigkeiten, Begabungen und Kräfte.

Ich spreche hier von einer regelrechten Vermarktungsstrategie – ja, Sie haben richtig gelesen, und ich weiß, dass das bei nicht üblich ist und für viele beinahe abstoßend klingt. Und gerade deshalb wird sich ein Teil des Buches genau auf diese Strategien konzentrieren.

Dieses Gefühl, den richtigen Weg eingeschlagen zu haben, kommt auch von einer positiven und leistungsorientierten Einstellung, deren Samen bereits in der Kindheit gesät wurde und die durch Konsequenz und die Vermittlung von Werten zum Blühen und zum Erfolg gebracht wurde. Denn für alles im Leben gilt: Möchte ich mehr erreichen als das Herkömmliche und Bekannte, muss ich mich besser informieren, mich mehr anstrengen, härter arbeiten und oft auch länger durchhalten. An den Top-Universitäten der Welt ist jeder angenommene Student gut und arbeitet während seines Studiums hart, *twenty four seven* (vierundzwanzig Stunden an sieben Tagen der Woche), wie man in England und in den USA sagt.

In Chicago lernte ich einen jungen Mann kennen, der aus einer deutschen Kleinstadt kommt und seit einem Jahr an der University of Chicago studiert. Er hat ein Full Scholarship von der Universität erhalten, und dieses Vollstipendium zeigt, dass nicht nur zahlende Eltern in der Lage sind, ihren Kindern diese Ausbildung zu ermöglichen. Wer sich anstrengt, wer unbedingt will, wer sein Bestes gibt und für seine Ziele kämpft, der kann es schaffen, an eine der besten Hochschulen der Welt zu kommen.

Es gibt viele Ziele, die man mit der richtigen Einstellung erreichen kann, viele Wege, die man seinen Kindern durch eine ambitionierte Erziehung eröffnen kann. Es muss nicht für jeden eine der Top-Universitäten der Welt sein. Es kann die Gründung einer Theater-AG in der Schule sein, eine künstlerische Karriere oder der erfolgreiche Einstieg in den nichtakademischen Wunschberuf. Es kann eine soziale Berufung sein oder die Verwirklichung eines Musikerlebens. Wichtig ist doch die individuelle Leistung und dass Ihr Sohn oder Ihre Tochter erreichen, was sie sich wünschen und vorgenommen haben, und dass das Erreichte zum Glück und zur Zufriedenheit im Leben beiträgt.

Eines kann ich sicher sagen: Ein geglücktes Leben schafft glückliche Menschen. Und wenn das Glück unserer Kinder der Sinn der Erziehung ist, dann ist ein gewisser erzieherischer Ehrgeiz nicht die schlechteste Methode.

In unserem Fall war es der deutlich geäußerte Wunsch unserer Söhne, an einer sehr guten Universität in den USA zu studieren, der wahr geworden ist. Daher kann und werde ich vor allem davon erzählen. Doch Sie können unsere Erkenntnisse und Erfahrungen auch auf Ihre eigenen Wünsche und Ziele anwenden. Sie können dieses Buch als Ratgeber lesen, wie man in seinen Kindern den Wunsch nach mehr weckt, mehr als das Bequeme, Gewohnte oder Naheliegende. Sie können es als fundiertes Erziehungssachbuch lesen, und Sie können ziemlich konkret lesen, wie man es an eine Top-Universität schafft. Sie können es aber auch als Bericht einer Mutter lesen, die für sich erkannt hat, dass das Leben für ihre Kinder vieles bereithält und dass man ihnen dabei helfen kann, eigene Ambitionen zu entwickeln und diese dann auch zu verfolgen.

Deshalb hoffe ich, Sie mit unserem Plädoyer für eine pragmatische, positive, sensible, behutsame und engagierte Lebensweise mit Kindern anzuregen, zu überzeugen und vielleicht sogar zu begeistern.

Ich freue mich sehr, den renommierten Erziehungswissenschaftler und bekannten Sachbuchautor in Erziehungs- und Lebensfragen Albert Wunsch als Co-Autor für dieses Buch gewonnen zu haben. Er wird mit seinem großen Sachverstand, seiner Qualifikation und langjährigen Erfahrung im zweiten Teil des Buches seinen Ansatz und seine Gedanken zu den Themen Erziehung und Leistung darlegen. Somit erhalten Sie als Leser und Leserinnen die Möglichkeit, seine Ausführungen auf sich wirken zu lassen, um gleichzeitig zu erfahren, wie wir unsere Kinder durch Erziehung und Führung auf Leistung und Internationalität vorbereiten können

München, den 15. November 2016,

Isabelle Liegl

# Eine Navigationshilfe auf dem Weg nach oben

von Albert Wunsch

*»Was wir am Nötigsten brauchen ist ein Mensch,*
*der uns dazu bringt, das zu tun, was wir können.«*
Ralph Waldo Emerson

Werden erfolgreiche Menschen gefragt, was sie denn konkret unternommen hätten, um den aktuellen Stand zu erreichen, geraten sie meist ins Grübeln. Denn im Rückblick sind die vielen Detailentscheidungen, Zweifel, Einschränkungen, Zwischenerfolge, Irrwege, der Umgang mit Durchhänge-Phasen sowie die damit notwendigen nicht einfachen Selbst-Motivationsvorgänge so miteinander verwoben, dass sie nicht mehr differenziert benennbar sind.

Das erinnert mich an folgende Begebenheit. Ein Interessent beauftragte Picasso, ihm ein Bild mit einer sehr persönlichen Aussage zu malen. Als er nun nach Monaten das Ergebnis sah, war er überwältigt. Mit wenigen Stilmitteln hatte der Künstler das Thema grandios getroffen. Einfühlsamer hätte das Werk nicht sein können. Als er dann den Preis erfuhr, zuckte er zusammen. »Herr Picasso, für so wenige Linien so viel Geld?« Seine Antwort: »Werter Herr, Sie sehen nur das Ergebnis und nicht die inhaltliche Auseinandersetzung mit dem Thema, die vielen Fehlentwürfe und wochenlangen Mühen im Detail.«

Ähnlich könnte es Ihnen als Leserinnen und Leser bei der Lektüre von Isabelle Liegls Ausführungen gehen. Auch sie wird nur ansatzweise die vielen Details beschreiben können, welche letztlich dazu führten, dass ihre Söhne das erstrebte Ziel erreichten. Denn je authentischer eigene Erfahrungen beschrieben werden, je umfassender geraten dabei die – hier von den Eltern erbrachten konkreten – »Erfolgs-Zutaten« aus dem Blickfeld und es erscheinen manche wichtige Handlungsschritte bzw. Initiativen gar nicht mehr so klar oder bedeutsam. Auch wird das »Familien-System Liegl« den Söhnen Wesentliches – einfach durch das Zusammenleben – vermittelt haben, was den Beteiligten gar nicht als solches bewusst sein wird.

»Und wo geht's hier zum Erfolg?« – Diese Frage scheinen nicht nur junge Menschen bei der Planung der eigenen Zukunft zu haben. Aber ein zufriedenstellender Lebenserfolg hängt nicht nur von dem ab, was man tut, sondern ebenso sehr von dem, was man bewusst lässt. Jede Zielbevorzugung hat die Konsequenz, anderes gleichzeitig auszugrenzen. So erfordern anstehende Entscheidungen ständig eine Auseinandersetzung mit dem »Für und Wider«. Als Eltern haben Sie dabei die Aufgabe, allgemein wichtige Anhaltspunkte mit den Voraussetzungen Ihres Kindes im Angesicht der zukünftigen ökonomischen und sozialen Wirklichkeit in Abgleich zu bringen. Gleichzeitig sind dabei typische Erfolgsfaktoren in den Blick zu nehmen. Dazu testete beispielsweise das Unternehmen TalentSmart über eine Million Menschen und fand dabei heraus, »dass sich in den oberen Rängen der Erfolgreichen vor allem Menschen befinden, die über eine hohe emotionale Intelligenz verfügen: Ganze 90 Prozent der Spitzenreiter zeichneten sich durch diese Eigenschaft aus.«[1] Es lohnt, sich diese Fakten etwas genauer anzusehen, um herauszufinden, welche Dinge diese Menschen verstärkt berücksichtigen beziehungsweise tunlichst vermeiden, um dadurch in möglichst jeder Situation gelassen, selbstbewusst, kontrolliert und damit zielstrebiger zu agieren.

Ziele, Wünsche, anspruchsvolle Vorhaben oder gar Ansprüche zu formulieren, ist recht einfach. Aber wie viel Kraft, Ausdauer und Können – aber auch Verzicht – zur Umsetzung notwendig sind, wird dabei meist ausgeblendet. Ebenfalls ist selten im Blick, welchen Nährboden diese Voraussetzungen zu ihrer Entwicklung benötigen. Und selbst wenn unsere Kinder eine gute Basis des Aufwachsens hatten und mit einer »satten emotionalen und biologischen Mitgift« in ein durch Selbstständigkeit und Eigenverantwortung geprägtes Leben starten, ist immer erneut die Balance von persönlicher Überforderung beziehungsweise Unterforderung, inhaltlich-sachlicher Sinnhaftigkeit beziehungsweise fehlender Angemessenheit im Blick zu halten.

Als ich nach einer persönlichen Anfrage den Auftrag übernahm, als Co-Autor die biografische Schilderung eines erfolgreichen Erziehungs- und Begleit-Prozesses einer Mutter von zwei Söhnen auf dem Weg zu Top-Universitäten in den USA für andere Leser fachlich zu untermauern, stand ich vor grundlegenden Fragen. Sollte ich den konkreten Erfahrungsschatz bzw. die verschiedenen Kernaussagen dieser Mutter jeweils mit einem: »Stimmt so, ist fachlich belegbar!« abhaken? Oder ging es eher darum, weniger haltbare Positionen herauszufiltern bzw. fehlende zu ergänzen? Ich entschied mich nach einem gedanklichen Austausch mit Isabelle Liegl im Vorfeld des Buches und nach einem intensiven Durchlesen ihrer pragmatischen und nachvollziehbaren Aufzeichnungen dazu, nicht verschiedene Details bestätigend oder relativierend herauszugreifen, sondern diese »Erziehungs-Geschichte« insgesamt als engagiertes Beispiel positiv zu würdigen und mich hinter ihre Gesamtaussagen zu stellen. Um Ihnen als Leserinnen und Leser einen Zugewinn zu ermöglichen, habe ich ergänzend wesentliche Basisfaktoren zusammengetragen, welche hier und da direkt oder indirekt auf den Text von Isabelle Liegl Bezug nehmen und ihn damit gleichzeitig insgesamt ergänzen. Dabei geht es einerseits um grundlegende erziehungswissenschaftliche und psychologische Erkenntnisse als Anregung und Orientierung für die Begleitung Ihrer Kinder, andererseits um etliche wichtige Differenzierungen.

Um diesen Gedanken in ein Bild zu bringen: Wenn jemand beispielsweise zum ersten Mal vor dem Kölner Dom steht, wird er diesen einfach nur wahrnehmen und bewundern. Sollte aber ein Betrachter ein ähnliches Bauwerk errichten wollen, wird er sich intensiv damit beschäftigen müssen, wie auf Rheinsand dennoch das Fundament für ein so großartiges Bauwerk errichtet werden kann, welche Natursteine und andere Materialien für welche Zwecke nicht oder bestens geeignet sind, um die Statik zu garantieren, usw. Meine Ausführungen setzen im Teil 2 dieses Buches (siehe Seite 223 ff.) an dem Punkt ein, wenn das Betrachten und Aufnehmen der Schilderung von Isabelle Liegl beendet wurde und Sie an die Umsetzung gehen wollen. Und vergleichbar den wichtigsten statischen Planungs-Elementen bei Bauwerken habe ich folgende Anhaltspunkte zur Stabilisierung von Kindern und Jugendlichen zusammengestellt:

1. Faktoren einer behutsamen Erziehung zwischen Unter- und Überforderung
2. Was ist eine Leistung und wer definiert den Leistungsanspruch?
3. Durch welche Einflüsse wird der Leistungswille reduziert?
4. Durch welche Initiativen wird die Leistungsfähigkeit gefördert?

Dies geschieht aus unterschiedlichen Perspektiven, basierend auf langjährigen praktischen Erfahrungen als Erziehungswissenschaftler, Psychologe und Konflikt-Coach. Aber auch manche Erkenntnisse als Vater von zwei Söhnen und Großvater mit drei Enkeltöchtern sowie meine langjährigen Erfahrungen als Leiter von Jugendeinrichtungen und als Hochschullehrer flossen in den Text. So soll in »Pro und Kontra« der Blick für möglichst passgenaue Entscheidungskriterien und Handlungsansätze geschärft werden.

Sie als Eltern möchte ich ermutigen, dadurch all jene Talente, Interessen und Vorhaben Ihrer Kinder und Jugendlichen so optimal wie möglich aufzugreifen und zu fördern, ohne sie dabei zu überfordern. Dabei fungieren Sie als »Spezial-Navi« für Ihre Kinder, indem Sie die Koordinaten auf dem – sicher auch oft beschwerlichen – Weg zum Ziel verdeutlichen, um so zu deren ganz persönlichen Berufsbestrebungen und ihrer Lebenszufriedenheit beizutragen.

Werden diese Aspekte aufgegriffen und berücksichtigt, haben Sie große Aussichten auf stabile und erfolgreiche Kinder und Jugendliche. Und wenn dann einmal in etlichen Jahren irgendwelche Menschen mit dem Blick: »Was für ein tolles Werk« auf Ihre Töchter und Söhne schauen, dann weisen Sie diese auf die dafür notwendige »Bauanleitung«, pardon, auf die durch Sie erbrachte Detail-Leistung hin, welche in der Regel mit viel Freude und Elan, aber auch mit Hadern, Irrwegen, kurzen Nächten, tröstenden Passagen, pubertätsbedingten Auseinandersetzungen, mit viel Herzblut – wird meist als Schweiß sichtbar – und etlichen Etappenerfolgen verbunden ist.

Ergänzend werden Sie in diesem Text auch Gedankenanstöße finden, damit persönliches Erfolgsstreben nicht zu einem fatalen Karriere- oder Machtkampf wird. Dies ist einerseits wichtig, weil mit Karriere und Macht »alles und jenes« verbindbar ist, und andererseits, weil erfolgreiche Menschen über ein besonders hohes Maß an Einfühlungsvermögen, Verlässlichkeit, sozialer Verantwortung, Respekt gegenüber anderen, Klarheit, Glaubwürdigkeit und Zukunftsorientierung verfügen sollten. Jede Generation hat die Aufgabe, Kindern und Jugendlichen ein Grundverständnis von gut und böse, richtig und falsch, verwerflich und förderlich zu vermitteln. Denn dies sind jene Faktoren, welche unserem Leben letztlich eine hoffungsvolle und menschenwürdige Zukunft geben.

Wie der eingeschlagene Weg zu meistern ist, wird durch folgenden Satz aus einemSongtext von *Kontra K* umrissen: »Erfolg ist kein Glück – Übung macht den Meister.« In diesem Sinne wünsche ich Ihnen als Väter und Mütter eine ermutigende Begleitung Ihrer Töchter und Söhne auf dem Weg zur angestrebten Top-Universität oder jedem anderen Ziel, das Ihre Kinder erreichen wollen.

Ich schließe meine Navigationshilfe mit einigen Gedanken, welche Sie in einer eher schwierigen Phase beflügeln können: Als der mutige und erfahrene Christoph Kolumbus den Lebenstraum hatte, auf einer völlig neuen Seeroute nach Indien zu gelangen, ging er dieses Wagnis in dem Wissen ein, dass dies wahrscheinlich die größte Herausforderung seines Lebens würde. Denn er musste mit Ernährungs-Notstand, Orkanen, Mastbruch, Meuterei und auch mit dem Untergang von Schiff und Mannschaft rechnen. Hätte ihn dies auf offner See zur Umkehr getrieben, wäre seine Begeisterung erloschen. Dann gäbe es auch keinen Anlass für das Buch *Wo bitte geht's nach Stanford?*.

Neuss, den 15. November 2016

Albert Wunsch

# Teil 1

## Der Weg von der Familie zur Top-Hochschule

von Isabelle Liegl

*»Man erzieht seine Kinder nicht für sich, sondern für das Leben.«*
Französisches Sprichwort

# Auf dem Weg zum Ziel

So oft wurde ich darauf angesprochen, dass unsere Söhne in den USA studieren. Warum eigentlich nicht hier in Deutschland oder in Europa? Was denn dort der Vorteil wäre und warum ich das unbedingt wollte? Wenn ich dann erzählte, dass die Jungs an der Stanford University und der University of Chicago angenommen wurden, kam unweigerlich die Frage: »Wie habt ihr das nur gemacht?« Manchmal gefolgt von der Annahme: »Da musstet ihr doch sicher etwas spenden, um angenommen zu werden!«

Leider gibt es bei deutschen Eltern viele falsche Vorstellungen und Ansichten. Die oft hartnäckigen Vorurteile würden für sich genommen wahrscheinlich schon ein mitteldickes Buch füllen – wie etwa, dass Eltern, die ihre Sprösslinge auf Eliteuniversitäten schicken, ihrem Nachwuchs aus eigenem Ehrgeiz einige harte Jahre zumuten.

Doch wir sind weder Vertreter der »harten Linie« bei Kindern, noch sind wir der Meinung, dass Kinder ausschließlich verwöhnt und geschont werden sollen. Darüber hinaus haben wir im Laufe der Ausbildung unserer Kinder erfahren, wie ein junger Mensch in Amerika bereits während seiner universitären Ausbildung wachsen und gedeihen und auch sein Leben lang von den dort gemachten Erfahrungen profitieren kann. Und es ist mir ein ehrliches Anliegen, genau das zu zeigen.

Es ist keine Frage, unsere Familie mag Amerika und hat auch amerikanische Wurzeln, aber dies ist nur einer der Gründe, warum sich unsere Jungs für das Studium an einer amerikanischen Universität entschieden haben. Amerika war immer Teil meiner Familie. Meine amerikanische Großmutter stammte ursprünglich aus Philadelphia. Sie studierte bildende Kunst und unternahm viele Reisen nach Europa, bis sie meinen französischen Großvater traf, heiratete und nach Paris zog. Meine Mutter erhielt nach dem Abitur in Paris ein Fulbright-Stipendium und besuchte auf dem Weg an die Stanford University, wo sie Französisch und Deutsch unterrichten sollte, zunächst ihre amerikanische Großmutter. Dort lernte sie meinen deutsch-österreichischen Vater kennen, der als junger Arzt ein einjähriges Praktikum in einem Krankenhaus absolvierte. Sie gingen zusammen zurück nach Europa, heirateten und blieben in Deutschland.

Ich ging nach meinem Abitur in München ebenfalls in die USA, zunächst für einige Monate nach Atlanta und dann für einige Jahre nach New York City. Und auch ich habe von meinem Aufenthalt in den USA immens profitiert, denn auch ich habe erfahren, wie groß die Entwicklungssprünge sind, die man in den USA bereits in jungen Jahren machen kann.

Doch was sind das für besondere Dinge, die man an einer amerikanischen Universität erfahren oder lernen kann und die zu einer positiven Lebensausrichtung und zu Erfolg im weiteren Sinne führen können? Mit Sicherheit gehört dazu die Erfahrung des direkten und positiven Wettbewerbs. Man lernt relativ schnell, dass es immer jemanden gibt, der besser ist als man selbst und der einem relativ deutlich vor Augen führt, wo die eigenen persönlichen Stärken und Schwächen liegen. Man kann sich nicht vormachen, alles im Griff zu haben, wenn dies tatsächlich gar nicht der Fall ist. Die damit einhergehende Selbstreflexion führt, wenn man die Herausforderung annimmt, zu großen und wertvollen Entwicklungsschritten, die später viel zum beruflichen Erfolg beitragen können. Dazu gehört auch, dass man lernt, mit Niederlagen umzugehen und diese nicht gleich als Weltuntergang zu begreifen. Die direkte Erfahrung des »positiven Wettbewerbs« ist nur einer der vielen Gründe, warum ich es sehr schade finde, dass sich nicht mehr europäische Jugendliche auf dieses amerikanische Abenteuer einlassen.

Natürlich bin ich mir bewusst, dass der Weg in ein amerikanisches College oder in eine Universität elitär anmutet, denn die Ausbildung kostet: entweder viel Geld und/oder ein Höchstmaß an individueller Leistung. In den USA müssen sich aber alle Schülerinnen und Schüler, die studieren wollen, dieser Herausforderung stellen; alle müssen für ihre Ausbildung zahlen, auch für sogenannte Public Schools (öffentliche Schulen), oder sie müssen versuchen, ein Stipendium zu ergattern. Mit anderen Worten: Schon in jungen Jahren müssen sich amerikanische Jugendliche einem harten Wettbewerb stellen.

Wer dort studieren möchte, muss die Bedingungen vor Ort akzeptieren. Und natürlich wird einem gleichzeitig bewusst, wie gut es unsere Kinder und auch wir Eltern hier in Deutschland haben. Die Ausbildung ist größtenteils umsonst, der universitäre Zugang in der Mehrzahl ausschließlich über Noten zu erreichen. Welcher Luxus im Vergleich zu vielen anderen Ländern der Welt!

*

Unsere beiden Kinder absolvieren das vierjährige Studium der Undergraduate Studies, Alexander an der Stanford University in Mathematical and Computational Science und in Philosophie und Frederic an der University of Chicago in Economics und Philosophie. Und ich bin überzeugt, die University of Stanford und die UChicago sind besser als die Ludwig-Maximilians-Universität in München, die Humboldt-Universität in Berlin, auch besser als St. Gallen oder die Sorbonne, besser als alle kontinentaleuropäischen öffentlichen und privaten Universitäten, mit Ausnahme der University of Oxford und der University of Cambridge in England, manchmal auch der ETH in Zürich.

Wieso ich mir dieses Urteil erlaube? Es gibt weltweit anerkannte Universitäten-Ratings, wie »Times Higher Education«,

»Topuniversities.com« oder »Shanghai Ranking«, aus denen man ersehen kann, dass die Ludwig-Maximilians-Universität in München mittlerweile weltweit auf Position 35 steht und die Humboldt-Universität in Berlin auf Platz 57, dass die London School of Economics zu wenig diversifiziert und zu spezialisiert ist, um im allgemeinen »World University Ranking« aufgenommen zu werden, fachspezifisch in Wirtschafts- und Sozialfächern aber an vorderster Stelle steht.

Wie funktionieren diese Rankings und wobei helfen sie? Rankings wurden geschaffen, um Schulabgängern und potenziellen Studenten zu helfen, sich zu informieren und zu entscheiden. Basierend auf Leistungskriterien wie Forschung, Lehre, Ressourcen, Internationalität oder Wissenstransfer/ Einkommen werden 900 Universitäten bewertet. Die Bewertungen werden zudem differenziert, und so gibt es nicht nur die genannten weltweiten Rankings, sondern es gibt auch Unter-Rankings, die die besten Universitäten pro Kontinent aufzeigen oder nach bestimmten Fachbereichen sortiert sind, wie zum Beispiel Ingenieurwesen und Technologie, Soziale Wissenschaften oder Medizin. Die zur Beurteilung verwendeten Leistungskriterien basieren auf sogenannten harten Daten oder werden auch durch globale Umfragen gewonnen.[2] Und weil sich ehemalige Studenten in diesen Befragungen einbringen können, sind Rankings wertvolle Ratgeber. Die in Rankings verarbeiteten Daten und Informationen geben zum Beispiel die beruflichen Einstiegschancen im Anschluss an das Studium an einer bestimmten Universität wieder, sie erfragen die Meinung der Studenten zur Qualität ihrer universitären Ausbildung oder sie bewerten, wie sehr eine Universität in der Lage war, ihre Studenten zu inspirieren und zu fördern.[3] Innerhalb dieser Rankings können Sie die Universitäten online anklicken und Sie werden auf die jeweilige Universitäts-Webseite geleitet und bekommen so alle notwendigen Informationen. Ich bin mir sicher, dass Sie auf Universitäten stoßen werden, von denen Sie noch nie gehört haben. Sie können auf diese Weise herausfinden, dass das California Institute of Technology, genannt Caltech, eines der besten Physik- und Computer-Science-Programme der Welt hat oder dass die Johns Hopkins University führend im Bereich Medizin ist. Oder Sie erfahren auch, dass es hervorragende kleine Colleges gibt wie zum Beispiel Harvey Mudd für Mathematik und Computerwissenschaften oder das Rhode Island Institute of Arts für Produkt- und Industriedesign. Sie alle bieten weltweit anerkannte Programme, die bei uns in Deutschland nur in Ausnahmefällen bekannt sind.

Aber was ist an amerikanischen Universitäten und Colleges besser? Immer mehr Eltern finden die Idee, dass ihre Kinder in den USA studieren, zukunftsorientiert, modern und auf alle Fälle sehr erstrebenswert. Offensichtlich wird sich mehr um die Studierenden gekümmert, die Art zu studieren ist strukturierter, fortschrittlicher, projekt- und ergebnisorientierter. Die Professoren sind engagierter, involvierter, zugewandter.

Warum aber sollten Ihre Kinder lieber an der Wharton Business School oder in Yale studieren als an einer European Business School in Frankfurt oder an der Universität Passau? Weil wir uns in den USA auf vielen Ebenen bewegen können, die bei uns nicht möglich sind oder unerreichbar scheinen. Bei uns gibt es nicht die Möglichkeit eines Liberal-Arts-Studiums, was bedeutet, dass man sich in den ersten beiden Jahren nicht auf ein Studienfach festlegen muss, was vielen noch unentschlossenen jungen Menschen sehr entgegenkommt. Es geht um die Möglichkeit, fächerübergreifend studieren zu können. Es geht um die Qualität der Professoren, die weltweit zu den Besten zählen können, und um das persönliche und direkte Verhältnis zu ihren Studenten. Es geht um Universitäten, die ihren Studenten zu Beginn des Studiums sagen, dass jeder Einzelne von ihnen gewollt und gewünscht ist, dass man alles dafür tun wird, damit die Absolventen Erfolg im Leben haben werden und darüber hinaus in der Lage sind, ihren Beitrag für ihr Land und für die Welt zu leisten.

Und es geht um die Möglichkeit einer wirklich internationalen Ausrichtung des Studiums, es geht um die Erfahrung eines internationalen Lehrkörpers und fremder Kulturen, es geht um die Ausrichtung des Studiums an den neuesten Erkenntnissen in Wissenschaft und Praxis. Es geht um das weltweit aktive und einflussreiche Netzwerk, zu dem man Zugang erhält, und es geht schlichtweg darum, dass die Studienabgänger weltweit bessere Berufseinstiegschancen haben, denn oft werden sie von den Firmen abgeholt! Praktika bei den Top-Banken der Welt gehen an Studenten und Studentinnen genau dieser Universitäten und Colleges, und die Türen vieler Unternehmen öffnen sich weit für ihre Absolventen. Einen Job bei der UNO, bei weltberühmten Architekten oder in renommierten Krankenhäusern, bei globalen NGOs oder Stiftungen, bei Google, Facebook oder Snapchat, um nur einige der Wunsch- und Traumfirmen zu nennen, ergattert leichter, wer aus den Top-Universitäten der Welt rekrutiert wird, und die befinden sich mehrheitlich in den USA.

Vielleicht ist der ein oder andere auch mit weniger zufrieden oder setzt ganz einfach andere Prioritäten! Es geht hier nicht um eine Wertigkeit individueller Ziele und Wünsche oder um spätere Verdienstaussichten. Sondern darum, ob man bereit und willens ist, die Herausforderung einer ziel- und erfolgsorientierten Bewerbungsstrategie für die Top-Universitäten der Welt anzunehmen, anstatt nur davon zu träumen.

Wenn ja, dann tun Sie Ihrem Kind einen großen Gefallen. Gehen Sie nicht davon aus, dass eine Bewerbung in den USA oder auch in England genauso abläuft wie in Deutschland: gute Noten, ZVS, sicherer Studienplatz. Vielleicht noch ein kurzes Anschreiben oder ein lockeres Interview und schon winkt Harvard, weil man ein Einser-Abitur hat und außerdem Europäer ist. Leider funktioniert das so ganz und gar nicht.

Deshalb kümmern Sie sich, informieren Sie sich, überlassen Sie nicht alles Ihren Kindern und gehen Sie nicht davon aus, dass es schon klappen wird. Im Laufe des Buches werden Sie verstehen, warum dies so wichtig ist.

\*

Als ich dieses Buch zu schreiben begann, war klar, dass ich interessierten Eltern und Schülern erklären wollte, wie sie diesen Weg am besten gehen und worauf es bei den Bewerbungen an US-Universitäten und Colleges ankommt. Für alle, die sich für ein Studium in den USA interessieren, möchte ich nützliche und wertvolle Tipps geben, die man nur geben kann, wenn man zum einen das Land »erlebt« und sich zum anderen intensiv mit dem Bewerbungsprozess auseinandergesetzt hat.

Der Inhalt dieser Tipps klingt bisweilen sehr pragmatisch, was ungewöhnlich erscheinen mag. Wir neigen beim Thema Erziehung und Ausbildung oft zu rein theoretischen Betrachtungsweisen, die meist im Nichtstun enden, weil die Dinge irgendwann zu kompliziert und langatmig werden. Genau in diese Sackgasse sollen Sie nicht geraten, sondern ich möchte Sie dazu animieren, die Herausforderung, die eine Aufnahme an eine der Top-Universitäten der Welt stellt, auf eine sehr pragmatische Weise anzugehen.

Während ich also überlegte, wie ich den gegangenen Weg am besten beschreibe, begann ich darüber nachzudenken, was wir während der Kindergarten- und Schulzeit unserer Jungs so »gemacht« haben. Mir wurde ziemlich bald klar, dass wir schon relativ früh begonnen hatten, auf einige Errungenschaften zu verzichten und andere Ziele ins Auge zu fassen. Und ich kann sagen, dass das nicht immer so einfach war. Manchmal hatten wir mit offener Verständnislosigkeit und Vorurteilen zu kämpfen, manchmal konnten wir den gängigen Erziehungsvorgaben einfach nicht folgen.

Wir wollten unsere Kinder nicht in alternativen oder esoterischen Systemen einschulen, denn die Anbindung an die spätere Ausbildung erfordet oft die Bewältigung zusätzlicher Hürden und Anstrengungen, die man anfangs eigentlich vermeiden wollte. Andererseits wollten wir unsere Kinder auch nicht einfach in die nächstgelegene Schule im Stadtviertel geben, ohne darüber nachgedacht zu haben, ob diese Schule zu uns passt oder wir zur Schule. Und wir wollten nicht von vornherein Ansprüche an unsere Kinder stellen, die bedeuten, dass man nur ein ganz bestimmtes Gymnasium besuchen darf, weil vielleicht nur dort die beste Bildung offeriert wird.

Es ist mir auch klar, dass man nicht immer auf alle Besonderheiten, Begabungen oder Schwächen bei Kindern eingehen kann, zumal wenn man mehr als ein Kind zu Hause hat. Und dann gibt es natürlich auch das Argument, dass es diese besonderen Überlegungen früher auch nicht gab und dass aus den Kindern trotzdem etwas geworden ist. Aber so wie Eltern davon ausgehen können, dass jedes ihrer Kinder unterschiedlich ist, so sind auch unsere Kindergärten und Schulen nicht alle gleich. Sie unterscheiden sich hinsichtlich ihrer Kultur, ihrer Kommunikation oder inwieweit und wie gut sie ihre Schüler fördern und unterstützen. Deshalb beginnen die Kapitel »Kindheit« und »Schule« mit der Bitte, während dieser Zeit genau »hinzuschauen«, um sehen zu können, worauf Sie bei Ihren Kindern achten sollten.

Der Rückblick auf unsere Zeit mit den Kindern ist in gewisser Weise auch ein Abschied von der Kindheit meiner Söhne. Wenn man im Flugzeug sitzt, abgeschirmt von Alltag, Beruf und zu viel Kommunikation, dann beginnt man nachzudenken und aufzuschreiben, sich zu erinnern und zu sinnieren, warum und wie alles so gekommen ist. Und wenn man seine Kinder loslassen muss, dann hilft das Schreiben. Unsere Söhne sind nun erwachsen und durch ihre Erfahrungen an ihren Universitäten in einer Weise gereift und stark, dass sie ihr

Leben hervorragend meistern werden und folglich unser Einfluss auf ein erzieherisches Minimum reduziert ist. Der gute Rat bleibt, der allerdings nie ungefragt erfolgen sollte – und die unerschütterliche Liebe zu unseren »Kindern«.

# Kindheit

Vor nicht allzu langer Zeit traf ich bei Freunden eine Mutter, die immer noch wütend auf ihre Tochter war, weil diese sie in der Früh belogen hatte. Das Mädchen hatte Bauchschmerzen vorgegeben, weil an diesem Tag eine Matheprüfung anstand. Die Mutter erfuhr dies aber erst, als sie am darauffolgenden Tag mit der Lehrerin telefonierte. Und es bestätigte sich, was sie schon geahnt hatte. Die Tochter wollte nicht in die Schule gehen, weil sie Angst hatte. Und da dies anscheinend schon viele Male der Fall gewesen war und die Tochter immer neue Wege fand, um der Mutter etwas vorzuspielen, war die Mutter mit Recht verzweifelt und wütend. Sie beklagte die mangelnde Disziplin ihrer Tochter und ihre Faulheit.

Im Laufe unseres Gesprächs stellte sich heraus, dass diese Tochter sehr intelligent ist und offensichtlich auch sehr kreativ, und die Mutter zeigte mir nicht ohne Stolz auf ihrem iPhone ein Foto von einem beeindruckend durchdachten Vogelhaus, das die Tochter an dem Tag gebaut hatte, als sie nicht in die Schule gehen wollte. Dass die Tochter Probleme in der Schule hat, kam bald heraus. Dass die Mutter sich Sorgen machte wegen des Übertritts auf das Gymnasium, war auch verständlich.

Es dauerte einige Zeit, die Mutter von den positiven Seiten ihrer Tochter zu überzeugen: dass ihre kindliche Art der Problemlösung mit Sicherheit nicht auf Faulheit zurückzuführen war (sie hatte ja immerhin ein komplettes Vogelhaus gebaut!), sondern auf die Tatsache, dass bisher keiner gesehen hatte, woran es dem Mädchen fehlte und warum ihre Situation so aussichtslos war. Sie konnte ihre Intelligenz nicht umsetzen!

# Hinschauen

Ich kann mich sehr gut an die Kindergartenzeit unserer Söhne erinnern. Ich brachte meinen älteren Sohn das erste Mal zum Kindergarten und heulte auf dem Rückweg nach Hause wie ein Schlosshund. Ich musste loslassen! Und war hin- und hergerissen, denn ich fühlte mich unsicher, weil ich nicht mehr wirklich wusste, wie er den Tag verbringen würde und ob es ihm gut ging. Und gleichzeitig war ich voller Gottvertrauen, dass unser Sohn von nun an eine glückliche Zeit im Kindergarten verleben würde.

Doch leider kam es anders. Unser, wie wir dachten, origineller kleiner Sohn fiel durch seine Lebhaftigkeit auf und wurde dafür nicht etwa belohnt, sondern immer wieder in die Ecke gestellt. Er verließ seinen ersten Kindergarten bereits nach drei Monaten.

Beim Abholen hatte ich gesehen, wie er mit dem Gesicht zur Wand stehen musste, während die anderen Kinder im Kreis saßen und auf ihre Eltern warteten. Auf meine Frage hin, was das sollte, antwortete mir die verantwortliche Kindergärtnerin patzig, dass unser Sohn mal wieder alles vollgekleckert hatte. Eine in meinen Augen absonderlich altmodische und drakonische Maßnahme angesichts der »Schwere der Tat«, die er begangen hatte. Und sie verfehlte auch nicht ihre Wirkung. Er stand da mit hängendem Kopf und die anderen Kinder ignorierten ihn.

Was kann ein fröhlicher und aufgeweckter kleiner Junge Schlimmes anstellen, dass er offensichtlich regelmäßig mit solch einer Ausgrenzung bestraft wurde? Es waren kleine Unangepasstheiten, die die Routine und den strukturierten Ablauf störten. Er hatte andere Kinder weder geärgert noch in irgendeiner Weise schlecht behandelt. Und nie hatte die Kindergärtnerin den Versuch unternommen, mit uns über etwaige »Probleme« zu sprechen. Ich hatte zwar unseren Sohn sehr oft gefragt, wie ihm der Kindergarten gefalle, ob es ihm gut gehe und ob die anderen Kinder lieb wären. Ich wusste damals noch nicht, dass es sein kann, dass Kinder in diesem Alter nicht sagen, wenn ihnen etwas nicht behagt. Wir versuchten mit der Kindergartenleitung zu sprechen, doch diese teilte uns lediglich mit, dass unser Sohn offensichtlich Anpassungsprobleme an die bestehende Kindergartenordnung hätte. Da gab es keine Empathie, kein Miteinander, kein Verständnis, nur die Forderung nach Ordnung und nach Anpassung.

Es war klar, dass wir diesen Kindergarten sofort verlassen würden, ich packte wütend und ziemlich fassungslos unser Kind, seine Hausschuhe und alles andere und fuhr wieder einmal mit Tränen in den Augen nach Hause.

Ich musste lernen, dass sich bereits ein sehr kleines Kind stark unterordnen muss und dass die Pädagogik auf strikten Ordnungs- und Anpassungsnormen basierte, denen vieles andere unterworfen wurde. Und bitte gehen Sie nicht davon aus, dass unser Sohn mit drei Jahren ein wild gewordener Punk war oder seine Mutter eine orientierungslose Verfechterin der antiautoritären Erziehung! Ich denke, wir waren und sind ziemlich normal. Doch wir wurden plötzlich gezwungen hinzuschauen, etwas, was wir bei der Wahl des ersten Kindergartens eindeutig nicht getan hatten. Wir hatten uns verleiten lassen, den Kindergarten zu wählen, wo alle hinwollten und wo wir als eine der wenigen einen Platz bekommen hatten.

Sensibilisiert und ziemlich unglücklich machten wir uns also auf die Suche nach einem neuen Kindergarten, in dem Kinder natürlich auf Sauberkeit und Ordnung in der Gruppe achten müssen, zunächst aber liebevoll aufgenommen und in der Gemeinschaft mit anderen Kindern betreut und nicht allein gelassen werden. Eine stärkere Orientierung an der sozialen Einbindung und Erziehung der Kinder äußert sich meines Erachtens darin, dass bereits Kindergartenkinder lernen, Rücksicht auf andere Kinder und Erwachsene zu nehmen, fröhlich und dennoch leise(r) zu spielen und vor allem andere Kinder zu tolerieren und zu respektieren. Diese zusätzliche und verstärkte Konzentration auf die Sozialisierung der Kinder schafft die Rahmenbedingungen, dass Kindergartenkinder kreativ und aktiv sein dürfen, auch wenn sie sich dabei vollkleckern. Es ist einfach nicht so wichtig, wenn so etwas passiert! Und diese glückliche Kombination fanden wir zunächst in einem städtischen Kindergarten.

Unser neuer Kindergarten war ein sehr großer Kindergarten mit mehreren Kindergruppen, sehr vielen liebenswürdigen Kindern und sympathischen Eltern. Aber auch dort habe ich Eltern erlebt, die ihr Kind bestraften, weil es seine Handschuhe verloren hatte oder die Jacke nicht anziehen wollte. Das Loch in der Hose war wichtiger als die Tatsache, dass ihr Kind sich tagsüber liebevoll um ein anderes Kind gekümmert hatte. Dass das eigene Kind sich weiterentwickelt hatte, dass es sozial verträglich oder sogar besser gehandelt hatte, weil es gefördert worden war, war nicht so wichtig wie die gelebte Ordnung im Alltag.

Ich denke nicht, dass Kinder sich selbst sozialisieren können, auch wenn das eine sehr beliebte Vorstellung bei uns ist. Vielleicht ist das in einer Großfamilie möglich, mit vier oder fünf Kindern in ein und derselben Familie, aber erstens gibt es diese nur noch selten und zweitens gibt es sehr viel mehr Einzelkinder. Und da fehlt es oft an einer entsprechenden sozialen Erziehung, wie sie in Familien mit zwei und mehr Kindern normal ist. Das Einzelkind muss ja nicht teilen, es muss keine Kompromisse eingehen, und es lebt ohne unmittelbare Konkurrenz. Und so ist es dann normal, dass sich der Stärkere am Spielplatz behauptet. Niemand schreitet ein, wenn Kinder in Konflikt geraten, raufen, rangeln und schubsen oder ausgrenzen, denn die Kinder sollen das ja unter sich ausmachen.

Aber so einfach darf man es sich nicht machen, und ich gebe zu, dass ich mich immer eingemischt habe, sowohl wenn unsere Kinder involviert waren als auch wenn es fremde Kinder waren und ich die Situation als unerträglich empfand. Mir ist oft gesagt worden, dass mich das nichts anginge und dass man das nicht tut, aber ich habe später in der Internationalen Schule gelernt, dass »sich einmischen« prinzipiell gut ist – allerdings nach angelsächsischem Vorbild. Aber dazu später.

Hinschauen, nicht Wegschauen, ist meines Erachtens besonders wichtig, um angemessen reagieren zu können, wenn Kinder nicht wissen oder wissen können, wie sie sich verhalten sollen. Doch soziale Erziehung ist nur der eine Aspekt des Hinschauens im Alltag, der andere Aspekt zielt auf Schwächen ab, die ein Kind haben mag und die unerkannt bleiben, weil Ordnung und Anpassung so viel wichtiger sind oder weil die Eltern einfach nicht hinsehen wollen.

Unser älterer Sohn, der nicht gerade einfältig ist, baute hochkomplizierte Legomaschinen zusammen, wollte aber dann nicht mit ihnen spielen. Er schaute uns entrüstet an und fragte, ob er jetzt »Brumbrum« sagen sollte. Und was uns dann auch in den folgenden Jahren manchmal in den mittleren Wahnsinn trieb oder zumindest ziemlich erschöpfte, war nicht nur sein »nicht Spielen«, sondern auch seine vielen Fragen. Warum ist der Himmel blau und die Straße schwarz, warum hört man Töne und sieht sie nicht, warum bist du eine Frau und der Papi ein Mann, warum fährt ein Auto mit Benzin und was ist Öl? Und so weiter und so fort – abgesehen davon, dass ich von Autos so viel verstehe wie von Weltraumtechnik! Ich muss auch zugeben, dass ich nicht die begnadete »Spielmami« war, mein Mann war da wesentlich begabter als ich und konnte am Wochenende viel wettmachen, wozu ich nicht geduldig genug war. Wir hatten damals ein wunderbares Au-pair-Mädchen, das unserem Sohn Schach beibrachte und mit ihm liebevoll das sogenannte Tierebett arrangierte, das wir gemeinsam kreiert hatten: eine große, breite Liege an der Wand, auf der alle verfügbaren Stofftiere lebten. Sein Bruder, nur knapp 17 Monate jünger als er, war ihm von Anfang an ein fast ebenbürtiger Partner und Spielgefährte, und mit ihm zusammen entstanden großartige Legowelten.

Von einer befreundeten Mutter mit vier Söhnen bekam ich einen äußerst wertvollen Ratschlag, wie man dem einzelnen Kind gerecht werden kann, wenn man nicht nur Mutter, sondern auch berufstätig ist. Und dieser geniale Ratschlag war, mehrmals in der Woche – oder wie man eben kann – eine gewisse Zeit ausschließlich das zu machen, was das Kind möchte, ohne Handy, Telefon oder sonstige Ablenkung. Und wenn das Kind mit vier Jahren den Wohnungsflur hin und her rennen möchte, dann rennen Sie hinterher. Nur Sie und Ihr Kind. Aber natürlich musste das Gleiche auch für den Bruder passieren. Die Wirkung dieser uneingeschränkten Aufmerksamkeit war jedes Mal nachhaltig. Nach ihrer Spielzeit sagten dann beide unabhängig voneinander jedes Mal: »Mami, du kannst jetzt gehen, es ist genug!« Und sie waren ruhig und zufrieden und auch ein bisschen müde. Nicht ich habe die Aufmerksamkeit gebrochen, wie so oft, wenn das Handy klingelte oder ich in Gedanken bei der Arbeit war, sondern ein selbstbewusstes kleines Kind, das die Zeit mit seiner Mutter in vollen Zügen genossen hat und selbst entscheiden konnte, wann es genug hatte.

Eines Tages kam unser älterer Sohn, er war gerade fünf Jahre alt geworden, von seinem Kindergarten zurück und sagte: »Mami, wenn ich noch länger im Sand buddeln muss, werde ich verrückt!« Eine relativ klare Ansage und ein neues »Problem«. Kurze Zeit später empfahlen mir die von uns sehr geschätzten Kindergärtnerinnen, einen anderen Kindergarten für ihn zu suchen, da seine Langeweile und folglich Ruhelosigkeit die anderen Kinder zu stören begann. Es war ein großer, städtischer Kindergarten, sehr liebevoll, aber mittlerweile kann ich auch sagen, relativ anspruchslos und unstrukturiert, wenn es um Inhalte und Lernen ging. Zwar wurde viel gesungen, gebastelt und gespielt, aber leider mit wenig anspruchsvollen Inhalten. Und diese gewisse Indifferenz und inhaltliche Sorglosigkeit empfanden nicht nur unser Sohn, sondern auch andere Kinder, die auffielen oder ausscherten, als langweilig.

Die Kindergärtnerinnen hatten trotz langjähriger Ausbildung weder das Wissen noch den Auftrag, diese Kinder in irgendeiner Form zu unterstützen. Waren sie überhaupt bereit, »hinzusehen«? Spielen im schönen Garten ist für viele Kinder immer noch richtig und gut, aber leider nicht mehr für alle, wenn sie fünf oder sechs Jahre alt sind.

Im Nachhinein hätte ich mir gewünscht, dass die Kindergärtnerinnen bereit gewesen wären, auch Kinder zu akzeptieren und zu integrieren, die nicht der allgemeinen »Bastel- und Spielnorm« entsprechen.

Ich denke da an einen Jungen, der als komplett chaotisch galt. Er verlor immer alles, er vergaß seine Jacke, seine Schuhe, seine Pausenbrote. Und seine Umwelt flippte aus, seine Eltern, die Kindergärtnerinnen, selbst seine Freunde, die seine Eltern imitierten. Dabei war der Junge wirklich klug und sehr begabt, doch seine Intelligenz stand nicht im Fokus. Im Gegenteil, der vergessene Sportbeutel war alles, was an diesem Jungen interessierte. Im Internationalen Kindergarten lernte ich dann, dass die angelsächsische Pädagogik immer erst einmal versuchen würde, dem Jungen Aufgaben zu stellen, die ihn fördern und auch fordern, die sein Selbstbewusstsein intakt lassen und die ihn nicht vor den andern Kindern erniedrigen und zum Trottel stempeln. Vielleicht ist das zu viel verlangt von einem ganz normalen Kindergarten, nicht aber von seinen Eltern, die einfach nicht den ungeheuren Schatz sahen, der vor ihren Augen aufwuchs und wegen ihrer mangelnden Sensibilität wie ein kleines Pflänzchen verdurstete.

Wir suchten und fanden schließlich ein anderes System »Kindergarten«, das es unserem Kind ermöglichte, sein Bedürfnis nach Lernen zu stillen, das Unterforderung und Leerlauf reduzierte und seinen Tagesablauf stärker strukturierte, das ihm Aufgaben stellte, die ihn erfüllten, und das auch den Auftrag wahrnahm, ihn während der Zeit im Kindergarten zu erziehen, was nicht heißt, dass er zu Hause nicht erzogen wurde. Wir suchten und fanden den Kindergarten der Internationalen Schule südlich von München.

Natürlich tut Hinschauen auch manchmal weh, nicht den Kindern, sondern den Eltern! Es ist nie schön zu entdecken, dass das Kind leidet oder aneckt oder, noch schlimmer, dass es nicht zurechtkommt. Aber anders als beim Wegschauen in problematischen Situationen, die aufgrund erzieherischer Mängel im Kindergarten oder auch einmal zu Hause entstehen können, ist das Wegschauen bei echten Entwicklungsstörungen mit meist sehr traurigen Konsequenzen vor allem in der späteren Schulzeit verbunden. Dann kann es wirklich passieren, dass der Übertritt ins Gymnasium zum Problem wird und die Bildungsträume der Eltern platzen.

Schon früh können wir erleben, dass sich nicht jedes Kind in gleichem Tempo entwickelt oder sogar unter temporären Entwicklungsverzögerungen leidet, die es beeinträchtigen oder gegenüber anderen Kindern benachteiligen können.

Diese Entwicklungsverzögerungen resultieren sehr oft nicht aus dem erzieherischen Versagen der Eltern, sondern aus einer entwicklungsverzögerten Wahrnehmung, die nicht die intellektuelle oder psychische, sondern die rein kognitive Ebene betrifft. Psychisch wird die Situation erst dann, wenn das Kind infolge fortwährenden Versagens und entsprechender Bestrafung in einer negativen Spirale des Leidens und des Verlusts seines Selbstwertgefühls gefangen ist. Und was die Intelligenz des Kindes betrifft, gerät diese in Gefahr unterschätzt zu werden, wenn die Intelligenz nicht in den Alltag umgesetzt werden kann. So können sehr intelligente Kinder trotz ihrer Begabung in Alltagssituationen versagen. Wenn Kinder zum Beispiel an mangelnder Konzentration leiden, führt das dazu, dass Lösungswege beim Spielen, Arbeiten und Lernen nur ungenügend angewendet werden, nicht vollständig ausgeführt werden, nach kurzer Zeit abgebrochen werden oder in immer neuen und anderen Versuchen scheitern. Das Kind versucht es immer wieder, kann nicht umsetzen, was es sich vorgenommen hat, verzettelt sich, wird frustriert und gibt irgendwann auf oder wird wütend. Daraufhin wird es vom Erwachsenen ausgeschimpft oder bestraft, da Mutter oder Vater nur sehen, dass das Ergebnis nicht erzielt wurde, nicht aber, warum dies so ist.

So geschieht es oft, die Kindergärtnerin schimpft unentwegt, weil sie nicht ausreichend geschult ist, die Eltern sind genervt und irgendwann einmal auch sehr gestresst. Auch Grundschullehrer und -lehrerinnen sind nicht ausgebildet, um zu erkennen, dass das Kind nicht anders kann. Und natürlich ist dieses betroffene Kind darüber sehr unglücklich, nur kann es nicht verstehen, warum, und es noch weniger verbalisieren. Jeder leidet doch darunter, wenn er ständig kritisiert, gemaßregelt und zurückgestoßen wird.

Selbstverständlich gibt es in unserer Zeit auch Einflussfaktoren, die nicht nur im Bereich erzieherischer Mängel und Verhaltensauffälligkeiten liegen, sondern auf Bewegungsmangel, Reizüberflutung oder Vernachlässigung verweisen. Auch das führt mittlerweile dazu, dass Kinder mit Verhaltensauffälligkeiten öfters und fälschlicherweise als solche diagnostiziert werden, ob zu Recht oder zu Unrecht. Jedenfalls mischen sich die unterschiedlichen Verhaltensfaktoren zu einem unheilvollen großen Ganzen, was dem Kind das Leben richtig schwer machen kann.

Wie viele Erwachsene kennen Sie, die Ihnen erzählen, wie wild sie als Kind waren, wie oft sie verhauen wurden, wie schwierig die Schule war, wie chaotisch sie waren? Ich bin mir sicher: relativ viele! Und meistens waren sie sehr unglückliche Schüler und Schülerinnen. Heutzutage müssen wir zudem akzeptieren, dass der Leistungs- und Perfektionsdruck, der auf unseren Kindern lastet, zum Teil enorm gestiegen ist. Auch die Frequenz der Sozialkontakte und die Geschwindigkeit des Alltagslebens haben sich enorm gesteigert. Da fallen Kinder, die sich wenig »geländegängig« verhalten, natürlich noch stärker auf. Vielleicht konnten sich die Kinder früher eher durchmogeln. Ich denke, dass das mittlerweile leider nicht mehr so einfach ist und dass Kindsein sich sehr verändert hat, weil alles so viel transparenter, öffentlicher und kontrollierter geworden ist.

Und diese Erkenntnis steht vor dem Hintergrund, dass wir in Deutschland das Bild unserer Erziehung mittlerweile eher liberal als autoritär erleben. Das hat mit Sicherheit sehr viele Vorteile, vor allem wenn man an die deutsche Erziehung vor 60 Jahren denkt. Aber ich denke, dass sich viele Kinder besser entwickeln würden, wenn sie zum einen so früh wie möglich gefördert werden würden, weil Eltern rechtzeitig hinsehen, sich informieren und ihr Kind entsprechend unterstützen, zum anderen wenn sie mehr Struktur, positive Motivation und klare Anweisungen bekommen würden.

Manchmal ist es den Eltern zu anstrengend, Regeln und Struktur zu schaffen und vor allem aufrechtzuerhalten. Struktur durch Regeln ist anstrengend, denn eine Familie ist eine kleine Einheit, die ihre Regeln nach außen verteidigen muss.

Angelsächsische Kindergärten und Schulen gehen hingegen mit schwierigen Kindern pragmatischer und gleichzeitig verständnisvoller um. Ich erinnere mich an einen Jungen, der im Kindergartenalter die anderen Kinder terrorisierte, sie verletzte und ärgerte. Er war unkonzentriert, unruhig und klug, ohne Zweifel, und auch irgendwie verzweifelt. Die Kindergärtnerinnen griffen ein, sofort, und nicht indem sie ihn vor die Tür setzten, sondern indem sie ihn erzogen und ihm die Unterstützung und Struktur gaben, die er so dringend brauchte, und indem sie von ihm forderten, dass er lernte, was er noch nicht konnte. Er bekam jeden Tag eine Art Stundenplan, in den eingetragen wurde, ob er sich gut benommen hatte oder nicht. Wenn ja, wurde er gelobt, auch vor den anderen Kindern, wenn nicht, wurden ihm sofort und unmittelbar seine Grenzen aufgezeigt und er wurde zur Verantwortung gezogen. Er musste wiedergutmachen, was er angestellt hatte, musste sich entschuldigen, musste anderen helfen und Aufgaben erledigen und vieles andere mehr. Ehrlich gesagt war das Mitleid mit dem Jungen und die Toleranz für die Eltern damals eher niedrig, denn wer hat schon gern so einen Störenfried in der Gruppe, der so viel Energie und Einsatz bündelt und für sich in Anspruch nimmt? Aber wenn ich mir den jungen Mann heute anschaue, der studiert und seinen Weg geht, kann ich nur sagen, dass er seinem Kindergarten sehr viel zu verdanken hat, der sich im Gegensatz zu den Eltern die Mühe machte, hinzusehen, um ihn dann entsprechend zu erziehen. Nicht zu warten, bis die Kinder in die Schule kommen, weil sich bis dahin »die Probleme auswachsen«, ebnet den Weg für eine Erziehung und Förderung im Kindergartenalter und somit die Möglichkeit, rechtzeitig zu lernen, die eigene Intelligenz in ziel- und erfolgsorientiertes Verhalten umzusetzen. Warum nicht auch Fördermaßnahmen anwenden, die das Maß des Gewohnten sprengen? Warum nicht therapeutische Fördermaßnahmen einsetzen, die allen Kindern nur nützen können, weil sie die Koordination und die Konzentration fördern?

Wenn Ihr Kind lernt, dass man einen Kuchen zu Ende backen muss, damit es ein guter Kuchen wird, und vor allem wie man das tut, welche Arbeitsschritte hierfür notwendig sind und wie man sich dabei verhält, dann ist es auch in der Schulzeit oder in der Universität in der Lage, eine Aufgabe in ihrer Gesamtheit zu erfassen und diese dann Schritt für Schritt zu lösen.

## Im Großen konsequent – im Kleinen großzügigig

Dieser wunderbare Leitsatz meiner französischen Mutter hat mich in all den Jahren nicht nur begleitet, sondern auch geführt. Und er schafft eine gut verständliche Überleitung vom Thema Wahrnehmung zur Überlegung, was ist wichtig und was nicht.

Wenn wir von unseren Kindern verlangen, dass sie sich auf das Wesentliche konzentrieren, dass sie Prioritäten setzen, dass sie strukturiert sind, dass sie ihre Zeitplanung im Griff haben und dass sie sich nicht verzetteln, sollten wir erst einmal bei uns selbst anfangen und überlegen, wie wir unsere Kinder erziehen.

Meiner Meinung nach konzentrieren wir uns viel zu sehr auf unwichtige Dinge, zum Beispiel Süßigkeiten zu verbieten, weil sie schlecht für die Zähne sind. Stattdessen sind es doch die großen Dinge, die wirklich wichtig sind und die gut funktionieren und gelingen sollen.

Ich werde nie die Mutter vergessen, die mit unglaublicher Empörung reagierte, als die nette Dame in der Reinigung fragte, ob ihr Kind ein Bonbon bekommen dürfte. Die Mutter wurde laut, und das Kind war bereits so konditioniert, dass es das entrüstetste Gesicht aufsetzte, das ich je bei einem dreijährigen Kind gesehen habe, so als wollte man es vergiften. So viel Anstrengung wegen eines Bonbons!

Natürlich soll ein Kind nicht unkontrolliert Süßigkeiten essen, das wissen und akzeptieren wir alle. Aber irgendwann wird das Kind lernen, dass Süßigkeiten nicht in allen Familien derart sanktioniert werden, und es wird der Verlockung nicht widerstehen können. Das schlechte Gewissen oder sogar die Angst vor der zu erwartenden Strafe schafft Frustration beim Kind; die Erkenntnis, dass das Kind lügt, weil es heimlich Bonbons bei Freunden isst, schafft Frustration bei der Mutter.

Ich glaube, dass sich viele Eltern in den kleinen Dingen verlieren, die Kinder blockieren, im schlimmsten Fall ernsthaft frustrieren und in der Folge oft auch demotivieren. Sie vergessen dabei oft, auf die echten Bedürfnisse oder Nöte ihrer Kinder zu achten, was für die weitere Entwicklung des Kindes von wesentlich größerem Vorteil wäre.

Uns persönlich war es wichtiger, dass unser Sohn Frederic weiterhin Klavier spielt, weil das Klavierspiel Intelligenz, Konzentration und Koordination fördert, als dass wir ihm sein tägliches Nutellabrot am Nachmittag nach der Schule verboten hätten. Unsere Kinder hatten sich im Laufe der Zeit angewöhnt, nach der Schule ein Nutellabrot zu essen, und als Frederics Lust am Klavierspielen nachließ, war unser Deal ganz einfach: Klavier wird weitergespielt und Nutella wird weitergegessen.

Natürlich sind auch Sauberkeit und Ordnung wichtig, aber wenn beide Prinzipien alles andere in den Schatten stellen, dann ist der Effekt ein umgekehrter. Ich denke da an einen Vater, der seinen Sohn mit Essensentzug bestrafte, weil er immer wieder sein Pausenbrot vergessen hatte. Der Junge war verträumt und schusselig, sein Kopf war ständig »in den Wolken«. Wäre es da nicht weit wichtiger gewesen zu erkennen, warum dies so ist, und zusammen mit dem Kind eine Strategie zu entwickeln und eine Förderung zu beginnen?

Die angelsächsische Erziehung tut sich in dieser Hinsicht sehr viel leichter als die deutsche, weil sie pragmatische, kindgerechte und, ganz wichtig, sofortige Maßnahmen ein- und umsetzt, statt relativ kleine »Vergehen« im Namen von Ordnung und Disziplin überproportional zu bestrafen. Und das gilt sowohl für uns Eltern als auch für den Kindergarten oder die Schule.

Ein Meister der pragmatischen Erziehung war für mich der walisische Leiter der Middle School der Munich International School. Er verstand es wie kein anderer, den Kindern im Alter zwischen zehn und 14 Jahren zu vermitteln, was groß und was wichtig ist und was mit Nachdruck eingefordert werden muss. Das heißt, er hat sie zu mündigen Selbstentwicklern erzogen, die Prioritäten verstanden, Entscheidungen mittrugen und Ziele und Pläne selbst erarbeiten konnten.

Ein für deutsche Eltern ungemein beeindruckendes Ergebnis dieser Erziehung war, dass 300 Kinder in der großen Versammlungsaula ruhig und aufmerksam im Schneidersitz saßen und aufmerksam zuhörten. In einer deutschen Schule im Grunde genommen nicht vorstellbar! Und manche seiner Erziehungsmaßnahmen waren einfach zu komisch. Wenn sich Mädchen im Rahmen ihrer Pubertät einfach nicht schulgerecht anziehen wollten, also halb nackt in die Schule kamen, mussten sie den ganzen Tag ein riesiges Schul-T-Shirt tragen und schon war das Problem gelöst.

Im Großen konsequent, im Kleinen großzügig – das führt dazu, dass man beides erreicht: Die Kinder lernen, die wesentlichen Dinge zu respektieren, und werden nicht wegen Kleinigkeiten frustriert. Das ist vielen Eltern nicht bewusst. Wenn Eltern im Großen konsequent und im Kleinen großzügig bleiben, denken sie rechtzeitig darüber nach, was wirklich wichtig ist und wie sie erreichen können beziehungsweise was sie nicht tun sollten, damit ihre Kinder gut in der Schule sind, Manieren haben, Sport machen, vielleicht ein Instrument erlernen und sich nachts nicht herumtreiben. Zumindest waren das für uns wichtige Erfolgsfaktoren bei der Erziehung unserer Kinder. Um das zu erreichen, mussten wir in anderen Bereichen nachgeben, die wir für untergeordnet hielten und die uns für das große Ziel »Erfolg im Leben« als weniger zielführend erschienen. Im Detail muss das jeder für sich entscheiden, aber die Klassiker im Nachgeben waren bei uns nun mal je nach Alter der Kinder Süßigkeiten, Aufräumen, Helfen im Haushalt, Haare und Kleidung. Vielleicht haben Sie auch schon die »Ja, gleich«-Phase Ihrer Kinder hinter sich, die gefühlte Jahrzehnte andauert und zu Schreianfällen seitens der Eltern führen kann!

Und was bedeutet es nun, bei wichtigen Themen konsequent zu sein und vor allem auch zu bleiben? Es bedeutet für mich, folgerichtig zu handeln und beharrlich zu sein. Sehr viel später, Frederic hatte bereits das erste Jahr seines Studiums an der University of Chicago hinter sich gebracht, beschloss er, sich an der London School of Economics (LSE) zu bewerben, mit dem Argument, dass das eine Jahr in Chicago mit den drei Jahren in London auch vier Jahre Ausbildung ergeben würden. Ich wusste, dass er jeden Tag bis vier Uhr in der Früh lernte und arbeitete, und er erklärte mir, dass er nicht gewillt war, dieses Programm vier Jahre lang durchzuhalten. Ich versuchte, ihm zu helfen, ermunterte ihn, erklärte ihm, dass er die Prioritäten ändern und vor allem seine Kurseinteilung umstellen sollte, fragte nach seinem Zeitplan und nach seinem Verhältnis zu seinen Professoren.

Nichts half, er wollte entgegen allen Argumenten und meinen Bitten nach London, wo auch viele seiner Freunde studierten. Er wurde an der LSE angenommen und ging eine Woche nach London, um Kurse, Lehrer und den Campus kennenzulernen. Wir waren ehrlich gesagt nicht damit einverstanden, denn hier handelte es sich eindeutig um »etwas Großes«. All die Mühe und Ausgaben für den Bewerbungsprozess und das erste Jahr Studium in Chicago und die Tatsache, dass man die Universität in Chicago nicht für eine Universität in London verlässt, schienen umsonst gewesen zu sein.

Meine gute Freundin redete mir zu, mich zurückzuhalten und meinem Sohn die Entscheidung zu überlassen, und ich gebe zu, es fiel mir unglaublich schwer, nicht darauf zu bestehen, dass er in Chicago bleibt. Ich wusste, dass er es schaffen konnte, wenn er sich besser organisieren würde. Frederic rief nach einer Woche an. Er hatte festgestellt, dass weder die Kurse noch die Lehrer mit Chicago mithalten konnten, dass sich niemand wirklich für ihn interessierte und dass in London kein vergleichbares Campusleben existierte. Er beschloss, in Chicago zu bleiben. Wir waren darüber sehr froh und diese Entscheidung hat ihm später nur Vorteile gebracht. Meine Haltung und Verärgerung waren damals für viele hart, aber konsequent für mich, denn es war Frederic, der unbedingt auf die University of Chicago gehen wollte, und ich wusste, dass Frederic die Anforderungen bestens erfüllen würde.

## Konsequenz und Struktur

Von Frederic habe ich erzählt, dass er – wenn er nachmittags Nutellatoasts essen wollte – weiter Klavier spielen »musste«! Das stimmt auch, und manche werden jetzt sagen: Der arme Junge! Was für eine strenge, ehrgeizige Mutter! Zudem hat das Wort »streng« im Deutschen aufgrund unseres kulturellen und geschichtlichen Hintergrundes für viele eine sehr negative Bedeutung. Unter »streng« verstehe ich aber vor allem »konsequent«, und dies kann durchaus positiv vermittelt werden.

Alexander und Frederic wollten unbedingt Klavier spielen, sie waren acht und neun Jahre alt. Also engagierten wir eine Klavierlehrerin. Es war ihr wiederholter Wunsch, nicht meiner. Zunächst mieteten wir ein Klavier. Nach zwei oder drei Jahren Klavierunterricht wollten sie ein eigenes Klavier haben, was ihnen ihre Großmutter schenkte. Wir alle wissen, dass das eine relativ große Investition ist. Wir fragten die Kinder vor der Anschaffung des Klaviers über einen längeren Zeitraum mehrfach, ob sie auch wirklich weiterhin Klavier spielen wollten. Die Antwort war immer: ja. Der Zusammenhang zwischen »Klavier kaufen« und »weiter Klavier spielen« war ihnen klar.

Jetzt kann man natürlich sagen, dass Kinder im Alter von zehn oder zwölf Jahren nicht unbedingt wissen, was sie wollen, und unter Umständen auch nicht wissen müssen!

Doch da bin ich ganz anderer Meinung und davon überzeugt, dass bereits auch noch jüngere Kinder oft ganz genau wissen, was ihnen guttut und was sie haben oder tun wollen. Wenn ich ihnen also zugestehe, zu wissen, was sie wollen, dann muss ich sie einerseits auch ernst nehmen und ihre Entscheidung respektieren und mittragen. Andererseits bedeutet das, dass sie die Verantwortung für ihre Entscheidung übernehmen und die Entscheidung auch in Handlung umsetzen – und nicht nur aus einer Laune heraus und für kurze Zeit. Wollen heißt Tun, und das heißt Dabeibleiben!

Zurück zum Klavier. Es kam, wie es kommen musste, Frederic hatte keine Lust mehr, Klavier zu spielen, natürlich in der frühen Pubertät. »Man könnte doch auch Gitarre oder Schlagzeug spielen oder vielleicht sogar auch beides!« Oder nichts von alledem oder nach drei Monaten wieder etwas anderes ...

Doch auf die Frage, wann er denn mit Klavierspielen aufhören könnte, war meine Antwort stets: »Wenn du dein Abitur hast!« Hart, meinen Sie? Konsequent, würde ich sagen, denn nicht nur sein Bruder, auch er hatte unbedingt ein Klavier haben und Klavier spielen wollen, und ich hatte ihnen wiederholt erklärt, dass sie nicht etwas anfangen und nach ein paar Jahren wieder aufhören können, bloß weil sie plötzlich schlechte Laune oder Lust auf etwas anderes haben. Klavier war ein Langzeitprojekt, das sie akzeptiert hatten, als das Klavier gekauft wurde.

Ich hatte ihnen auch erklärt, dass Klavierspielen langfristig sehr positive Auswirkungen auf ihre Koordination und Konzentration hat und haben wird. Dass Nutella essen auch einen höheren Zweck erfüllt, nahm ich mit einem Schmunzeln hin.

Alexander und Frederic durften jeden Tag nach der Schule Nutella essen, so viel sie wollten – was sich auf zwei Toasts mit Nutella pro Tag einpendelte. Wir hatten also einen Deal! Sie hatten verstanden, dass man nicht etwas anfängt und dann einfach aus einer Laune heraus wieder aufhört. Sie waren eine Verpflichtung eingegangen, weil Omi ihnen ein Klavier gekauft hatte, und sie hatten somit auch Verantwortung übernommen. Aber es sind auch Kinder und sie müssen belohnt werden! Sie sollten trotz aller Konsequenz motiviert bleiben und nicht frustriert werden. Und manchmal genügen Nutellatoasts.

Diese Prinzipien – »Im Großen konsequent, im Kleinen großzügig« und Konsequenz in der Umsetzung – geben Kindern und Jugendlichen Struktur, denn sie wissen, woran sie sind. Sie akzeptieren den Deal Klavier gegen Nutella und verstehen die Intention dahinter. Sie verstehen, wenn zuweilen auch widerwillig und abhängig vom aktuellen Hormonspiegel, dass Klavierunterricht ihnen langfristig nicht nur das Abspielen von Noten ermöglicht. Später haben Frederic und Alexander die Erfahrung gemacht, dass Mädchen Klavier spielende Jungs ziemlich sexy finden!

Und noch ein ganz anderes Beispiel fällt mir im Zusammenhang mit Konsequenz und Struktur ein. Zu unserer Kindergarten- und Grundschulzeit gab es noch den Game Boy zum Spielen, der mittlerweile durch das Smartphone abgelöst wurde. Schon damals waren die Eltern genauso genervt wie heute, vielleicht sogar noch mehr, da alle diese Errungenschaften noch relativ neu waren. Und wenn sich Eltern über etwas aufregen, dann wird es für Kinder gleich noch interessanter!

Auch bei uns war der Game Boy ein Thema, und von Anfang an hatte ich ihn beim Essen verboten. So oft sah man schon damals Kinder mit ihren Eltern am Tisch sitzen, mit rundem Rücken über ihren Game Boy gebückt, kommunikationslos und versunken in einer »anderen Welt«. Doch der Game Boy war mal wieder unter dem Tisch, und so kam es, wie es kommen musste: »Bitte hört jetzt auf damit, sonst nehme ich euch das Ding weg.« »Ja, ja, Mami, gleich ...« »Jetzt gleich ...« »Ja, ja ...« »Wenn ihr nicht aufhört, nehme ich den Game Boy und werfe ihn zum Fenster raus.« Es war Winter und draußen lag hoher Schnee. »... ja, ja, was hast du gesagt?« Ich nahm das Teil und warf es zum Fenster hinaus. Baffe Gesichter. »Aber Mami, das kannst du doch nicht machen«, und auf sprangen sie, um ihren Game Boy vor Nässe und Kälte zu retten. Doch ich konnte es tun, denn was lernt man immer in Erziehungs-ratgebern? Drohen ohne Handeln führt zu nichts. Und weil es gerade so gut funktionierte, erwähnte ich auch gleich noch den Fernseher, der aus dem Fenster fliegen würde, wenn sie bei den Fernsehzeiten weiter schummelten. Hätte ich nie ge-macht ... aber geglaubt haben sie es, und irgendwie waren sie auch schwer beeindruckt. Und grinsen mussten sie auch!

Struktur in unserem Leben und in der Kindheit unserer Söhne gaben aber auch die gemeinsamen Abendessen, für die wir im Laufe der Jahre viele Einladungen bei Freunden abgesagt haben. Diese Abendessen fanden oft relativ spät am Abend statt, da ja beide Elternteile arbeiteten, und manch-mal jammerten unsere Kinder schon, wenn ich um neun Uhr abends erst mit dem Kochen fertig war.

Aber wichtiger als alle Uhrzeiten der Welt war das Zusam-menkommen am Tisch und das Erzählen des Tages, das ge-meinsame Diskutieren und Lachen und manchmal auch das gemeinsame Streiten. In Frankreich ist das gemeinsame Abendessen eine der wichtigsten Familienzeremonien über-haupt und Sinnbild für Miteinander und Füreinander. Nicht ein schnelles Brot mit Wurst oder Käse darauf und dann ab vor den Fernseher, sondern eine warme Mahlzeit, die nicht nur den Körper, sondern auch die Seele wärmt und eine gewisse ge-meinsame Zeit am Tisch in Anspruch nimmt. Diese Zeit, auch mit ihrem Vater, war für unsere Kinder überaus wichtig und hat die vielen Arbeitsstunden der Eltern wieder ausgeglichen. Auch heute noch essen unsere Kinder gern mit uns, sie bringen Freunde und Freundinnen mit und genießen diese Zeit der in-neren Ruhe.

# Verantwortung

Kinder sollen lernen, Verantwortung zu übernehmen, indem sie für sich, wenn nötig für andere und für ihre Entscheidungen einstehen. Dazu gehört, dass sie lernen, auf sich selbst aufzupassen und nicht gedankenverloren durch die Welt zu rennen. Ein gutes Beispiel ist der Straßenverkehr. Wir haben unseren Kindern immer gesagt, dass sie auf die Autos aufpassen müssen, weil die Autos nicht auf sie aufpassen. Mittlerweile würde ich diese Warnung auch auf so manche Fahrradfahrer ausweiten, die den Radweg mit einer Rennstrecke verwechseln.

Das Thema Verantwortung betrifft aber auch das Verhältnis von Geschwisterkindern unter- und miteinander.

Unsere beiden Jungs sind im Alter nur eineinhalb Jahre auseinander, was meine Situation natürlich begünstigt hat. Bei einem so relativ kleinen Altersunterschied zwischen Brüdern ist es leichter, die Machtverhältnisse zu regeln, da sie sich in vielen Entwicklungsbereichen und -schritten ähnlicher sind, als das bei einem größeren Altersunterschied der Fall wäre. Alexander, der Ältere, war seinem jüngeren Bruder Frederic körperlich immer überlegen, doch intellektuell waren beide meist gleich weit und somit einander beinahe ebenbürtig.

Aus diesem Grund war es in unserer Familie fast selbstverständlich, dass beide Kinder füreinander Verantwortung übernommen haben. Alexander musste auf Frederic aufpassen, und Frederic musste für Alexander da sein. Da gab es keinen Unterschied zwischen dem älteren und dem jüngeren Bruder. Frederic war als kleines Kind ein ziemlich hübscher Junge, und in manchen Ferienländern ist das nicht unbedingt ein Vorteil. Also war es notwendig, dass der Ältere den Jüngeren zur Toilette begleitet, wenn ich oder mein Mann nicht mitgehen konnten oder sie das nicht wollten. Aber natürlich musste der Jüngere auch den Älteren begleiten, damit sich beide sicher fühlten und sich auf den anderen verlassen konnten. Ich erinnere mich an eine Umkleidekabine in einem Kleidergeschäft. Frederic probierte etwas an und kam halb ausgezogen aus der Kabine. In der Nebenkabine war mittlerweile ein Mann, der Frederic eingehend betrachtete, ihn ansprach und fragte, ob er ihn nicht neulich zu einem Fotoshooting eingeladen hätte. Frederic meinte nur trocken: »Ach wirklich?«, und sein älterer Bruder stellte sich demonstrativ vor ihn hin. Doch der Mann nahm den großen Bruder nicht ernst und wollte ihn beiseiteschieben, aber Frederic sprang für seinen Bruder ein und schubste den Mann weg. Beide kamen wie zwei Gladiatoren im Kampf vereint zu uns zurück und erzählten uns, was vorgefallen war. Wir sind damals ziemlich erschrocken und haben sie beide sehr gelobt.

Ich habe auch beide zur Verantwortung gezogen, wenn einer von ihnen etwas angestellt hatte und nicht wirklich festgestellt werden konnte, was passiert war. Das fängt bei kleinen Streitereien um ein Spielzeug, ein Versprechen oder eine Abmachung an und endet bei echten Auseinandersetzungen, wenn sich der eine benachteiligt fühlt oder wenn irgendetwas zu Bruch gegangen ist. Ich kann mich an ein ziemlich großes und teures aufblasbares Gummikrokodil erinnern, das fachgerecht mit Pfeil und Bogen erlegt wurde, nur leider gehörte es nicht uns, und natürlich war es keiner gewesen oder nur ein bisschen oder nur am Schwanz ... Bei Streitereien unter Geschwistern ist im Nachhinein oft schwer festzustellen, wer was wann wie und warum wirklich getan hat. Das ist für Eltern eine ungute Situation, denn sie fühlen sich genötigt, Partei zu ergreifen. Und das führt nur zu noch größeren Streitereien.

Dass das ältere Kind für das jüngere einsteht, ist in vielen Familien selbstverständlicher, als dass das jüngere auch auf das ältere Geschwister achtet. Wenn man aber die Verantwortung auf beide überträgt, fühlt sich der Ältere nicht alleingelassen in seiner Verantwortung, und der jüngere Bruder oder die jüngere Schwester fühlt sich genauso wichtig wie der oder die ältere. Der Jüngere wird ungleiche Situationen weniger zu seinem Vorteil ausnutzen, weil er sich nicht unterlegen fühlt, was wiederum dem Verhältnis der Geschwister untereinander guttut.

Bei Einzelkindern ist das sicherlich schwerer, denn es fehlt der Counterpart. Oft schafft ein Haustier dann die Möglichkeit, Verantwortung zu übernehmen, nur die Gegenseitigkeit bleibt auf der Strecke. Aber es gibt mit Sicherheit in jeder Familie oder im Freundeskreis Situationen, in denen zwei Freunde oder Freundinnen aufeinander achten oder Cousins und Cousinen füreinander da sein sollen. Die Außenkontakte können einen Teil der sozialen Familiendynamik übernehmen und lehren das Kind, was es heißt, verantwortungsvoll zu sein.

## Soziale Toleranz

Ich habe mich oft gefragt, warum Menschen andere ausgrenzen, die Jungen wie die Alten! Manche Menschen beginnen damit schon sehr früh. Der Unterschied zwischen Kindern und Erwachsenen ist, dass Kinder sich grundsätzlich noch unverblümter verhalten. Erwachsene haben bereits gelernt, sehr subtil und manipulativ vorzugehen und sich politisch vordergründig korrekt zu verhalten. Doch manchmal trifft man auch auf Kinder, die dieses »Spiel« bereits in sehr jungen Jahren überzeugend beherrschen.

Vor einiger Zeit sprach ich mit einer Mutter, deren Tochter in die Internationale Schule geht. Sie erzählte mir, wie sehr ihre Tochter unter Mobbing litt. So sehr, dass sie die Schule verlassen wollte. Die Mutter erzählte, dass ihre Tochter nicht das einzige Mädchen sei, das in der Klasse Mobbing ausgesetzt ist. Rädelsführerin sei tatsächlich nur ein Mädchen, das die anderen Mädchen der Klasse mit einem ausgeklügelten System gegeneinander ausspielte. Keines der Mädchen konnte oder wollte sich dagegen wehren, keine der betroffenen deutschen Eltern hatten mit einem Lehrer, einer Lehrerin, dem Leiter der Middle School oder dem Direktor gesprochen.

Denn bei uns gilt immer noch der Leitsatz, dass Kinder so etwas untereinander ausmachen müssen. Oder es herrscht unter Eltern die Angst, dass Beschwerden beim Lehrer anschließend am Kind ausgelassen werden.

Hätten sich die Mütter oder Väter an die Schule gewandt, wäre das Problem höchstwahrscheinlich sehr schnell behoben worden, denn angelsächsische Pädagogik bietet, was deutsche Pädagogik nicht annähernd vermag. Kommt angelsächsische Erziehung zum Einsatz, richtet sich die Vorgehensweise des Erziehers ausschließlich an den Kindern aus, ohne die Eltern einzubeziehen. Die Korrektur geschieht auf pragmatische Art und Weise, garantiert sofortige Maßnahmen, die sich auf die Problemsituation konzentrieren, ohne dass Informationen missbraucht und »Informanten« verraten werden. »Petzen« ist hier also erwünscht!

Dem mobbenden Mädchen oder auch Jungen wird vor Augen geführt, wie sich ihr oder sein Verhalten anfühlt und welches Leid sie damit anderen zufügen. Die Betroffenen dürfen den Spieß in Zusammenarbeit mit dem Klassenstufenleiter umdrehen und dem intoleranten Mädchen oder Jungen zeigen und erklären, worunter sie leiden. Gleichzeitig erfährt das Mädchen oder der Junge, welche Konsequenzen sie zu tragen haben, wenn sich ihr verletzendes Verhalten nicht ändert. Diese Kombination von Bewusstmachen und zur Verantwortung Ziehen hatte in der Internationalen Schule immer Erfolg.

Deutsche Eltern hingegen sind oft der Meinung, dass sie mit dem Kindergarten oder der Schule nicht sprechen sollten, da dies letztlich dem Kind schaden könnte. Das geht so weit, dass Eltern lediglich zu Hause beschwichtigen, aber nicht wirklich helfen. Sie überlassen das Kind dieser Stresssituation und retten sich in die Vorstellung, dass sich die Kinder selbst helfen müssen. Aber Kinder sind doch nicht in der Lage, derartige Situationen selbst aufzulösen, wo selbst Erwachsene oft hilflos sind! Wie also kann man das vom eigenen Kind verlangen?

Und so geschieht oft, was nicht geschehen sollte: Nach langer Frustration und großem Kummer geht das Kind lieber auf eine andere Schule, als dass es die Mobbing-Situation erfolgreich und den Umständen entsprechend positiv auflöst. Die Eltern versäumen es, die Chance zur Wiederherstellung des kindlichen Selbstbewusstseins zu ergreifen, und bestärken das Kind in seiner Hilflosigkeit. Es wird vielleicht viel geredet, aber wenig bis nichts getan, und oft gehen die Eltern einer aktiven Konfliktlösung aus dem Weg.

Mobbing, im englischen Bullying genannt, ist zwar die extremste Form der sozialen Intoleranz, aber bedauerlicherweise wird dieses Problem in deutschen Kindergärten und Schulen immer noch viel zu wenig beachtet. Denn was im Vergleich zu Internationalen Schulen auffällt, ist nicht nur die mangelnde Sensibilität hinsichtlich des Phänomens soziale Toleranz im Allgemeinen, sondern eben auch die mangelhafte bis nicht existente proaktive Verhinderung sowie die kindgerechte und gezielte Konfliktbewältigung in leichten wie in schweren Fällen.

Wie oft werden Kinder von Kindern wegen ihres Aussehens kritisiert oder wegen ihrer Kleidung. Wenn sie »komische« Sachen essen oder einfach nur »peinlich« sind. Auch Eltern können ja bekanntlich ziemlich peinlich sein! Wenn dieses Wort bei uns zu Hause fiel, habe ich unsere Kinder immer und immer wieder daran erinnert, dass nichts und niemand im Leben peinlich ist, denn peinlich zu sein heißt, nicht toleriert zu werden. Ich habe dieses Wort von zu Hause verbannt, genauso wie ich immer versucht habe zu unterbinden, dass Kinder miteinander tuscheln oder nur ins Ohr der Mutter sprechen wollten. Wenn Kinder miteinander flüstern, schließen sie andere damit aus, wenn jemand nur ins Ohr eines anderen spricht, fühlt sich der Dritte immer unwohl. Wer kennt das nicht? Man kann das zumindest als sehr unhöflich bezeichnen.

Eine teils unbewusste, teils aber auch institutionalisierte soziale Intoleranz beginnt bereits bei der Einteilung der Schüler in Klassen. Beinahe die gesamte Schulzeit bleibt man in der Klasse a oder c, bis auf die beiden letzten Jahre am Ende der jeweiligen Schulzeit. Damit ist man »Gang«-Mitglied der Klasse a oder c, und das wiederum bedeutet oftmals eine Klasse gegen die andere, vielleicht nicht mehr mit 16 Jahren, definitiv aber mit elf, zwölf oder 13 Jahren. Die Kinder identifizieren sich oft nicht mit ihrer Schule, aber mit den Kindern in der Klasse. Die Freunde in der Klasse definieren ihre Zugehörigkeit.

Oder erinnern Sie sich an das Auszählen von Kindern, wenn es um das Aufstellen von Sportteams geht. Diese Methode gibt es immer noch, um immer dieselben Kinder zu erniedrigen, wenn sie als Letzte aufgerufen werden oder, noch schlimmer, übrig bleiben. Das entbehrt nicht einer gewissen Grausamkeit.

In der Internationalen Schule werden die Klassen in Kindergarten und Schule jedes Schuljahr neu zusammengestellt. Die Kinder müssen lernen, »neue« Kinder zu akzeptieren, denn sie sind in ihrer jeweiligen Klasse selbst neu. Sie lernen, sich zu arrangieren, verlieren aber geschlossene Freundschaften nicht, denn die einzelnen Klassen schotten sich nicht voneinander ab und bilden im Laufe der Zeit einen Zusammenhalt innerhalb des gesamten Jahrgangs. Kinder werden dadurch toleranter und offener. Sie integrieren andere, statt sie auszuschließen, und lernen dabei soziale Toleranz.

Ich denke, dass diesbezügliche Anstrengungen mittlerweile auch an deutschen Kindergärten und Schulen Fortschritte machen. Idealerweise unterstützen schulinterne Kindergruppen, die trainiert werden, soziale Intoleranz zu erkennen und vor allem auch zu verhindern, den jeweiligen Schulleiter, indem sie die beteiligten und betroffenen Kinder aufklären, begleiten und unterstützen.

## Loben und lachen

Doch was nützt es, aufmerksam, konsequent, strukturiert und tolerant zu sein, wenn das Loben und das Lachen fehlen. Ich räume dem Loben und der Fröhlichkeit im Umgang mit Kindern eine riesengroße Bedeutung ein. Bei uns in Deutschland sind Loben und Lachen in Verbindung mit Kindern nicht sehr ausgeprägt, im Schwäbischen heißt es sogar: »Nichts gesagt ist genug gelobt« – und viel zu oft sieht man Eltern mit strengem Blick und genervtem Tonfall, wenn sie mit ihren Kindern zusammen sind. Auch unter Erwachsenen fällt das einander Zulächeln schwer, und lieber schaut man auf den Boden, um der direkten Begegnung aus dem Weg zu gehen.

Wie sehr genieße ich da meine Aufenthalte in den USA, wenn mich wildfremde Menschen anlächeln oder mir einfach so ein paar nette Worte sagen. Unverbindlich, ja! Oberflächlich, meinetwegen! Aber es tut einfach gut. Und so geht es den Kindern auch.

Ich habe oft erlebt, dass Kinder bei uns völlig überrascht reagieren, wenn man sie mit einem großen Lächeln um etwas bittet und sie zugleich schon einmal ein bisschen lobt. In den USA herrscht da eine positivere Einstellung gegenüber Kindern vor, nach dem Motto: »Bitte versuche es, ich weiß, du kannst das, und wenn nicht, dann helfe ich dir!« Wenn ich meine »lobende Bitte« dann noch mit einem Lächeln statt mit düsterer Miene und strengen Worten würze, dann erzielt man oft ungeahnte Erfolge. Und die Kinder trauen sich etwas zu, sind offen und bereit, Neues auszuprobieren oder zu erleben.

Wir haben versucht, viel zu loben. Natürlich waren wir nicht immer aufmerksam oder fielen in Verhaltensmuster zurück, die wir selbst als Kinder erfahren hatten. Unsere Eltern, die Nachkriegsgeneration, hatten andere Sorgen. Da waren Loben und Lachen eher Mangelware. Aber auch französische Mütter sind nicht gerade überschwänglich und können ziemlich

Druck auf ihre Kinder ausüben, da hört man auch oft den ungeduldigen Unterton.

Also haben wir versucht, es anders zu machen, und haben gelobt, vor allem wenn wir sie ermutigen wollten. Wir haben unsere Kinder gelobt, als sie ihre ersten Sätze vorgelesen haben, auch wenn sie anfangs völlig falsch waren, weil Kinder in der Internationalen Schule gleich ganze Sätze lesen lernen, und es dauert, bis sie alles verstehen, was sie »lesen«. Wir haben gelobt, wenn sie Klavier gespielt haben, selbst wenn es schrecklich klang. Ich saß in meinem Büro zu Hause, hielt mir die Ohren zu und rief im Jubelton: »Schön, bitte noch einmal!« Wir sind zu Kindergarten- und Schulveranstaltungen gegangen und haben sie gelobt, wir haben ihnen gesagt, wie stolz wir auf sie sind und dass wir als Kinder nie so gut waren. Wir haben sie gelobt, wenn sie gute Noten nach Hause brachten, und haben ihnen gesagt, dass sie alles schaffen können, wenn sie sich anstrengen. Wir haben sie gelobt, wenn sie Capoeira und Taekwondo trainierten und erschöpft zu Hause ankamen. Der Trainer hieß Jay und war als Sohn deutsch-amerikanischer Eltern in Dubai aufgewachsen, war in eine englische Schule gegangen und in München mit einer Brasilianerin verheiratet, und diese internationale Mischung äußerte sich in einem sonnigen Gemüt und der Kenntnis unendlich vieler cooler Themen. Und Jay hat sie viel gelobt. Bis heute bewundern sie Jay und verdanken ihm eine gute Körperhaltung und einen guten Muskelaufbau. Dieses regelmäßige Training war vor allem im Alter von 13, 14 Jahren sehr wichtig, weil sie sehr groß wurden und sehr schlaksig waren, schlechte Haltung inklusive. Das harte Training kombiniert mit Lob machte sie äußerlich und innerlich sicherer und gab ihnen zusätzlich Halt in der wackeligen Zeit der Pubertät. Teenager sind meines Erachtens sowieso eher loborientiert und dafür relativ resistent gegen Kritik und Bestrafungen. Der Trotz ist in dieser Zeit systemimmanent, und den kann man mit Loben ziemlich aushebeln. Zudem wurde mein Mann ein Meister im Fach »gemeinsamer Spaß und gemeinsames Lachen«. Unter der Woche hatte er eigentlich nie Zeit, aber am Wochenende wurde gespielt und gelacht. Da gab es viele Fußballspiele zusammen mit unserem Hund Jimmy als bestem Torwart der Welt. Beim Abendessen wurden Salatschanzen gebaut (Spielzeugautos, die man aufziehen konnte, sausten über eine Papierschanze in die Salatschüssel) und die Rülpskasse ins Leben gerufen, und wenn sie voll war, wurde mit Cola gefeiert. Das gemeinsame Skifahren war sportlich, unbeschwert und fröhlich wie viele andere Sportarten und Freizeitbeschäftigungen. Gemeinsame Reisen waren mit viel Natur und Spaß, aber auch mit Kultur verbunden, und die Kinder wussten stets, wie sehr sich ihr Vater darauf freute, mit ihnen Zeit zu verbringen. Diese Gewissheit schwingt bis heute in ihren Erinnerungen mit und hat geholfen, sie zu positiven und glücklichen Menschen zu machen.

# Schule

Für die meisten deutschen Kinder ist Schule ein eher beschwerlicher Weg, oder soll ich sagen, ein Weg mit vielen negativen Erfahrungen? Oft ist es ein freudloser Weg bis zum Abitur inklusive Versagensängsten, familiären Konflikten und verzweifelten Nachhilfe-Aktionen. Ich selbst habe das Gymnasium in München nicht anders erlebt, allerdings mit positivem Ausgang dank eines rechtzeitigen Schulwechsels und der damit verbundenen Erfahrung von Fürsorge und Unterstützung durch die Direktorin und die Lehrerinnen der neuen Schule. Ihnen habe ich mein gutes Abitur zu verdanken. Sie waren konsequent, fordernd und kritisch, aber auch freundlich, positiv und voller Zuversicht. Eine absolute Seltenheit in unserer deutschen Schulkultur!

Und genau das wollte ich unseren Jungs auch ermöglichen. Die Entscheidung, unseren älteren Sohn bei der Internationalen Schule anzumelden, wurde nicht getroffen, damit unser Sohn möglichst früh Englisch lernt. Die Tatsache, dass der Unterricht ausschließlich in Englisch stattfindet, hat mich anfangs eher verunsichert als bestärkt, denn ich bin halb deutsch, halb französisch aufgewachsen. Französisch war meine erste Sprache, die Sprache meiner Mutter. Und ich habe erlebt, wie groß die Koordinationsleistung ist, die zweisprachige Kinder erbringen müssen.

Abhängig von der persönlichen Sprachentwicklung kann ein Kind diese Koordinationsleistung erbringen oder eben auch nicht. Die Folge von Zweisprachigkeit ist oft eine zeitlich verzögerte Sprachentwicklung, eine leichte Dysgrammatik, Wortfindungsstörungen, eine Mischmasch-Sprache, die zwar hübsch klingt, aber dann doch, zumindest in meiner Schulzeit, auf relativ starke Kritik seitens der Schule gestoßen ist.

Mittlerweile ist Zwei- oder sogar Dreisprachigkeit in, und Eltern erwarten von ihren Kindern, dass sie mühelos Sprachen lernen. Doch ganz so leicht ist das nicht. Es dauert bis zu drei Jahre, dass Kinder eine zweite Sprache so erlernen, dass sie mit Muttersprachlern mithalten können.

Viele Eltern glauben auch, dass man perfekt Englisch lernt, wenn man in den beiden letzten Schuljahren ein englisches Internat besucht. Und sie wiegen sich in der Illusion, dass der Sohn oder die Tochter dann auch ein Einser-Abitur schreiben wird, denn sie bezahlen ja nun für die Schule, für Hausaufgabenbetreuung, integrierte Nachhilfe und sonstige Erziehungsinhalte. Insgeheim sind sie der Meinung, dass unser Abitur das Schwerste ist und daher der Abschluss in England (A-Level), das International Baccalaureate (IB) weltweit oder der Highschool-Abschluss in den USA mühelos gelingt.

Wir haben uns damals für die Internationale Schule mit ihrem Konzept der Kindergartenbetreuung entschieden, um unserem Kind ein System bieten zu können, das seinen Bedürfnissen entgegenkam. Das Ergebnis war ein erstaunlich zufriedenes und ausgeglichenes Kind. Zu diesem Zeitpunkt war allerdings noch nicht endgültig entschieden, dass beide ihre gesamte Schullaufbahn dort verbringen würden. So weit waren wir damals noch nicht.

Natürlich hätte unser Sohn auch im städtischen Kindergarten »überlebt«, aber warum nicht anders, wenn es für alle besser ist? Heute gibt es sehr viel mehr Kindergärten zur Auswahl, als dies damals der Fall war, und man kann eine Wahl für das eigene Kind treffen. Irrtümer sind immer möglich, aber im Kindergartenalter hat man sicherlich die Chance, die ursprüngliche Entscheidung zu revidieren und zu korrigieren.

Bei Schulen hält sich die Auswahl in Grenzen, aber auch hier kann man sich erkundigen und versuchen, die geeignetste Schule für das eigene Kind zu finden. Es ist mir klar, dass die Möglichkeiten hierfür regional verschieden sind und dass die

Wahlmöglichkeiten mal besser und mal weniger gut verteilt sind. Aber eins können Eltern immer: hinsehen und helfen, wenn es notwendig wird. Und Ausnahmen bestätigen den Fortschritt.

Unser jüngerer Sohn verbrachte seine gesamte Kindergartenzeit im städtischen Kindergarten und wollte erst dann auch auf die Internationale Schule gehen wie sein großer Bruder. Nach zwei Jahren teilte er uns mit, dass er keine Lust mehr habe, mit dem Schulbus zu fahren, und dass er lieber mit mehr deutschen Kindern zusammen sein wollte. Also haben wir damals bei der Grundschule in unserem Stadtviertel vorgesprochen und darum gebeten, ihn im Juli drei Wochen am Schulunterricht teilhaben zu lassen, was zeitlich möglich war, weil die Internationale Schule etwas andere Ferienzeiten hat als das bayerische Schulsystem. Frederic wurde freundlich aufgenommen und kam in eine große Schulklasse mit einer sehr netten Grundschullehrerin, die ihn fürsorglich behandelte. In den folgenden Wochen fragten wir immer mal wieder, wie er denn die neue Schule finde, und seine Antworten waren eher ungehalten und genervt. Er würde uns das schon sagen, wenn er es wisse!

Ich gebe zu, dass ich ein bisschen Angst hatte, in Zukunft mit zwei Schulsystemen zurechtkommen zu müssen, denn zum einen würden meine zwei Jungs die kommenden Jahren in unterschiedlichen Sprach- und Schulwelten verbringen, zum anderen gibt es die schon erwähnten Unterschiede in den Schulferienzeiten.

Gegen Ende der letzten Woche kam Frederic dann von sich aus und teilte uns seine Entscheidung mit: Er wollte doch lieber mit seinem Bruder in der Internationalen Schule bleiben, dort im Internationalen Chor singen, und außerdem wären die Kinder dort interessanter und netter. Dass Kinder aus bis zu 60 Nationalitäten in einer Schule interessanter sind, ist kein Kunststück, dass sie aber auch »netter« seien, ist der

Grund, warum ich das Kapitel »Soziale Toleranz« geschrieben habe.

## Fördern und fordern

Wenn Kinder in die Internationale Schule gehen, dann ist ihnen die Idee, im Ausland zu studieren, mit zunehmendem Alter relativ vertraut. Wahrscheinlich sehr viel mehr als Gleichaltrigen in deutschen Schulen. Auch unsere Jungs haben während ihres Studiums ihre »alte« Schule besucht und den internationalen Schülern erzählt, warum sie in den USA studieren und wie es dort so ist. Abgesehen davon gibt es an den meisten Internationalen Schulen Universitätsberater, die ab der neunten oder zehnten Klasse die Schüler und Schülerinnen über weltweite Studienmöglichkeiten und -voraussetzungen informieren.

Das Schulsystem in den USA ist insgesamt sehr viel härter als das Paket Schule, Abitur und Universitätsbewerbung in Deutschland. Das liegt nicht nur daran, dass sehr viele Schulen und Universitäten sehr viel Geld kosten, das erst einmal verdient werden muss – wozu auch die meisten Studenten von Anfang an beitragen müssen, sei es mit Nebenjobs während der Studienzeit oder mit Arbeit während der Sommerferien. Die wesentliche Herausforderung in den USA, aber auch in Ländern wie Frankreich und England liegt vor allem darin, dass die Kinder schon zu Schulzeiten sehr oft und sehr stark dem Phänomen Wettbewerb ausgesetzt sind. Etwas, das man in unserem Schulsystem kaum kennt oder zumindest nur auf freiwilliger Basis. In amerikanischen Schulen ist der Wettbewerb geradezu institutionalisiert, es gibt viele Optionen, an Wettbewerben teilzunehmen, und Team-Wettbewerbe sind besonders ausgeprägt. Man erlebt den Wettbewerb in der Gruppe.

Bei uns gilt man bekanntlich schnell als Streber, wenn man gut in der Schule ist, und es bedarf daher einer besonderen persönlichen Initiative, dass Schüler und Schülerinnen an fachlichen, sportlichen oder sonstigen Wettbewerben teilnehmen.

Die Eltern von Kindern, die das Gymnasium besuchen (wollen), klagen zwar alle über den Übertrittswettbewerb (zumindest in Bayern und einigen anderen Bundesländern) und über die anschließende Belastung durch das G8-System, doch im Vergleich zu den Anforderungen an sehr guten und damit auch wettbewerbsstarken englischen und französischen Schulen oder amerikanischen Highschools ist das tägliche Schul-, Hausaufgaben-, Sport- und Aktivitätenprogramm an unseren Schulen wenig beeindruckend.

Bei uns haben Kinder immer noch genug Freizeit, um ganze Nachmittage durch die Stadt zu schlendern oder zu »chillen«. Arbeiten am Abend für die Schule ist verpönt und für viele Eltern völlig unvorstellbar. Die Kinder dürfen noch lange spielen, sollen nicht überfordert werden und bewegen sich deshalb ziemlich lang in einer Komfortzone, die junge Menschen in den USA, aber auch in Frankreich oder in England so nicht kennen.

Zudem wachsen unsere Kinder vergleichsweise verwöhnt und behütet in einem sehr sozialen System auf, in dem der Staat für alles, was Schule ist, aufkommt und wo die Kinder nicht erleben müssen, was es heißt, nur durch Leistung gewisse Vorteile und Sicherheiten zu erhalten. Amerikanische Kinder werden da weniger zimperlich behandelt, zumindest ab einem gewissen Alter, in dem der Wettbewerb beginnt. Denn damit beginnen auch die Vorbereitungen und Anstrengungen, um in einer guten Highschool und später vielleicht sogar an einer der besten Universitäten des Landes oder der Welt studieren zu können. Mancherorts konkurrieren Kinder bereits um Kindergartenplätze.

Verständlicherweise herrscht bei uns die Meinung vor, dass dieser ganze Aufwand, den amerikanische, aber auch englische oder französische Eltern auf sich nehmen, um ihre Kinder optimal für den Aufnahmewettbewerb um die besten Colleges und Universitäten vorzubereiten, ein riesengroßer Blödsinn ist, da man bei uns ja auch etwas werden kann, wenn man an einer deutschen Universität studiert! Besonders stolz sind wir auf unsere Ingenieurswissenschaften, unsere medizinischen Fakultäten und auf vieles andere mehr.

Wer hat schon wirklich Lust, die anfallenden hohen Kosten eines Studiums im Ausland zumindest teilweise oder ganz zu tragen? Viele Eltern würde auch nie auf die Idee kommen, ihren Kindern schon in der Schulzeit im Bewerbungsprozess um einen Studienplatz oder um ein Stipendium für die USA beizustehen, denn das alles gibt es bei uns doch umsonst.

Natürlich akzeptiere ich diese Haltung, und ich würde nie widersprechen, dass das Studium an einer deutschen Universität ein sehr respektabler Weg ist, um seine berufliche oder wissenschaftliche Zukunft zu beginnen.

Wenn es aber die Idee, diesen Funken Interesse und Wagemut gibt, im Ausland studieren zu wollen, dann sollten Eltern sich frühzeitig informieren, um ihre Kinder auf diesem Weg begleiten zu können. Letztendlich spielt sicherlich auch eine Rolle, wie man selbst als Kind gefördert wurde. War da schon jemand in der Familie oder im Freundeskreis, der positiv vermitteln konnte, was Studieren in den USA bedeutet, was auf einen zukommt, was die Vor- und die Nachteile sind und warum man diesen Wunsch fördern sollte?

Und wenn sich Familien dann aufmachen, um einige dieser Universitäten zu besuchen, um einen zumindest ersten Eindruck gewinnen zu können, dann kenne ich niemanden, der nicht zu schwärmen beginnt. Sie sind beeindruckt vom professionellen und freundlichen Empfang, von den liebevollen Führungen über den Campus – meist von stolzen Studenten selbst, vom akademischen Angebot an herausragend ausgebildeten Lehrern und bekannten Professoren oder von der unglaublich persönlich ausgerichteten Betreuung im ersten Jahr, wenn die ausländischen Studenten und Studentinnen sich möglichst problemlos eingewöhnen sollen. Später dann wenden sich namhafte, erfolgreiche, bei Studenten heiß begehrte Firmen direkt an die Universitäten und Colleges und rekrutieren vor Ort ihre Praktikanten und künftigen Mitarbeiter. Die Absolventen genießen den Luxus der Qual der Wahl. Frühere Studenten werden zu Alumnis ihrer Universitäten, unterstützen sie und fördern die kommenden Absolventen. Wenn ich von Eltern gefragt werde, wie unsere Jungs denn an die begehrten Praktika oder Jobs gekommen sind, konnte ich eigentlich nur auf ihre Universitäten verweisen, die den Zugang möglich gemacht hatten.

Ehrlich gesagt haben wir in der neunten Klasse der Internationalen Schule nicht daran gedacht, dass unsere Kinder einmal in Amerika studieren würden. Ausschlaggebend war unser ältester Sohn, der verkündete, dass er nur und ausschließlich in den USA studieren werde, weil dort die guten Universitäten sind. Selbst wir als hartgesottene Amerika-Versteher haben erst einmal geschluckt! Unseren Einwand, dass allein schon der Bewerbungsweg an eine gute amerikanische Universität eine Riesenherausforderung ist, tat er mit einem Schulterzucken ab. Unsere Forderung nach einer guten und nicht mittelmäßigen Universität angesichts der doch sehr hohen Kosten, die wir auf uns zukommen sahen, konterte er mit einem »Das mache ich schon!«. Zudem fühlten wir uns auch ziemlich allein auf relativ unbekanntem Terrain, denn kaum ein Jugendlicher aus unserem deutschen Freundes- und Bekanntenkreis hatte so ein Ziel, das unser Sohn fast wütend verteidigte. Daher waren auch unsere Erfahrungswerte mehr als gering. Wir dachten, er würde von der University of Georgia träumen, an der es besonders hübsche Studentinnen geben soll! Aber er blieb bei seinem Anspruch an sich selbst, und wir entschieden uns bei so viel Entschlossenheit für den Weg der Förderung unseres wieder einmal recht originellen Sohnes. Die einzige Bedingung war, dass er aufgrund seiner Fächerkombination mit seinem internationalen Abitur auch in Deutschland studieren konnte und dass er sich ebenfalls an Universitäten in England bewerben würde. Im Nachhinein wissen wir, wie viel wir mit diesem Zusatz England im Vergleich zum Aufnahmeprozess an deutschen Universitäten von ihm verlangt haben. Aber zu unserer Entschuldigung kann ich nur wiederholen, dass wir damals eher recht als schlecht über den Bewerbungsprozess für englische und amerikanische Universitäten informiert waren und an der Internationalen Schule zu diesem Zeitpunkt keine echte Unterstützung erhielten, da die Stelle des Universitätsberaters damals gerade vakant war.

Nein, wir wollten nicht »Drill Mom« oder »Drill Dad« sein, wir wollten ihn begleiten und mit allen Kräften unterstützen auf seinem Weg. Ich kenne amerikanische Mütter, die auf ihren Weihnachtskarten die Leistungsvielfalt ihrer Kinder zelebrieren. So weit soll es natürlich nicht kommen, denn wir leben in Europa und auch nicht in Asien, wo es üblich ist, seine Kinder unerbittlich zu Höchstleistungen zu führen.

Allerdings möchte ich an dieser Stelle schon erwähnen, dass mir in der Internationalen Schule auffiel, dass internationale Eltern mit ihren Kindern oftmals härter umsprangen und vor allem im Hinblick auf die Ausbildung ihrer Kinder sehr viel zielstrebiger sind als deutsche Eltern, die alles auf die Zeit nach dem Abitur verschieben und auch nach dem Abitur alle Zeit der Welt zu haben scheinen.

Man darf nicht vergessen, dass es später genau diese Kinder aus China, Südkorea, Indien oder Pakistan sind, die eine unmittelbare und gnadenlose Konkurrenz im Aufnahmeprozess um einen Studienplatz an einer der Top-Universitäten darstellen. Darauf werden sie von Kindesbeinen an vorbereitet, während unsere Kinder ziemlich lange geschont werden und die Eltern ignorieren, »was da draußen los ist«. Folglich sollte man zumindest einen Mittelweg in Betracht ziehen. Das heißt, nicht nur fördern, was bereits eine finanzielle Belastung mit sich bringt, sondern eben auch fordern.

Wir wussten damals auch noch nicht, was alles auf unseren Sohn und uns in seinem Schlepptau zukommen würde. Aber wer nicht wagt, der nicht gewinnt, und so begannen wir, gemeinsam mit ihm ein Experiment auf diesem relativ unsicheren Terrain, aber mit viel Vertrauen in die Zielstrebigkeit unseres Sohnes. Er ließ sich von seinem Vorhaben nicht abbringen, und ich glaube, es kam ihm auch nicht in den Sinn, dass wir rigoros Nein sagen und unsere Unterstützung verweigern würden.

Unsicher war das Vorhaben deshalb, weil wir wussten, dass es selbst bei Erfüllung aller Voraussetzungen keine Garantie für einen Studienplatz an einer sehr guten amerikanischen Universität geben würde, und es würde ein Learning by Doing werden, sich durch den Dschungel der notwendigen Formalitäten zu kämpfen. Fordern funktioniert nicht mit Strafen oder Verboten! Eltern, die ihre Kinder sofort bestrafen, wenn sie in der Schule keine guten Noten nach Hause bringen, aus Angst davor, dass sie den Übertritt ins Gymnasium nicht schaffen oder das Klassenziel nicht erreichen, sollten lieber überlegen, woran die unbefriedigenden Noten liegen könnten. Sie sollten erst einmal hinschauen, die Situation analysieren und dann sinnvoll und mit vollem Elan fördern. Wenn nur gefordert wird und die Förderung nur aus Strafarbeiten besteht, fürchte ich, dass für die Kinder jede Klassenstufe und jede Schule zur Bürde wird und in einer leidvollen Erfahrung mündet.

Sicherlich, wir hatten es da leichter, denn angesichts der Tatsache, dass man für die Internationale Schule zahlen muss, sagten wir unseren Kindern, dass wir dafür gute Noten erwarten, denn sonst könnten sie auch in eine ganz normale staatliche Schule gehen, die nichts kostet. Das verstanden sie von Anfang an, und zudem gingen sie einfach sehr gern in die Internationale Schule – eines der herausragenden Wunder an dieser Schule.

Fordern ist aber auch deshalb so wichtig, weil Kinder verstehen lernen müssen, dass nichts im Leben umsonst ist, und je früher sie dieses Grundgesetz des Lebens kennenlernen, desto weniger Probleme wird es auf dem Weg zum Abitur und in die Ausbildung geben. Ich kann mich an meinen Vater erinnern, der, als ich 15 Jahre alt war und eine mittlere Katastrophe in der Schule, in mein Zimmer kam, die Tür schloss und sagte: »Wenn du das Gymnasium nicht schaffst und eine Lehre machst, kannst du zum Beispiel in einer Bank arbeiten, Tierpflegerin oder Friseurin werden, wenn du aber Abitur machst, kannst du alles werden!« Er öffnete die Tür wieder, ging hinaus, schloss die Tür hinter sich und ließ mich allein. Ich wurde schlagartig erwachsen!

Dieser »Willkommen in der Realität«-Schock setzt bei uns oft viel zu spät ein. Kurz vor dem Abitur realisieren die Eltern, dass nun der große Wettbewerb beginnt – um die Aufnahme an guten Universitäten, um eine gute Ausbildung und eine gute berufliche Zukunft. Den Kindern aber fehlt der nötige Elan, sie begreifen nicht, warum sie sich anstrengen sollen, weil bis dahin alles recht bequem abgelaufen ist. Die Reife kommt schon, aber oft zu spät, zumindest für die erfolgreiche Bewerbung an eine der Top-Universitäten der Welt, denn dafür braucht man die Jahre vor dem Abitur und die Bereitschaft, sich (heraus-) fordern zu lassen.

Wenn Eltern nur fördern, aber nicht fordern, dann werden teure Nachhilfestunden oder sogar Internate bezahlt, weil die Kinder einfach zu schlecht in der Schule sind. Die Kinder genießen eine Art Dauernachhilfe, aber sie strengen sich deshalb noch lange nicht an. Die Eltern wissen während des Schuljahrs oft nicht, wie es um die Noten ihrer Kinder steht, wo und warum sie Probleme haben und welche Fortschritte angestrebt und erzielt wurden. Die Kinder wiederum übernehmen keine

Verantwortung für ihr Verhalten, sie genießen die Vorzüge einer großzügigen Förderung, die den Eltern einiges abverlangt, aber sie reifen nicht daran.

Wenn ich fördere, darf ich auch fordern, zumindest dass mein Kind die Hilfe anerkennt und wenigstens versucht, sie in Schulerfolge umzusetzen. Warum sonst sollte man fördern, wenn man nicht etwas dafür erwarten darf?

Ich habe immer wieder Eltern erlebt, die sehr enttäuscht waren, wenn ihre Kinder schlechte Noten nach Hause brachten. Sie hatten die gesamte Schulzeit bis zum Abitur Nachhilfe bezahlt, aber ich konnte nie sehen, dass sie bei ihren Kindern aktiv etwas eingefordert haben. Vielleicht erschien ihnen das zu hart, vielleicht war es ihnen auch zu anstrengend, wahrscheinlich haben sie der Nachhilfe oder dem Internat vertraut, auf alle Fälle ist es im Falle einer schlechten Abiturnote dann für vieles zu spät.

Wenn ich mein Kind zum Beispiel im Fußball fördere, dann zunächst einmal, weil es unbedingt Fußball spielen will. Ich muss aber auch erkennen, ob mein Kind überhaupt die Voraussetzung hierfür mitbringt. Wenn es das tut und wenn es zudem leidenschaftlich gerne spielen will und auch kann, dann darf ich fördern und fordern.

Ist es falsch, einem kleinen Jungen fünf Euro Gewinnprämie zu versprechen, wenn er mit seiner Mannschaft das Turnier gewinnt? Vielleicht erscheint das manchen zu materialistisch in der Grundhaltung, sie können ja ein anderes Motivationsinstrument finden. Aber die Mutter, die das bei ihren zwei Kindern praktiziert hat, hat ihre Kinder langfristig, ausdauernd und erfolgreich bis zur Jugendmeisterschaft geführt. Und nach der Schule mit einem Fußballstipendium in eine der besten Universitäten der Welt.

Unsere Kinder wollten unbedingt Klavier spielen. Also habe ich ihnen dieses Hobby ermöglicht, aber auch Konsequenz und Kontinuität eingefordert. Es wurde nicht alle drei Monate das Instrument gewechselt, weil die Lehrerin blöd ist oder irgendwann Schlagzeug spielen viel cooler erschien. Auch unsere Söhne wollten mal dies und mal das, aber all das kostet Zeit oder Geld, und je früher sie das lernen, umso besser. So haben wir die Erfüllung von Wünschen durchaus von guten Schulnoten oder auch von ihrem Verhalten abhängig gemacht. Wenn jemand unmotiviert Hockey spielt, dann muss man auch keinen neuen Schläger kaufen.

Es ist ein feiner Grad, den man wandert, zwischen Wollen, Können und Sollen. Kinder darf man nicht zu ihrem Glück zwingen, wenn sie aber von sich aus Interesse zeigen und die notwendige Motivation mitbringen, ist es durchaus gerechtfertigt, sie zu Fortschritt und zum Durchhalten zu überreden. Jeder hat mal einen Durchhänger. Es wäre doch schade, wenn man dann gleich aufgibt.

Und manchmal entwickelt sich daraus eine Eigendynamik, wie man sie anfangs nicht erhofft hat. Der Sport im Verein, die Mathematikübungen mit dem Vater, das soziale Engagement im benachbarten Kinderheim bescheren dem Kind ungeahnte Erfolge und damit ein großes Maß an Selbstvertrauen und Zufriedenheit. Was will man mehr!


## Soziales Engagement

In der Schule geht es aber nicht nur um Wettbewerb und gute Noten. Es geht auch um die Entwicklung der Persönlichkeit, und diese kann durch soziales Engagement für Jugendliche und von Jugendlichen sehr gut unterstützt werden.

Im Nachhinein hat sich herausgestellt, dass gerade die Sozialarbeit unserer Jungs eine der besten Vorbereitungen für die Aufnahme an zwei der Top-Universitäten der Welt war.

Ich finde soziales Engagement während der Schulzeit so wichtig, dass ich mir wünschen würde, dass alle Jugendlichen in allen Schulen einen Nachmittag in der Woche diesem Thema widmen würden. In der Internationalen Schule gibt es hinsichtlich des sozialen Engagements der Schüler und Schülerinnen ziemlich genaue Vorstellungen und Vorgaben. Teil des schulischen Pflichtprogramms sind die sogenannten Community and Service Hours (Gemeinwesen- und Dienstleistungsstunden), die jeder Schüler und jede Schülerin absolvieren muss. Ab der achten Klasse müssen die Kinder in der Middle School und später die Jugendlichen in der Senior School bis zu 60 Stunden im Schuljahr für das Gemeinwohl arbeiten. Diese müssen sie sich von den Empfängern ihrer sozialen Taten schriftlich bestätigen lassen, und sie müssen zum Ende eines jeden Schuljahres einen selbst geschriebenen Bericht bei der Schulbeauftragten einreichen (die Schulbeauftragte ist eine Angestellte der Schule, die sich um die erfolgreiche Durchführung und Dokumentation der Sozialarbeit kümmert). Wird dieses Protokoll der geleisteten Hilfsmaßnahmen nicht abgegeben, gilt das Schuljahr als nicht abgeschlossen und das Schulzeugnis wird nicht ausgestellt.

Anfangs, wenn die Kinder noch recht jung sind, muss man sich oft mit Rasenmähen beim Nachbarn oder Tischdecken bei der Großmutter behelfen. Später dann, mit 14 oder 15 Jahren, können die Jugendlichen wirklich sinnvolle Aufgaben übernehmen und ausführen, zum Beispiel in einem Kinderheim.

Wir hatten viele Jahre zuvor beim Schlittenfahren in unserer Stadt eine Gruppe Kinder kennengelernt, die unsere Aufmerksamkeit auf sich zogen. Sie waren mit zwei Betreuerinnen unterwegs und hatten anstelle von Schlitten nur Plastiktüten dabei. Mit diesen rutschten sie den kleinen, aber recht vereisten Rodelberg hinab. Ein kleiner Junge blieb mitten am Hang stecken und weinte bitterlich.

Daraufhin rutschte mein Mann zu ihm hinunter, tröstete ihn, nahm ihn auf seinen Schlitten und beide kamen zusammen unten an. Eine Betreuerin bedankte sich bei uns und meinte, dass sie solche Väter öfters brauchen würden. So kamen wir ins Gespräch und es entstand eine langjährige Freundschaft zwischen dem Münchener Kinderheim und unserer Familie.

Zunächst stifteten wir einen Kinoausflug für die Wohngruppe der Kinder im Heim. Dann kauften wir eine Spülmaschine, damit sie nicht mehr das Geschirr für alle mit der Hand abspülen mussten. Einige Zeit später konnten wir eine Firmenstiftung vermitteln und Geld für den Ausbau eines Kellerraums zu einem Bastel- und Malzimmer sammeln. Das Wichtigste aber war, dass jeder unserer beiden Jungs ab dem 15. Lebensjahr ein bestimmtes Kind der Wohngruppe betreute, es einmal in der Woche im Heim besuchte und sich kümmerte. Alexander wurde der große Bruder von Alessandro, und Niko suchte sich unseren Frederic aus. Sie wurden ehrenamtliche Paten und spielten mit Alessandro und Niko Fußball, gingen ins Kino, halfen ihnen bei den Hausaufgaben, spazierten mit ihnen durch die Stadt, unterhielten sich über Themen, die sie bewegten, und halfen, wenn es Probleme gab.

Unsere vergleichsweise behüteten, verwöhnten, umsorgten Kinder lernten die Nöte, Bedürfnisse und Lebensumstände von Kindern kennen, die weniger Glück im Leben hatten und aufgrund ihrer Familienverhältnisse zu Hause oder weil sie kein Zuhause mehr hatten im Heim leben mussten. Und Alessandro und Niko genossen die Freundschaft von zwei positiven, motivierten und stabilen Jungs, die sich liebevoll um sie kümmerten, ihnen vielleicht familiäre Werte vermitteln oder vorleben konnten, die ihnen auf Augenhöhe helfen und ein wenig mehr Halt in ihrer unsicheren Welt geben konnten.

Meine Kinder lernten auf diese Weise, dass Kinder, die in Heimen leben und aufwachsen, bereits erfahren haben, dass ihr Elternhaus kein sicherer Hafen ist. Daher brauchen sie Zuverlässigkeit, Zuverlässigkeit, Zuverlässigkeit! Das bedeutet, dass man lernen muss, seine Versprechen zu halten, ein verlässlicher Partner zu sein, der zum Beispiel pünktlich sein sollte, wenn sie im Kinderheim auf ihren großen Freund warten.

Unsere Kinder lernten die Bedürfnisse und Nöte von Kindern kennen, die einen eher schweren Start ins Leben haben. Sie lernten, dass es Defizite gibt, die vom Alkohol- und Drogenmissbrauch der Mütter herrühren, dass manche Kinder in solchen Situationen nicht sehr belastbar sind, dass ihre Konzentrationsspanne eher kurz ist und dass sie schnell versagen, wenn andere Kinder problemlos reüssieren. Das lehrt Verständnis und Toleranz, Geduld und Durchhaltevermögen.

Eines Tages nahm mein Mann die Tochter von Freunden mit ins Heim, denn wir wollten dort zusammen mit der gesamten Wohngruppe Hamburger zubereiten. Zunächst einmal saß unser Besuch nur sehr still da und beobachtete das Treiben um sich herum. Mit der Zeit unterhielt sie sich mit den anderen Kindern, half beim Kochen und hatte Spaß.

Die Kinder waren keine »Langweiler«, wie sie noch bei der Hinfahrt meinte, und zurück zu Hause erzählte sie tief beeindruckt ihrer älteren Schwester von den Schicksalen der Kinder. Gleichzeitig hatte sie wahrgenommen, dass dieser Ort trotz ihrer oft eher traurigen Geschichten auch ein Ort der Heiterkeit war. Sie war mit dieser Erfahrung in der Realität angekommen und hatte ihre falschen Vorstellungen und Vorurteile abgelegt.

Realitätsgefühl und Heiterkeit und die erlebte Tiefe der Empfindungen, Gefühle und Erfahrungen sind meiner Meinung nach sehr wichtige Faktoren einer werteorientierten Erziehung. Sie lernen, den Dingen positiv zu begegnen, auch wenn das Erlebte nicht ihrer Vorstellungswelt entspricht. Sie betrachten alltägliche Ereignisse bewusster und erleben ihre Bewältigung fröhlicher und zufriedener.

Die Tochter unserer Freunde entdeckte zumindest für einen Augenblick ihre Dankbarkeit, nicht nur für die vergleichsweise guten Lebensumstände ihrer Familie, sondern für die einfache Tatsache, dass ihre Eltern mit ihr zu Hause wohnen, sie lieben und umsorgen. Das war ihr zuvor nicht so bewusst gewesen.

Diese Achtsamkeit gegenüber anderen, die Bereitschaft zu guten Taten und die Fähigkeit, ein soziales Gewissen zu entwickeln und sich in die Situation anderer Menschen einfühlen zu können, sind in meinen Augen unerlässlicher Bestandteil einer »guten« Erziehung zu Toleranz und Mitgefühl.

## Sport

Sport ist für Kinder wichtig, aber nicht jedes Kind ist sportlich! Doch was heißt das eigentlich?

Es gibt Kinder, die sind einfach talentiert. Sie haben Ballgefühl, sind koordiniert und tun sich leicht mit sportlichen Aufgaben. Solche Kinder gewinnen für ihr Team oder in Einzelsportwettkämpfen, sie wachsen an ihren Leistungen und an ihren Erfolgen und sie sind ausgelastet und fokussiert, auch wenn die Pubertät einsetzt. So ein Kind ist in den Augen vieler ein Hochleistungskind und gilt auch für viele deutsche Eltern als Glücksfall, denn es schafft bereits als Kind, was viele Erwachsene nicht bewältigen. Es ist auf wichtige Ziele und Wirkungsbereiche fokussiert, es leistet sowohl in der Schule als auch in seiner Freizeit viel. Sein Alltag ist erfüllt und strukturiert. Der Lohn sind Zufriedenheit und Bewunderung für das Kind, manchmal leider auch Neid.

Die medizinisch-technische Assistentin meines Arztes hat zwei Kinder, Sohn und Tochter, beide mittlerweile Mitte 20, die sich beide neben der Schule und unabhängig voneinander bis zur europäischen Meisterschaft im Rock 'n' Roll hochgearbeitet hatten. Das erzählte sie mir eines Tages so nebenbei und ich war voll der Bewunderung und des Lobes. Was für eine unglaubliche Leistung und Hingabe! Beide wurden belohnt und konnten mithilfe eines Stipendiums an einer begehrten deutschen Universität studieren.

Nehmen wir das andere Extrem. Die rechte Hand weiß nicht, was die Linke tut, jeder Ballwurf in den Korb misslingt, das Gleichgewichtsgefühl ist schlecht und der Muskelaufbau kaum vorhanden. Auch so ein Beispiel kenne ich aus dem Bekanntenkreis. Für diesen Jungen hätte ich mir gewünscht, dass er seinen Körper trainiert, um überhaupt ein eigenes Körpergefühl zu bekommen. Ich hätte ihm einen Trainer gewünscht, der einfühlsam und mit viel positiver Energie versucht, seine Schwächen in den Griff zu bekommen und sein Selbstbewusstsein zu stärken. Nicht nur um seiner selbst willen, sondern auch, um in der Schule unter Gleichaltrigen besser bestehen zu können.

Kinder beurteilen sich lange Zeit nicht vorrangig nach ihren intellektuellen Fähigkeiten, sondern nach ihren pragmatischen Fähigkeiten im Alltag, und gerade für Jungs gehören das Rennen in der Schulpause, das Klettern und vor allem das Fußballspielen dazu.

Fördern Sie so früh wie möglich den Gleichgewichtssinn und die Koordination Ihrer Kinder mit Reiten oder Ballett, mit Klettern, asiatischen Kampfsportarten oder Kickboxen. Aber auch Schwimmen, auf Bäume Klettern und Rollschuhfahren schulen diese Fähigkeiten. Mein Engagement ging damals so weit, dass ich für unsere Jungs und ihre Freunde oder die, die einfach mitmachen wollten, einen Raum in einem nahe gelegenen Fitnessclub für wenig Geld anmieten konnte und auch einen Fitnesstrainer gewann, der mein Vorhaben unterstützte und mit den Kindern Koordination, Standfestigkeit und Gleichgewicht trainierte. Ich kann mich an einen Jungen erinnern, der aus dem Stand umfiel. So wackelig war er auf seinen Beinen.

Außerdem erfahren Kinder in Sportvereinen oder Teams Teamgeist und Zusammenhalt, die Freude, einen Sieg gemeinsam zu erreichen und zu teilen, und die Fähigkeit, auch einmal zu verlieren. Sie gewinnen Freunde und erleben Motivation und Frustration zugleich, wenn die Mannschaft verliert. Sie lernen, sich auf andere verlassen zu können und die für den Wettbewerb notwendige Kraft auch in der Gemeinsamkeit zu finden.

Als bestes Beispiel hierfür fällt mir der Rudersport ein, den unser älterer Sohn eine Zeit lang in Stanford betrieb. Er war zuvor noch nie in seinem Leben sportlich gerudert, außer vielleicht zum Spaß mit uns oder seinen Freunden, wenn es sich einmal ergab. In Stanford wurde er in seinem ersten Studienjahr fürs Rudern akquiriert, weil er groß und gut trainiert war. Er ging aus Neugierde darauf ein, ohne wirklich zu ahnen, worauf er sich da einließ. Und was so gleichmütig begonnen hatte, wurde für ihn zum großen Lehrstück.

Zuerst einmal die Disziplin! Bei uns ein eher negativ besetztes Wort, in den USA oftmals mit großer Selbstverständlichkeit und ohne Jammern umgesetzt: Unser Sohn stand jeden Morgen um fünf Uhr morgens auf, um vor seinen Universitätskursen zu trainieren, bei Wind und Wetter, auch am Samstag. Am Nachmittag gab es dann noch einmal Rudertraining und/oder Muskelaufbau, Koordinations- und Konditionstraining im Fitnesscenter. Und glauben Sie mir, ich habe in meinem Leben nie fittere Menschen gesehen als in Stanford: Was »normale Menschen« im Stehen können, machen die jungen Männer und Frauen dort im Handstand! Doch das ist nur die eine Seite der Erkenntnismedaille. Die andere, weiterführende und alles überragende Erfahrung war für unseren Sohn die Verschmelzung von Körper und Geist der gesamten Rudermannschaft zu einer Einheit im Boot. Denn nur dann, wenn diese Verschmelzung gelingt, hat das Boot eine Chance, sich den Sieg zu erkämpfen. Also trainieren die Mitglieder des Ruderteams zusammen, um diese Zeit der Verschmelzung von Körper und Geist und der gemeinschaftlichen Fokussierung auf den Sieg zu erreichen. Mit fortschreitendem Training ist die Rudermannschaft in der Lage, die Dauer dieser Verschmelzung so lange aufrechtzuerhalten, dass sie das gegnerische Team besiegen kann, und unser Sohn hatte die Chance, »an Körper und Geist« zu lernen, was es an Einsatz, an Konzentration und an Teamgeist braucht, um zu gewinnen.

In der Internationalen Schule nimmt Sport mehr Zeit in Anspruch und hat einen höheren Stellenwert als im deutschen Gymnasium. Nicht nur, dass es mehr Sportunterricht pro Woche gibt, es wird auch mehr Teamsport betrieben. Frederic erinnert sich vor allem an die Tatsache, dass man unglaublich viele Sportarten ausprobieren konnte und dass das Feedback meist positiv war. Man war also gut, aber man konnte besser werden! Ich kann mich an Zeiten erinnern, in denen wirklich alle Arten an Ballsportarten gespielt wurden, auch seltenere wie Lacross oder Netzball.

Und nach dem Unterricht um 16 Uhr gab es unzählige Sportteams in ganz unterschiedlichen Disziplinen, die mehrmals pro Woche mit dem Ziel trainierten, an schulinternen, nationalen oder sogar internationalen Wettkämpfen teilzunehmen. Das Ganze war vonseiten der Schule und der Eltern sehr straff und gut organisiert. Die Kinder trainierten hart und sehr diszipliniert und genossen die Aufmerksamkeit und Bewunderung vieler internationaler Eltern.

## Wettbewerbe

Auch beim Thema Wettbewerbe fällt ein Riesenunterschied zwischen dem internationalen Schulsystem und dem deutschen Gymnasium auf. Kinder in den deutschen Schulen tun sich mit dem Thema grundsätzlich eher schwer. Sie kennen ihn meist gar nicht oder haben eher Angst davor, weil Wettbewerbe selten positiv in Erscheinung treten. Bei uns steht das

Spielen im Vordergrund, Selbstverwirklichung und Kreativität, aber der direkte Wettbewerb wird entweder mit Achselzucken oder mit Unverständnis und Ablehnung quittiert: zu früh, zu stressig, zu konkurrenzbetont.

Direkte Wettbewerbe an Schulen haben Seltenheitswert, nur selten gibt es offiziell organisierte Wettbewerbe zwischen Klassen, zwischen Teams, zwischen Schulen oder landesweit. Es braucht das persönliche Engagement des Einzelnen, des Schülers, des Lehrers, der Eltern oder von allen zusammen, damit Kinder bei uns positive Wettbewerbserfahrungen machen können. Stattdessen entstehen in Schulen und Schulklassen indirekte Wettbewerbssituationen, die dazu führen, dass Kinder untereinander verglichen werden, allerdings auf eine eher unkontrollierte und wenig positive Art und Weise. Die Kinder werden nicht zum Wettbewerb erzogen, das heißt, sie werden nicht an das Thema herangeführt, es werden keine allgemeingültigen Regeln aufgestellt, die von allen respektiert werden müssen, und es fehlt an der Vermittlung von Motivation und Begeisterung. Auch das Erlebnis positiver Erfahrungen wie Teamgeist, Fairness, Anerkennung und dem anderen zu gönnen, was er oder sie erreicht hat, bleibt somit auf der Strecke.

So erging es dem zwölfjährigen Sohn einer Bekannten, der dank seiner Intelligenz und Fantasie wunderbare Erzählungen schrieb, die wahrscheinlich nicht altersentsprechend waren, sondern eher auf eine besondere Begabung schließen ließen. Die Lehrerin hatte angekündigt, dass sie die Geschichten aller Kinder vorlesen würde, was aber bei dem Jungen eher Sorge als Freude auslöste. Er begann daraufhin, seine Geschichte zu verändern, damit sie weniger auffiel, weniger herausragte, weniger Angriffsfläche bot. Er wollte nicht gehänselt oder gar verdächtigt werden, die Mutter hätte die Geschichte geschrieben. Zuletzt hörte er sogar ganz mit dem Schreiben auf.

Die Lehrerin hatte mit ihrer Ankündigung, die Geschichten der Kinder vorlesen zu wollen, eine indirekte Wettbewerbssituation unter den Schülern geschaffen, ohne klar und deutlich und für alle gleichermaßen festzuschreiben, nach welchen Regeln der Vergleich der Schüleraufsätze stattfinden sollte. Dazu gehört auch, dass die Lehrerin deutlich macht, dass sie von allen erwartet, dass sie ihr Bestes geben und dass niemand für seinen Text ausgelacht oder bloßgestellt wird. Ferner, dass der beste Aufsatz gewinnen wird und dass diese Entscheidung nur von der Lehrerin getroffen wird – außer es soll noch unter den Schülern selbst eine Abstimmung stattfinden. Die Lehrerin hatte mit ihrer vagen Ankündigung weder eine klare und positive Wettbewerbssituation noch einen kreativen Freiraum für den Jungen geschaffen, sondern sie bestrafte unbewusst seine Originalität, statt die Missgunst und Intoleranz der anderen Kinder.

Kinder lachen andere aus, wenn diese anders sind. Wenn Wettbewerbe so unvorbereitet und ohne Einbettung passieren, dann wird kreative Arbeit zunichtegemacht. Der Junge lernt, dass es sich nicht lohnt, gut sein zu wollen, und dass man für besondere Fähigkeiten auch nicht belohnt wird. Nur Anpassung und Konformität werden gefördert, wenn es offensichtlich besser ist und opportun erscheint, unauffällig zu bleiben, um nicht anzuecken. Das alles sind negative Erfahrungen, die dann von den Schülern mit dem Thema Wettbewerb in Verbindung gebracht werden.

Das ist doch ein trauriges Beispiel für eine an sich positiv initiierte Ausgangssituation in der Schule, für die zunächst gute Intention der Lehrerin und die anschließend leider sehr mangelhafte Gestaltung des Ablaufs durch die Lehrerin, die den Wettbewerb nicht zu einem positiven Erlebnis und Ergebnis für den Jungen, aber auch nicht für die andern Kinder in der Klasse führte.

Das ist in angelsächsischen, in Internationalen Schulen und in den Highschools der USA und Kanadas oder auch in skandinavischen Ländern ganz anders.

Weitverbreitet sind Mathematikwettbewerbe, die sogar landesweit ausgetragen werden, oder sogenannte Speech and Debate Contests (Rede- und Debattierwettkämpfe), die sich über mehrere Tage erstrecken können.

Unsere beiden Jungs haben als Schüler jeweils in ihrem Jahrgang an Kunstwettbewerben teilgenommen. Sie haben auch am internationalen Economics-Wettbewerb teilgenommen, der an der spanischen Universität von Navarra ausgetragen wird. Dazu mussten sie erst einmal innerhalb ihrer Schule für das Wettbewerbsteam nominiert werden. Dieses Team musste dann einen schriftlichen Beitrag zu einem wirtschaftlichen Thema einreichen, anhand dessen es in die »Arena« nach Navarra eingeladen wurde. Dort kämpfte die Gruppe über mehrere Tage gegen sehr viele andere internationale Teams. Nach ihrer siegreichen Rückkehr hielten sie in ihrer Schule vor 400 Schülern einen Vortrag über ihre Erlebnisse, ihre Erfahrungen und ihren Erfolg und wurden vor allen Mitschülern und Lehrern für ihre Siegermedaille geehrt.

Und für ihre Schulsportteams im Fußball und Tennis sind sie regelmäßig ins Ausland gefahren, um gegen die Teams anderer Schulen anzutreten.

Als Mitglied der Kinder-United-Nations-Konferenz und später auch als gewählter Vorsitzender des Bereichs Wirtschaft München musste unser älterer Sohn Reden halten, seine Gruppe führen und auch Rede- und Debattierwettbewerbe gegen andere Länder austragen.

Ganz allgemein herrscht im internationalen Schulsystem eine Kultur des »Best of«, die den Kindern vermittelt, dass es sich lohnt, gut zu sein, dass man an seinen Aufgaben wächst, dass es neben der Wissensvermittlung und -wiedergabe auch andere sehr wichtige Lernbereiche gibt, die man genauso erlernen und üben muss wie den Stoff für eine Biologieprüfung.

Ein gutes Beispiel für organisierten und strukturierten Wettbewerb in der Internationalen Schule ist auch das sogenannte »Personal Project« (persönliches Projekt) in der zehnten Klasse. Die Kinder müssen in einem Zeitraum von mehreren Monaten etwas bauen, erfinden, gestalten, organisieren, produzieren oder konzipieren. Das kann eine konkrete Sache sein, eine Reportage, eine Erfindung, ein Programm, eine Trainingseinheit oder ein Projekt. Die Schüler erhalten während dieser Zeit Unterstützung von einem Lehrer oder einer Lehrerin, der als persönlicher Berater zur Verfügung steht. Die Schüler und Schülerinnen können in dieser Zeit der Gestaltung und Umsetzung des Projekts ihre Kreativität und Fantasie, ihren Erfindergeist und ihren Mut, ihre Durchsetzungskraft und ihr Durchhaltevermögen ausleben und trainieren. Sie präsentieren ihr Werk anschließend in einer großen Ausstellung zusammen mit allen anderen Schülern ihres Jahrgangs. In einem großen Saal bauen sie ihre Präsentationsstände auf, an denen sie Eltern, Lehrern und anderen Schülern und Schülerinnen ihr Projekt zeigen, erklären, vorführen oder darstellen. Zudem müssen sie die Entstehung ihres Projekts dokumentarisch erfassen und beschreiben. Und nur dieser Teil des Projekts wird von einem Gremium von Lehrern benotet, nicht das Ergebnis selbst, denn auch hier ist der Weg das Ziel. Das alles erfüllt sie mit Stolz, Freude und Kampfgeist. Sie lernen, sich zu präsentieren, ihre Gedankenwelt zu vermitteln, Rede und Antwort zu stehen, ihre Originalität und damit ihre Kreativität zu behaupten. Und sie üben »Wettbewerb«, denn sie konkurrieren mit den anderen »Erfindern« um Anerkennung und Belohnung.

Angesichts der Unterschiedlichkeit der Werke wird nicht das Ergebnis, sondern der Prozess beurteilt. Dieser zeitliche und inhaltliche Ablauf, während dessen sich die Kinder messen, sich aneinander reiben und sich gegenseitig auch beurteilen, ist im Sinne eines positiven Ausgangs für alle konzipiert. Natürlich wählen die Kinder unter sich ihre Lieblingsprojekte aus. Vielleicht gefällt das eine mehr als das andere oder der

Wert der damit verbundenen Anstrengung wird bei einem Projekt höher eingeschätzt als bei einem anderen. Aber ein Projekt oder sein Ergebnis wird weder ausgelacht noch verändert oder umgebaut, damit es konform wird.

Bei so viel Kreativität stellt sich die Frage nach Anpassung und (In-)Toleranz einfach nicht mehr. Alle genießen die unterschiedlichen, fantasievollen und beeindruckenden Resultate. Kinder, Eltern und Lehrer sind gleichermaßen angetan von den Präsentationsleistungen aller Teilnehmer und bewundern oft, mit welcher Anstrengung, Leidenschaft und Intensität die Wettbewerbsteilnehmer um die Gunst des Publikums werben und kämpfen, wenn sie ihr Werk und seine Entstehung erklären und darstellen. Und damit der positive Effekt der Wettbewerbserfahrung noch verstärkt wird, können sich die Besucher am jeweiligen Projektstand in eine Liste eintragen und kommentieren, wie sie das Projekt beurteilen. Meist gibt es großes Lob!

Eine der großartigen Errungenschaften der Internationalen Schule ist die Tatsache, dass Kinder auf diese Weise ein unverkrampftes Verhältnis zum Wettbewerb bekommen und so in der Lage sind, großen Eindruck zu machen, wenn andere Kinder schüchtern in der Ecke stehen, den Kopf wegdrehen und »sprachlos« werden. Schon früh werden die Kinder animiert, sich zu präsentieren, ihre Position darzustellen und zu begründen und sich für eine Sache zu engagieren.

Und jetzt kommt noch ein wichtiger Punkt: Es muss nicht gleich perfekt sein!

## Sprachen

Als wir unseren älteren Sohn im Internationalen Kindergarten einschulten – der Kindergarten der Internationalen Schule ist eine *Preschool* im angelsächsischen Sinne –, war unser Ziel sicherlich nicht die Zweisprachigkeit. Im Gegenteil! Da ich selbst zweisprachig aufgewachsen bin, war ich erst einmal skeptisch, denn ich kenne die Nachteile der Zweisprachigkeit, verbunden mit der verzögerten Sprachsicherheit. Es ging nicht primär um das Erlernen der englischen Sprache, sondern wir wollten, dass unser Kind lernen konnte und durfte, weil es lernen wollte – nicht nur den eigenen Namen buchstabieren, sondern lesen, schreiben und rechnen. Jetzt – und nicht erst in ein oder zwei Jahren, wenn er das offizielle Einschulungsalter erreicht hätte. Er sollte auch weiter basteln und singen, aber wir hatten gesehen, dass das im Internationalen Kindergarten auf einem anderen Niveau stattfand. Da wurden ganze Dinosaurierwelten kreiert und vor der Gruppe präsentiert, die Kinder halfen beim internationalen Kinder-United-Nations-Buffet und übten zusammen mit dem Internationalen Chor afrikanische oder japanische Lieder. Und wir wollten, dass unser Kind in einem Umfeld zur Schule gehen würde, in dem Erziehung auch als Aufgabe der Schule wahrgenommen wird.

Weil meine Mutter Französin ist, war Französisch meine Muttersprache, und ich begann erst im Kindergarten, Deutsch als Zweitsprache zu sprechen. Ich kann mich erinnern, dass mein mangelhaftes Deutsch zur damaligen Zeit für viele »komisch« war, Zweisprachigkeit war damals noch nicht sonderlich geschätzt, weder von den Lehrern noch von anderen Eltern und ihren Kindern. Ich bekam also vor Eintritt in die Grundschule Nachhilfe in Deutsch, da ich immer wieder vom Deutschen ins Französische wechselte oder Mischsätze baute. War etwas am Satzbau fehlerhaft, blieb die strenge Korrektur in meinem Umfeld nicht aus. War eine Redewendung ungewöhnlich, weil ich sie aus dem Französischen ins Deutsche übertrug, war das Vergehen noch größer. Ständig wurde ich zurechtgewiesen und korrigiert, in der Schule genauso wie im Schreibwarengeschäft.

Aber das ist lange her, und die Einstellung zur Mehrsprachigkeit hat sich mittlerweile zum Guten verändert.

Gleichzeitig bringt dieses Thema ein großes Maß an Ambivalenz mit sich, denn die meisten Eltern wollen, dass ihre Kinder die deutsche Sprache perfekt beherrschen, und die Vorstellung, dass die Rechtschreibung nicht fehlerfrei oder die Kommas nicht perfekt sitzen, erfüllt viele immer noch mit großem Unbehagen. Die Aussicht darauf, eine neue Sprache zulasten der Perfektion der Muttersprache zu lernen, ist für viele (noch) nicht akzeptabel und auch nicht nachvollziehbar. Es fehlt auch an Einfühlungsvermögen, wie schwer es ist, zwei oder drei Sprachen perfekt zu koordinieren, weil die meisten selbst nur ein mittelmäßiges Englisch sprechen. In unserer Schule haben wir immer wieder gehört, dass es bis zu drei Jahre dauert, bis ein Kind in Sprache und Schrift mit einem Native Speaker mithalten kann, wenn es zunächst im ausschließlich deutschen Sprachraum aufgewachsen ist.

Wenn Ihnen der Perfektionsgrad der deutschen Sprache Ihrer Kinder besonders oder über alle (internationalen) Maße wichtig ist, dann sollten Sie zunächst klären, ob und inwieweit Ihr Kind sprachlich begabt ist und ob es in der Lage ist, Ihren Ansprüchen zu genügen. Denn Deutsch spielt in der Internationalen Schule nicht mehr die wichtigste Rolle. Doch man kann ja nach der Schule zusätzlichen Deutschunterricht entweder selbst oder zum Beispiel durch eine Lehramtsstudentin oder einen Germanistikstudenten organisieren.

Andererseits haben viele Eltern heute geradezu eine Obsession mit Sprachen, vor allem mit Englisch. Manche Eltern folgen dem Wunsch nach Zweisprachigkeit so sehr, dass sie ihre Kinder, ohne groß über die Konsequenzen nachzudenken, in Internationalen, englischen oder amerikanischen Schulen einschreiben, obwohl sie noch nicht einmal eine Affinität zu den englischsprachigen Ländern haben. Ich kann mich an einen kleinen Jungen in der Junior School der Internationalen

Schule erinnern, der völlig verloren wirkte und sich mit Englisch sehr schwertat. Seine Eltern sprachen kein Wort Englisch und waren zudem regional sehr verwurzelt. Sie hatten einfach nicht bedacht, dass ihr Kind für die Jahre des Schulbesuchs Deutschland im Prinzip verlässt, zumindest was schulische Lern- und Wissensinhalte, Vorgehensweisen, kulturelle Leitlinien oder pädagogische Ansätze angeht. Wenn man sich aber für Internationalität entscheidet, sollte diese Entscheidung rechtzeitig getroffen werden, denn echte Zweisprachigkeit gelingt meist nicht mehr in den letzten zwei Schuljahren in einer englischsprachigen Schule oder einem Internat, ausgenommen Ihr Sohn oder Ihre Tochter hat ein überdurchschnittliches Sprachtalent.

Ich habe deutsche Kinder erlebt, die selbst nach vielen Jahren in der Internationalen Schule oder im englischen Internat kein ordentliches Englisch konnten. Viele von uns unterschätzen die englische Sprache immens, denn Englisch suggeriert oberflächlich eine Leichtigkeit und schnelle Beherrschbarkeit, was zu einer grundlegenden Fehleinschätzung führen kann. Kinder kommen aus dem Ausland zurück und sprechen vermeintlich perfektes Englisch. Der Akzent hat sich verbessert, der Alltag wird mühelos bewerkstelligt. Doch beim politischen oder literarischen Diskurs wird dann schnell deutlich, dass hierfür ein anderes Niveau erforderlich ist.

Und so wie es sich mit der Sprache verhält, ist es kulturell oft ähnlich. In englischen, schottischen oder irischen Internaten erleben wir oft, dass deutsche Kinder unter sich bleiben und keinen intensiven Kontakt zu anderen Nationalitäten aufbauen können. Ihre kulturelle Prägung scheint bereits abgeschlossen und so verfestigt, dass sie sich eigentlich nur mit Kindern aus demselben Kulturkreis wirklich wohlfühlen. Ich habe viele Eltern kennengelernt, die mir dieses Phänomen mit Bedauern erzählt haben. Etwas anders verhält es sich mit Schulaufenthalten in den USA, da man dort meist der einzige Europäer ist, besonders wenn man nicht in die wenigen einschlägig bekannten Internate und Highschools geht.

## Internationalität

Viele Eltern finden es toll, wenn ihr Kind in der Schule nur Englisch spricht, aber sie ignorieren gleichzeitig die der Internationalen Schule eigene und in vielerlei Hinsicht verschiedene Wissensvermittlung, die anderen Wissensinhalte und -schwerpunkte und die Art der Erziehung und Sozialisierung der Kinder im Vergleich zur deutschen Schule. In deutschen Schulen liegt der Fokus auf der geistigen Wissensvermittlung und weniger auf der pädagogisch wertvollen Erziehung der Kinder. Oder haben Sie andere Erfahrungen gemacht?

Vielleicht haben Sie das Glück, dass Ihre Kinder an einer Ausnahmeschule lernen dürfen. Ich habe jedenfalls angesichts unserer Möglichkeit, mit der Internationalen Schule vergleichen zu können, lange über meine eigenen Erfahrungen mit der deutschen Schule nachgedacht. Ich kann mich einfach an wenig Positives erinnern, was mein Verhalten beeinflusst hätte, und ich höre von deutschen Eltern immer wieder, wie negativ die Lehrer bei uns sind, wie oft sie Kinder runtermachen und bei Problemen allein oder sogar fallen lassen. Selbst wenn ich 50 Prozent der elterlichen Vorwürfe streiche, sehe ich immer noch kein überzeugendes Erziehungskonzept im Vergleich mit der Internationalen Schule, geschweige denn die Voraussetzungen (zu viele Kinder in einer Klasse), die Zeit (kein Ganztagsunterricht und wenig individuelle Förderung und Betreuung) und die Initiative (mehr Arbeit für die Lehrer) dafür.

Doch genau das fanden wir an der Internationalen Schule mit ihren vielen Nationalitäten und mit einer Pädagogik nach angelsächsischem Prinzip. Aber was ist das eigentlich?

Schulen in England, den USA oder Australien gehen einem

Erziehungsauftrag nach, den ich für zeitgemäß halte, da er, abgesehen vom echten Ganztagsunterricht, eine sehr pragmatische und am Kind orientierte Herangehensweise verfolgt, deren Ziele und Maßnahmen aus einem Leitbild und seinen Werten abgeleitet werden. Die Schule fördert und fordert Wissen, Fähigkeiten und Fertigkeiten, und sie verfolgt einen Erziehungs- und Zukunftsauftrag. Alle Werte, Ziele, Regeln und Maßnahmen werden in einem Handbuch zusammengefasst, und ihre Umsetzung gilt für die gesamte Schulgemeinschaft, also für Eltern, Schüler und Lehrer gleichermaßen.

Wie das aussehen kann und wie mit diesem Erziehungskonzept im Alltag gearbeitet wird, möchte ich hier anhand von zwei Beispielen erklären, zum einen mit dem »Positive Education«-Modell der Glamorgan Geelong Grammar School in Corio, Australien (www.ggs.vic.edu.au), die mir von einem Schulberater als überzeugendes Beispiel für Schule und Erziehung empfohlen wurde, zum anderen mit der Mission unserer Internationalen Schule.

Zunächst einmal verfolgen beide Schulen dasselbe Ziel: die ganzheitliche Erziehung der Kinder und somit eine vielfältige und mehrdimensionale Ausrichtung der Lehr- und Lerninhalte. Diese beinhalten auch die Persönlichkeitsentwicklung jedes einzelnen Schülers.

Die Glamorgan-Schulgemeinde betont, dass sie jeden Schüler als ein Individuum mit einzigartigen Fähigkeiten anerkennt, der Bildung und Erziehung erfahren soll, dessen Talente gefördert und dessen Bedürfnisse erfüllt werden. Sie sehen sich verantwortlich gegenüber jedem in der Schule, wenn Entscheidungen darüber getroffen werden, wie man sich verhalten soll. Und sie gehen davon aus, dass Rechte auch immer von Verantwortung mitgetragen werden.

Diese Mission setzen sie mithilfe des »Positive Education«-Modells um. Die Kinder sollen »sich gut fühlen und Gutes tun«. Sie sollen soziale Kompetenz erlangen auf der Basis von

Respekt und Liebenswürdigkeit, sie sollen positive Emotionen erfahren, wie Freude, Dankbarkeit und Zufriedenheit, sie sollen lernen, was ein gesundes Leben ausmacht, sie sollen sich positiv engagieren, indem sie ihre Interessen und Leidenschaften entdecken können, sie sollen positive Ergebnisse erzielen und lernen, Herausforderungen anzunehmen, sei es akademisch oder auf menschlicher Ebene und zum Wohle aller.

Daraus resultiert ein genaues und sehr pragmatisch ausgerichtetes Programm für Schüler, Eltern und Lehrer, das erklärt und beschreibt, was vom Einzelnen verlangt und erwartet wird. Es werden für alle Rechte und Verantwortlichkeiten, Schulregeln und Konsequenzen, im Speziellen der Klassenzimmer- und der Schulhof-Managementplan beschrieben. Gerade Letzteres vermisse ich sehr an deutschen Schulen, wenn zum Beispiel immer wieder von Vorkommnissen während der Pause auf dem Schulhof berichtet und als einzige Lösung vorgeschlagen wird, dass die betroffenen »Opfer« in einen Selbstverteidigungskurs gehen sollen!

Oder was passiert beziehungsweise passiert nicht bei uns, wenn sich ein Kind gemobbt fühlt? Die Geelong Grammar School bietet hier zunächst den »No Blame«-Ansatz für alle, der niemanden zum »Petzer« macht. Anschließend folgt eine genaue Beschreibung der Vorgehensweise anhand einer Report Form, die festhält, was sich zugetragen hat, wie sich der Betroffene gefühlt hat, wie sich die anderen dabei gefühlt haben und was nun nach Meinung der Betroffenen geschehen soll.

Eine andere Konsequenz dieses geordneten und respektvollen Miteinanders sind höfliche Umgangsformen und ein liebenswürdiger Umgangston zwischen Schülern und Lehrern, denn zum einen ist der Umgang mit Konflikten geregelt und lässt keinen Spielraum für Experimente, zum anderen werden rüde oder unverschämte Verhaltensweisen von Schülern, harsche Zurechtweisungen oder überkritische bis erniedrigende

Bemerkungen von Lehrern nicht toleriert, und auch Eltern sind angehalten, die Schule und ihre Regeln zu respektieren. Jeder, der den Campus der Internationalen Schule besucht, wird diese positive Atmosphäre erleben und spüren.

Die Internationale Schule formuliert unter »Erziehung/Bildung – Herausforderung – Inspiration« ihre Aufgaben folgendermaßen: Sie möchte, dass ihre Schüler

- akademisch erfolgreich lebenslang lernen,
- kreativ und innovativ denken,
- ethische, global ausgerichtete Beiträge leisten und
- gesunde und ausgewogene Persönlichkeiten werden.

Die Schüler sollen sich entwickeln und auf positive Weise Einfluss nehmen in einer komplexen und sich verändernden Welt.

Das International-Baccalaureate-Lernprofil verweist dabei auf zehn konkrete Werte für alle Mitglieder der IB-Gemeinschaft:

- Neugierde, Unabhängigkeit und die Lust am lebenslangen Lernen
- Interdisziplinäres Wissen und grundlegendes Verständnis für Zusammenhänge
- Kritisches und kreatives Denken für komplexe Problemlösungen und ethische Entscheidungen
- Selbstbewusste Kommunikation in mehr als einer Sprache, auf unterschiedliche Weise und in Zusammenarbeit mit anderen
- Ehrlichkeit, Integrität, Fairness, Gerechtigkeit, Respekt und die Übernahme von Verantwortung
- Verständnis für die eigene und fremde Kulturen, Urteile anhand mehrerer Perspektiven und Erfahrungen
- Fürsorge, Zuneigung und Respekt für andere und die persönliche Bereitschaft zu Hilfe und Unterstützung

- Mut, Umsicht, Unabhängigkeit in unsicheren Zeiten, Einstehen für Werte und Ansichten
- Intellektuelles, physisches und emotionales Gleichgewicht
- Einsicht und Selbstreflexion für eine bestmögliche Weiterentwicklung.[4]

Kennen Sie eine deutsche öffentliche Schule, die sich in solch einem ganzheitlichen Schulkosmos bewegt, der zudem für alle Beteiligten gilt? Um diese Gedankenwelt und ihre Umsetzung im Schulalltag besser veranschaulichen zu können, möchte ich auf ein eher profanes Beispiel zurückgreifen, das aber sehr deutlich die großen Kulturunterschiede aufzeigt, die bestehen und oftmals überwunden werden müssen, wenn man internationales Territorium betritt. Was ich mit diesem Beispiel deutlich machen möchte, ist, dass Eltern, die für ihre Kinder den Schritt in die Internationalität wagen, vor Herausforderungen oder Entscheidungen gestellt werden, die ihre Erfahrungen und gültigen Werte infrage stellen können. Sie werden sich anderen Werten, Herangehensweisen oder Vorstellungen beugen müssen, die nicht erkennbar deutsch sind und einem breiten internationalen Publikum dienen müssen. Das ist der Preis, den man für Internationalität zahlen muss.

An unserer Internationalen Schule kam irgendwann das Thema »Schuluniform« auf. Nur für den Sportunterricht und sportliche Wettkämpfe gab es für alle einheitliche Sportbekleidung. In Ländern wie Frankreich, England, Italien und in den USA ist es üblich, Schulkleidung zu tragen. Die Frage, ob Schuluniformen auch an unserer Schule eingeführt werden sollten, endete mit einer Pattsituation nach einem wütenden Kampf dagegen vonseiten der deutschen Eltern. Die Schuluniform wurde nicht eingeführt, auch keine abgeschwächte Form der Schulkleidung mit gleichfarbigen T-Shirts und Hosen.

Internationale Eltern sahen in der Schuluniform primär ein Zeichen von Zugehörigkeit, eine Form der Anerkennung des schulischen Einflusses, der Regeln und Verhaltensweisen. Für sie bedeutet Schule eben auch eine Institution zur Erziehung zur Konzentration auf das Wesentliche. Eine Form der Disziplin.

Die deutschen Eltern hatten ein Problem mit dem Wort Uniform, was ich aus historischen Gründen noch nachvollziehen kann, obwohl es nicht den Kern der Sache trifft. Sie sprachen zudem vom Verlust der Selbstbestimmung, von der Einschränkung persönlicher Grundrechte und vom Recht der individuellen Abgrenzung von anderen. Sie fühlten sich an die identitätsbildenden Maßnahmen in der DDR erinnert.

Aber können wir nicht einfach im Heute ankommen und folgende Situation feststellen: Eltern lehnen im Namen des Rechts ihrer Kinder auf Selbstentwicklung einheitliche Schulkleidung ab, schicken aber ihre Kinder immer häufiger in private Institute, Internationale Schulen, in englische Internate oder auf amerikanische Highschools. Sie singen Loblieder auf die dortigen Regeln und Sitten und genießen alle Vorteile, besonders wenn sie mit dem hiesigen Schulsystem schlechte Erfahrungen gemacht haben. Doch wenn ihnen schon das Thema Schulkleidung so viel Unbehagen bereitet, warum schicken sie ihre Kinder dann in Länder, in denen die Schule Identität ausstrahlt und ihre Kinder erzieht und in denen Schulkleidung auch für Disziplin und ein besseres soziales Klima steht? Gerade Kleidung ist sehr stark mit dem finanziellen Hintergrund der Familie verbunden. Markenterror führt oftmals bereits in jungen Jahren zu Konkurrenzverhalten unter den Schülern und sogar zu Mobbing, wenn Mädchen in der Schule anfangen, die teuren Handtaschen ihrer Mütter zu tragen. Hat man nicht nach der Schule genug Zeit, sich seinen modischen Vorstellungen hinzugeben? Warum ist Kleidung bei uns in der Schule so wichtig?

Einerseits beklagen die Eltern die mangelnde Unterstützung ihrer Kinder durch die Lehrer, andererseits verbieten sie sich die Einmischung in ihre Erziehung und verweigern die Anerkennung der Autorität der Schule. Einzig das Argument, dass Kinder in Schulkleidung bei uns zu stark auffallen und deshalb in Schwierigkeiten geraten können, finde ich der Rede wert. Schade, dass es so ist!

Ein anderes (deutsches) Eltern-Phänomen an der Internationalen Schule ist, dass sich die Eltern bereits nach kurzer Zeit auf ihre eigene Schulzeit und die damit verbundenen Inhalte besinnen. Plötzlich glorifizieren sie Altgriechisch und kritisieren, dass es keinen Lateinunterricht gibt und dass der Religionsunterricht vernachlässigt wird. Sie bedauern, dass Geschichte nicht mit Heimatkunde beginnt oder dass Geografie auch andere Kontinente zum Thema hat. Sie wehren sich gegen eine Erziehung ihrer Kinder durch die Schule, auch wenn diese den Kindern durchaus guttut. Letztendlich wünschen sie sich ein deutsches Gymnasium, das seine Lerninhalte auf Englisch lehrt.

Doch ein internationales Kind an einer Internationalen Schule lernt bereits seine Muttersprache und Englisch, dazu noch Deutsch und eventuell noch eine weitere Sprache als Fremdsprachen. Der Religionsunterricht wird im Schulbetrieb bewusst vernachlässigt, weil hier so viele Nationalitäten und Religionen aufeinandertreffen. Geschichte, Erdkunde oder Sozialkunde unterscheiden sich vom deutschen System durch ihre internationalere Ausrichtung. Differenzierter sind Internationale Schulen in Mathematik und Naturwissenschaften, in Projekt- und Teamarbeit und im fächerübergreifenden Lernen. Sie gehen individuell auf das Leistungsniveau ihrer Schüler ein, sie fördern und fordern, sie bieten Wettbewerbe, ein großes Sportprogramm, sie lehren Toleranz und führen ganz selbstverständlich in die Internationalität.

Man sollte aber die Entscheidung für Zwei- oder Dreisprachigkeit, Internationalität und multikulturelle Erziehung gut überdenken, denn auch diese Entscheidung ist nicht perfekt.

Es gibt Zeiten, in denen muss man sprachliche Unsicherheiten der Kinder aushalten oder Fremdes ertragen.

Für unsere Kinder war die Internationale Schule richtig, für uns überwogen die Vorteile. Wir würden uns sicherlich wieder für diese Schulform entscheiden. Unserer älterer Sohn nahm uns damals die Entscheidung aus der Hand, indem er nach wenigen Monaten an der Internationalen Schule zu uns sagte: »Das ist meine Schule, hier bleibe ich.« Und unserer jüngerer Sohn beschloss nach einem kurzen Ausflug an die deutsche Schule, wieder an die Internationale Schule zurückzukehren. Es war seine, nicht unsere Entscheidung.

## Freizeit

Noch während meine Kinder die Middle School der Internationalen Schule besuchten, fiel mir auf, dass sich eine große Schere auftat: Die internationalen Kinder machten in ihrer Freizeit weiter, was sie zum Teil bereits vor Jahren begonnen hatten, Teamsport, Musik, Drama, MUN (Model United Nations), während die deutschen Kinder abends auszugehen, zu »chillen«, zu rauchen und oft auch schon Alkohol zu trinken begannen. Nicht alle natürlich, aber sehr, sehr viele. Gleichzeitig traten sie aus dem Sportverein aus, hatten keine Lust mehr auf Klavier und boykottierten vieles, was nach Konsequenz und Qualität aussah. Ich konnte beobachten, wie liberal und nachsichtig, oft auch unbeteiligt viele deutsche Eltern im Gegensatz zu internationalen Eltern dachten und handelten beziehungsweise nicht handelten, wenn es darum ging, einzugreifen, durchzugreifen oder einzufordern. Im Gegensatz hierzu blieben internationale Eltern konsequent, förderten schulische und andere sinnvolle Aktivitäten, füllten die Wochenenden weiterhin mit Wettbewerben aller Art und begrenzten so auf relativ selbstverständliche Weise die frei verfügbare

Zeit. Sie waren schlichtweg fordernder, konsequenter und wesentlich fokussierter auf das, was nach der Schule kommt und was man eventuell schon während der Schulzeit vorbereiten muss.

Bis heute kann ich mir nicht erklären, warum Eltern bei uns oft so schnell »loslassen« und glauben, ihre Pflicht getan zu haben. Warum sie die Anstrengung scheuen, ihre Kinder weiterhin zu motivieren, zu führen und in ein aktives Leben einzubinden. Warum sie Partys bis weit nach Mitternacht erlauben und darüber hinwegsehen, wenn der oder die 14- oder 15-Jährige angetrunken nach Hause kommt.

Dürfen Jugendliche mit 13 oder 14 Jahren bereits tun und lassen, was sie wollen, fehlt ihnen bald jegliche Richtlinie für richtig und falsch, für sinnvoll und sinnlos, für konstruktiv und destruktiv. Schon mit 16 Jahren gehen sie sehr viel unaufgeregter mit diesen Herausforderungen um. Der Reifeprozess ist dann schon so weit fortgeschritten, dass sie sehr viel besser mit Ausgehzeiten, Verantwortung und Zuverlässigkeit, mit Alkohol und Drogen umzugehen verstehen.

Ich kann hier leider nicht von einem Idealzustand des Kinderalltags ausgehen. Das wäre in Deutschland dann der Fall, wenn die Kinder alleine zur Schule gehen, wenn sie nach der Schule miteinander und unbeaufsichtigt spielen, wenn sie ihre Umgebung alleine erkunden können, wenn sie ihre Hausaufgaben selbstständig erledigen. Wir hängen diesem Ideal der selbstbestimmten Freizeitgestaltung an, das unseren Kindern erlaubt, ein unbeschwertes, kindliches Leben zu führen. Und ich kann mich erinnern, dass meine Kindheit zumindest zeitweise in etwa so ablief. Aber das ist sehr lange her und die Zeiten haben sich sehr geändert. Vieles ist komplizierter geworden ist, die Digitalisierung und die Globalisierung haben vieles verändert. Es gibt nicht mehr so viel Freiraum in der Schule und im Studium, die Ansprüche sind gewachsen, die Sitten sind strenger geworden. Heutzutage führt zu viel Freizeit dazu, dass die freie Zeit meist nicht in Wald und Natur oder auf dem Sportplatz genutzt wird. Jede Mutter und jeder Vater, die gegen den Fernseher oder die Computerspiele nach der Schule kämpfen, wissen, was ich meine. Und dies gilt mit Sicherheit für alle Städte und Ballungsräume. Und wir sollten darauf reagieren, anstatt einfach nur wegzuschauen.

Kinder sollten aber auch nicht überbehütet aufwachsen, indem jede Sekunde des Alltags organisiert und überwacht wird, wenn nur pädagogisch wertvolle Dinge passieren sollen, wenn nichts mehr spontan und aus der Situation heraus geschieht. Das ist natürlich das andere Extrem und wird zum Beispiel von Hanna Rosin in ihrem Buch *Das überbehütete Kind* dargestellt. Aber ganz so frei und unabhängig, wie wir es uns erträumen, »überleben« heute nur noch wenige Kinder die Ansprüche in der Schule und in der Gesellschaft.

Wir steuern also die goldene Mitte an: Kinder erfahren Struktur, Förderung und Forderung, und sie lernen auch, selbstständig und unabhängig zu werden, ohne dass sich die Eltern oder die Schule ständig einmischen.

Wenn das Modell »Mutter bleibt zu Hause und kümmert sich um die Kinder« gut klappt und alle damit zufrieden sind, finde ich das völlig in Ordnung. Aber nicht alle Mütter wollen oder können das leisten. Sie können ihre Kinder nicht jeden Nachmittag zum Fußballtraining oder zur Klavierstunde bringen, weil sie arbeiten gehen. Das gilt auch für Mütter oder Väter, die Unterstützung brauchen, weil sie alleinstehend und/oder keine semiprofessionellen Nachhilfelehrer sind, und es gilt für Kinder, die Unterstützung brauchen, weil sie allein nicht »funktionieren«, wenn sie immer alles selbst und alleine machen. Und so langweilen sich die Kinder oft allein zu Hause, in der Schule gibt es Probleme, die Eltern sind überfordert, die Konflikte belasten das Familienleben, und mit spätestens 14 Jahren geht der Ärger richtig los. Nach Schulschluss locken dann wenigstens der Fernseher, meist der Computer, die Spielkonsole, der Stadtbummel oder manchmal schon das Bier oder der Joint. Ein Hort, der die Kinder nach der Schule »aufbewahrt«, ist sicherlich auch keine Lösung. Das findet in Berlin genauso statt wie in Rosenheim in Oberbayern oder in Holzminden in Niedersachsen.

Eine Ganztagsschule kann da Abhilfe schaffen. Das Kind kommt erst am späten Nachmittag nach Hause und muss anschließend sogar noch die Hausaufgaben erledigen oder vielleicht eine Rede für das nächste MUN-Meeting vorbereiten. Damit ist auch einer der Gründe klar, warum ich (Internationale) Ganztagsschulen nach angelsächsischem oder französischem Vorbild bevorzuge. Kinder haben einfach mehr Schule, mehr Sport, mehr Struktur, mehr Erziehung, mehr Interessen und mehr Auslastung. Diese Struktur ist für alle Kinder gleich, und sie formt und regelt den Tages- und Arbeitsablauf von der Preschool bis zur Senior School. Wenn die Kinder noch klein sind, gibt es nur wenige Hausaufgaben, aber später, wenn die Kinder älter werden, hält ihr Pensum sie davon ab, abends unter der Woche auszugehen. Die Jugendlichen sind weg von der Straße, denn vor allem in der Senior School gibt es eine Fülle von Fachprojekten, die bewältigt werden müssen, und einen straffen Lehrplan, der nicht nur individuelle Hausaufgaben abverlangt und für Prüfungen vorbereitet, sondern auch Teamarbeit, Jahrgangswettbewerbe oder die gleichzeitige Vorbereitung auf die Bewerbungen an Universitäten und Colleges beinhaltet. Gehen die Kinder in eine gute Ganztagsschule, kommen sie sicher manchmal müde nach Hause, aber sie sind dabei meist zufrieden und erfüllt vom Schulleben. Und das ist mein wichtigster Punkt: Sie leben in ihrer Schule und erfahren den Ort nicht nur als Ort der Wissensvermittlung in Form von Frontalunterricht, sondern auch als Ort der Freude und Freunde. Kann man das von einer deutschen Regelschule sagen? Wohl nur in Ausnahmefällen!

Auch ein englisches Internat hat wochentags zwischen 20

und 22 Uhr die Study Hour (Studierstunde). Die Kinder stellen ihre Hausaufgaben nicht infrage, und sie brechen auch nicht unter dieser zusätzlichen spätnachmittäglichen oder abendlichen Belastung zusammen!

Sicherlich ist der Versuch des begleiteten Übergangs in das Erwachsensein für Eltern mühsamer, denn sie müssen reden, erklären, sich engagieren, ein bestimmtes Maß an Zeit mitbringen, Konflikte austragen und Konfrontationen aushalten. Man muss sich kümmern, nicht zu viel, aber eben auch nicht zu wenig. Das ist die Kunst.

Das Wichtigste aber war, dass unsere beiden Kinder auch in den Jahren der Pubertät erfahren und verstanden haben, wie wichtig und wie wertvoll sie uns sind, auch weil wir nicht aufgehört haben, uns zu kümmern.

# Der Weg in die internationale Ausbildung

Als ich anfing, dieses Buch zu schreiben, wurde mir bewusst, dass wir in den Jahren unserer Kindererziehung wohl eher unbewusst einer Wertestruktur gefolgt waren, die erst zu einem späteren Zeitpunkt in eine internationale Ausbildung mündete. Ihre »Kinderstube« sollte unseren Kindern zunächst ermöglichen, zu positiven, angstfreien und selbstbewussten Mitgliedern unserer Welt zu werden.

Für uns alle und vor allem für junge Eltern mit noch kleinen Kindern gilt, dass die Welt nicht weniger international werden wird, als sie es bereits ist. Die Ausbildungswege werden sich immer stärker vernetzen, unsere Kinder kommunizieren schon jetzt völlig anders, als wir es gewohnt sind, und sie werden vor allem anders lernen, als wir das tun und getan haben.

Das ist eine immense Herausforderung für junge Eltern – vor allem in Deutschland, da wir es hier recht bequem haben. Wir gehen in die örtliche Grundschule, dann ins Gymnasium in unserer Nähe, und anschließend können wir davon ausgehen, dass unser Kind einen Studienplatz bekommen wird, wenn es das Abitur bestanden hat. Das ist ein großer Luxus im Vergleich zu vielen anderen Ländern der Welt und vermittelt eine große Sicherheit. Doch es ist vielleicht auch ein Grund, warum die zahlreichen Alternativen viele Eltern verunsichern. Ein gutes Abitur von einem angesehenen Gymnasium ermöglicht vielleicht ein Studium in Deutschland, aber nicht zwangsläufig einen Studienplatz an einer der sehr guten Universitäten der Welt. Es führt leider noch nicht einmal in die Nähe davon. Das beginnt schon bei der meist ungenügenden Kompetenz in der englischen Sprache und dem Irrtum, dass ein Ferienaufenthalt mit Sprachkurs in England dieses Problem nachhaltig löst.

Wenn ich also rekapituliere, was wir für oder mit unseren Kindern gemacht oder nicht gemacht haben, so sind wir damals in den Augen vieler große Risiken eingegangen, weil wir uns relativ früh für einen klaren Weg in Richtung Internationalität entschieden haben. Wir haben auf einschlägige Vorteile verzichtet, manche Inhalte und Anbindungen nicht erlebt und sind aus dem gängigen und selbstverständlichen System ausgeschieden. Auf diesem Weg haben wir allerdings gelernt, was es braucht, um auf internationalem Boden zu reüssieren.

## Bereitschaft zu Leistung und Begeisterung

Eltern fragen sich nicht nur immer früher, was die beste Erziehung für unsere Kinder ist, sondern auch, was die beste Ausbildung für unsere Kinder ist. Ich habe in den letzten Jahren oft erlebt, dass sich Mütter bereits über Universitäten im Ausland unterhalten, wenn ihre Kinder noch nicht einmal im Kindergarten sind. Da wird überlegt, wie man die deutsche Kultur und Sprache am besten mit Internationalität verbindet. Wie man Familie und Heimatverbundenheit aufrechterhält und gleichzeitig den Kindern eine internationale Ausbildung ermöglicht. Es wird darüber nachgedacht, ob das herkömmliche Schulsystem ihre Wünsche und Hoffnungen erfüllt und ob es zukunftsfähig ist. Zu meiner Zeit war es schon überaus exotisch, zum Studium nach St. Gallen in die Schweiz zu gehen oder ein Studium in Perugia in Italien zu beginnen, wenn man Zahnmedizin studieren wollte und die Note des Abiturs den erforderlichen Numerus clausus nicht erreichte. Heutzutage ist ein Studium an der Universität von Edinburgh oder an der Universität von Maastricht keine Besonderheit mehr, mittlerweile gehen Kinder nach Neuseeland, um dort Geologie zu studieren, oder sie verbringen Auslandssemester in Hongkong oder in Sydney. Es tun sich so viele Möglichkeiten und neue Wege auf, die früher einfach nicht in den Entscheidungsprozess miteinbezogen wurden. Man war noch nicht so kosmopolitisch, man kannte nur das Eigene – und das war gut. Jetzt öffnen sich an allen Ecken und Enden Möglichkeiten und Wege, die zum Teil unbekannt, zum Teil vielversprechend sind. Nicht alle Eltern finden diesen frühen Wettbewerb gut, sie sehen darin eher eine Hysterie als eine sinnvolle Lebensweise. Für viele von uns bietet das Gymnasium die Quintessenz an Allgemeinbildung, doch wird dabei vergessen, dass in genau dieser Schule keine auch nur hinlänglich ausreichende Vorbereitung auf eine internationale Universitätsbewerbung stattfindet. Doch damit nicht genug. Die Hochschulen andererseits, wie auch die Ausbildungsbetriebe oder das Handwerk in Deutschland, beklagen das dramatische Absinken von Bildung. Das heißt im Klartext nicht nur, dass Abiturienten nicht mehr ordentlich schreiben und rechnen können, sondern dass auch die Bereitschaft zu Leistung und Disziplin fehlt und dass die Belastbarkeit der Ausbildungsanfänger immer weiter sinkt. In der mangelnden Bereitschaft, zielorientiert und ausdauernd zu arbeiten, verbirgt sich der Unwille, selbstständig für die Erreichung des gesetzten Ziels zu kämpfen und letztendlich und leider auch Misserfolge zu ertragen. Ist es nicht so, dass genau dieses Lehrstück für alles im Leben gilt, was man erreichen möchte? Will ich etwas Besonderes, muss ich mich anstrengen und über das Normale hinaus arbeiten und leisten. Ich muss mich optimal informieren, die Realität erkennen und vor allem die Anforderungen akzeptieren und anschließend mein Bestes geben. Da braucht es noch etwas, was André Stern am besten beschreibt, indem er feststellt, dass »Erfolg die Nebenwirkung von Begeisterung ist«.[5] Genau diese Bereitschaft zur Begeisterung vermisse ich bei uns, und genau die brauche ich, wenn ich mich an ausländischen Top-Universitäten bewerben möchte. Nehmen wir zum Beispiel England, am liebsten Oxford und Cambridge, wie mir viele Eltern und ihr Kinder versichern, wenn sie erzählen, wo sie studieren sollen oder wollen. Man darf sich in England an maximal fünf Universitäten bewerben und nur an einer der beiden Eliteuniversitäten Oxford oder Cambridge. Alle englischen Universitäten fordern ein sogenanntes Personal Statement des Schülers. Es handelt sich dabei um einen Aufsatz mit einer persönlichen Stellungnahme zu einem von der Universität gestellten Thema. Die besten Universitäten und Colleges führen zusätzlich Tests durch, auf die man sich während des letzten Schuljahrs und zusätzlich zu den normalen Schulanforderungen ein Jahr lang vorbereiten sollte und die auch bestanden werden müssen. Ferner prüfen diese Universitäten und Colleges die Bewerber in Interviews auf Intelligenz, fachliche Befähigung und vorhandene Motivation. Die Studienvergabestelle in England heißt UCAS (Universities & Colleges Admissions Service). Es ist eine unabhängige Serviceorganisation, die informiert, berät und die Bewerbung für Undergraduate Studies weiterleitet, eine Art Online Application Service – siehe hierzu www.ucas.com, www.allaboutcareers.com oder www.merlinhelpsstudents.com.Viele deutsche Bewerber werden gerade in »Oxbridge« abgelehnt, weil sich die deutschen Abiturienten relativ blauäugig bewerben, das heißt ohne gründliche Vorbereitung, mit oft nur guten (aber nicht sehr guten) Noten und mit einem oftmals ziemlich mangelhaften Personal Statement, da sie nicht informiert sind, worauf es den Universitäten ankommt.

Oder sehen wir uns Frankreich an. Hier trennt sich die Spreu vom Weizen am unerbittlichsten. Abiturienten können entweder eine Université besuchen und ein zwei- bis fünfjähriges Studium absolvieren. Es handelt sich dabei um »normale« staatliche Universitäten, die eine gute Ausbildung bieten. Dazu gehören auch die sogenannten Filières courtes und longues, die vergleichbar mit einer Fachhochschule eine zweijährige

Ausbildung oder ein dreijähriges, sehr praxisorientiertes Studium bieten. Da aber viele Abiturienten auch in Frankreich, und noch viel extremer als in Deutschland, große Mängel gerade in Schrift, Sprache und Mathematik aufweisen, brechen bis zu 40 Prozent der Studenten ihr Studium ab oder schaffen das erste Jahr nicht. Sie fallen durch und kämpfen anschließend mit den arbeitsmarktlichen Konsequenzen. Die anderen, die mehr wollen, die hoch motiviert und bereit sind, die wirklich sehr hohen Bewerbungshürden zu nehmen, bereiten sich zwei Jahre lang in sogenannten »Classes préparatoires« vor, um sich dann dem »Concours« für die Aufnahme an einer der Grandes Écoles zu stellen. Dieser eingeschränkte, durch Aufnahmeprüfungen kanalisierte Zugang hat zur Folge, dass die Absolventen dieser Écoles supérieures in der Regel ihr Studium erfolgreich abschließen. Anschließend werden sie für ihre Mühen mit dem Zugang zu den besten Jobs in Frankreich belohnt und können davon ausgehen, dass sie Karriere machen werden. Schaffen die Kandidaten den Concours nicht, werden ihnen die zwei Jahre Vorbereitung angerechnet und sie beginnen ihr Studium an einer Université im dritten Jahr. Die privaten Grandes Écoles verlangen oft hohe Studiengebühren, die von Unternehmen als Stipendium übernommen werden können. Aber nicht nur in Frankreich ist der Aufnahme an den begehrten Top-Universitäten eine aufwendige Vorbereitungs- und Prüfungsarbeit vorgelagert. Ähnliche Vorgehensweisen, wenn auch nicht so langwierig, finden sich zum Beispiel für die Universität in St. Gallen in der Schweiz oder für die private Bocconi Universität in Italien.

## Warum die Jahre vor dem Abitur so wichtig sind

Wenn wir unsere Elternrolle betrachten und mit uns ehrlich sind, dann müssen wir zugeben, dass die Grundhaltung unseren Kindern gegenüber eine sehr liberale, verzeihende und eher anspruchslose geworden ist. Teils unserer historischen und politischen Vergangenheit geschuldet, teils getragen von Bequemlichkeit oder auch nur aufgrund einer zu großen Distanz zur »neuen« Welt unserer Kinder machen wir einen in meinen Augen großen Fehler. Wir gestatten unseren Kindern, im Gegensatz zu Eltern in vielen anderen Ländern Europas und der Welt, dass sie die drei wichtigen Jahre vor dem Schulabschluss und manchmal auch schon früher sehr viel Zeit damit verbringen, ihre Freunde zu sehen, zu feiern und auszugehen. Und was kann das für die Schule und den Alltag bedeuten? Viele Aktivitäten, die begonnen wurden, kommen zum Erliegen, die Noten in der Schule sinken in den Keller oder werden im besten Fall durchschnittlich, die Konzentration und die Fokussierung auf das Wesentliche leiden. Und glauben Sie mir, ich habe nichts gegen das »Chillen«, wenn die langfristigen »Nebenwirkungen« in diesem Zusammenhang nicht so negativ wären. Sie sind, wenn man sich international und an einer guten bis sehr guten Universität bewerben möchte, äußerst ungünstig. Warum das so ist, möchte ich hier erklären.

Ich frage mich auch manchmal, ob französische oder englische Kinder nicht pubertieren? Natürlich tun sie das, aber da gibt es die feste Struktur einer Ganztagsschule oder eines Internats, wo auch wirklich den ganzen Tag Schule ist. Nicht nur vormittäglicher Frontalunterricht mit anschließender Hausaufgabenbetreuung, wenn überhaupt, sondern das, was allen Kindern guttun würde, die zu Hause nicht mit der aufopferungsvollen Unterstützung eines Elternteils rechnen können, sei es aus zeitlichen, beruflichen oder sonstigen Gründen. Das ist eine große Ungerechtigkeit! Eine Ganztagsschule macht einen Riesenunterschied, denn der Leerlauf wird eingeschränkt, allerdings auch die Freizeit. Doch diese Form der Schule unterstützt, strukturiert und gestaltet den Tag der Jugendlichen, sie füllt ihn sinnvoll und befriedigend aus, und sie erlaubt, organisiert und fördert auch nichtakademische Tätigkeiten und Erfahrungen. Vor allem aber hilft sie auf diese Weise rechtzeitig, die Grundlagen zu schaffen, die es den Kindern leichter machen, sich auch an internationalen Universitäten zu bewerben und vor allem auch angenommen zu werden.

In der *Süddeutschen Zeitung* vom 5./6. März 2016 wird eine Schule als gut beschrieben, wenn sie offen über Leistungsanforderungen informiert, wenn Pädagogen rauskitzeln, was in Schülern steckt, wenn sie fordern und fördern, wenn Lehrer sich für Jungen und Mädchen engagieren und wenn sie Wert auf Persönlichkeitsentwicklung legen. Hinweise darauf, dass eine Schule diese Aufgaben erfüllt, sind stolz präsentierte Kunstobjekte der Schüler oder wenn Schüler am Infoabend der Schule eingebunden sind. »Weitere Indikatoren sind Projektunterricht, Austauschfahrten oder Kunst- und Theater-AGs, Streitschlichter oder Schulsanitäter. An einem guten Gymnasium können Kinder ihre Interessen vertiefen und fühlen sich in der Umgebung wohl.« »Eine gute Schule sollte auch mit dem Betreuungsangebot den Tagesablauf einer Familie unterstützen«, zitiert der Artikel Helga Ulbricht, die Leiterin der staatlichen Schulberatungsstelle in München. Erfüllen Schulen alle diese genannten Aufgaben, haben es die Kinder grundsätzlich sehr viel leichter. Und weil sie entsprechend gefördert und gefordert werden, fällt es ihnen auch leichter, sich dem internationalen Wettbewerb um die begehrten Universitäten der Welt zu stellen.

In guten angelsächsischen Schulen und Internaten werden die Schülerinnen und Schüler zudem ein Jahr lang auf die Aufnahmetests, Interviews und auf die Perfektionierung ihres Personal-Statement-Aufsatzes vorbereitet und unterstützt. In Internationalen Schulen gibt es meist Universitätsberater, die genau diese Aufgaben wahrnehmen und die Kinder hinsichtlich ihrer Universitätswahl beraten und anschließend bei ihren Bewerbungsanstrengungen begleiten.

Kommt ein Schüler oder eine Schülerin von einem deutschen Gymnasium, dann hat er oder sie eine sicherlich sehr gute Schulbildung genossen – auch wenn dies von vielen Eltern angezweifelt wird, weil Lernen am Gymnasium oft nur noch als »Bulimie« wahrgenommen wird: Die Schüler fressen eine Unmenge Lernstoff in sich hinein und spucken es in den Examen wieder aus. Und weil viele Eltern und auch Schüler Lernen nur so negativ begreifen, herrscht nach wie vor die Tendenz vor, völlig unvorbereitet in Aufnahmetests internationaler Universitäten zu gehen. Sie gehen davon aus, dass es genügt, wenn der Lehrer zu Hause den Stoff durchgepaukt hat, und dass man für die Vorbereitung etwas tun muss, wird entweder auf die leichte Schulter genommen oder schlichtweg ignoriert. Zum einen, weil man ja von einem guten deutschen Gymnasium kommt und daher eine den anderen überlegene Ausbildung genossen hat, zum anderen, weil nicht erklärt und wahrgenommen wird, was es alles braucht, um sich auch erfolgreich bei den begehrten Universitäten zu bewerben. Ein großes Selbstbewusstsein, manchmal eben auch ein Gefühl der Überlegenheit helfen aber nicht, die mangelnde und vor allem zu späte Vorbereitung auszugleichen. Zwei Stipendiaten, Jan an der University of Chicago und Tobias in Yale, formulieren das sehr klar, wenn sie berichten, wie sie aus dem traditionellen Gymnasium heraus ihre Bewerbungen an den Top-Universitäten vorbereitet und durchgeführt haben (siehe Seite 177).

Ich werde also im folgenden Kapitel erklären, wie man an internationale Bewerbungsprozesse herangehen sollte. Nicht als qualifizierter Universitätsberater im Detail, sondern als Mutter, die in den vielen Jahren der Förderung und Herausforderung ihrer Kinder geholfen und auch sehr viel gelernt hat. Ich werde auf alle wesentlichen Schritte, Inhalte und Erfordernisse eines solchen Bewerbungsprozesses eingehen, damit die Interessierten unter Ihnen einen möglichst vollständigen

Überblick von dem bekommen, was auf sie zukommen wird und was sie werden leisten müssen. Und einer der wichtigsten Fakten ist, dass eben nicht nur Noten zählen, sondern auch andere nichtakademische Leistungs-, Leidenschafts- und Erfahrungsnachweise, die von den meisten guten Universitäten weltweit abverlangt werden und einen wichtigen Teil der Bewerbungsstrategie und des Bewerbungsinhalts ausmachen. Dabei geht es vor allem darum, was ich als Person und Persönlichkeit den Wunschuniversitäten zu bieten habe und wie ich mit meinen Stärken und Fähigkeiten am besten überzeuge und im Auswahlverfahren bestehe. Als beeindruckende Konsequenz stellt sich im Laufe des Absolvierens des Bewerbungsprozesses ein nachhaltiger Entwicklungs- und Reifungsprozess bei den Jugendlichen ein, der das Chillen vielleicht nicht uninteressant, aber auf alle Fälle unwichtig werden lässt. Die eigene Nabelschau, das Ausloten der Möglichkeiten, der Stärken und Schwächen und der persönlichen Chancen ist sicherlich eine harte Schule, aber aus meiner eigenen Erfahrung kann ich berichten, dass die Kinder innerhalb relativ kurzer Zeit sehr erwachsen werden. Sie setzen sich Ziele, arbeiten mit Nachdruck an deren Erfüllung und erfahren die Höhen und Tiefen einer großen Anstrengung.

Viele deutsche Gymnasiasten werden in der elften Klasse zu einem Berufsberater geschleppt und lassen ihre Stärken und Schwächen, ihre Talente und Fähigkeiten testen. Ihre Eltern erhoffen sich von dieser oft recht teuren Initiative, dass die dort gewonnenen Erkenntnisse die intrinsische Motivation ihrer Sprösslinge verbessert – und damit auch die Schulnoten, weil der Jugendliche »ja dann weiß, wofür er arbeitet«. Doch so einfach ist es dann meistens doch nicht. Nicht immer sind die Resultate so konkret wie erwartet, und auch der Reifeprozess der Jugendlichen lässt nach der Befragung immer noch auf sich warten.

Vor Kurzem erzählten mir Eltern, dass sich ihre Tochter bei

einem der drei Top-Internate in den USA beworben hatte, um dort die letzten Schuljahre zu verbringen und das Abitur zu machen. Sie konnte noch aus frühen Kindheitstagen einigermaßen gut Englisch, da die Eltern im Ausland gelebt hatten. Der Vater war sich ob ihrer Chancen, angenommen zu werden, sehr unsicher, da sie sich zusätzlich um ein Stipendium beworben hatte. Als sie das enorme Glück hatte, an diesem Internat angenommen zu werden, und zugleich ein Stipendium erhielt, war er unendlich stolz. Und dann kam die große Enttäuschung: Sie lehnte den begehrten Schulplatz ab. Natürlich hatten die Eltern davon geträumt, ihre Tochter in Princeton oder Yale zu besuchen. Das Stipendium für das Internat wäre die Chance gewesen, in den Jahren vor dem Schulabschluss rechtzeitig und vor allem umsonst zu lernen, was nötig ist, um in eine Top-Universität aufgenommen zu werden. Diese Schule hätte die Voraussetzungen für den richtigen Einstieg geschaffen, aber auch für die Erziehung, für die Fokussierung und für die Leistungsbereitschaft, die es braucht, um an einer Traumuniversität zu landen. Kommt dieselbe Schülerin, die offensichtlich sehr intelligent und begabt ist, aus einem der vielen deutschen Gymnasien, wird derselbe Weg in eine der begehrten Universitäten sehr viel steiniger – nicht vor dem Abitur, weil ja keine zusätzlichen Anstrengungen erbracht werden, aber sicherlich nach dem Abitur, wenn klar wird, dass die Zeit fehlt, um die meisten Voraussetzungen zu erbringen, die für eine erfolgreiche Universitätsbewerbung notwendig sind. Dann alles aufholen zu wollen ist einfach sehr, sehr schwierig. Hätte sie die Herausforderung angenommen, wäre der anschließende Schritt in die Welt der Top-Universitäten mit Sicherheit leichter geworden. Nicht weil die Arbeit, die hierfür notwendig ist, weniger wird, sondern weil ihr der erfolgreiche Weg in die internationale Ausbildung gezeigt worden wäre. Natürlich ist der Kulturschock groß, wenn man aus unseren mehrheitlich relativ homogenen und wettbewerbsarmen

Schulen kommt und dann vor Ort auf seine starken, fremden und oft auch sehr internationalen Mitbewerber trifft, wenn man das erste Mal das dortige Leistungsklima schnuppert und zu ahnen beginnt, was alles auf einen zukommt. Unsere Gymnasiastin muss dort begriffen haben, wie viel andere lernen und arbeiten, um genau diesen Einstieg in die große weite und internationale Ausbildungswelt zu erhalten. Leider hat sie das verschreckt. Aber woran liegt das? Liegt es daran, dass wir unsere Kinder unterfordern? Einerseits ist alles zu viel, die Schule, die Lehrer, die vielen Hausaufgaben; andererseits bestehen unsere Kinder nur das Abitur, um studieren zu können, während Schüler in anderen Ländern die Zeit vor dem Abitur auch nutzen müssen, um ihre Bewerbungen vorzubereiten. Ich stelle immer wieder fest, dass englische und französische Kinder ab ihrem zehnten oder elften Lebensjahr viel mehr Zeit in der Schule verbringen und oftmals viel härter arbeiten müssen als die Schüler bei uns. Sie lernen zusätzlich Spanisch und Chinesisch, sie spielen Fußball, Basketball und Hockey in Teams, sie kämpfen darum, zu den Besten der Klasse zu gehören oder absolvieren viele nichtakademische Programme. Und so weich unsere Kinder anfangs oft gebettet werden, so hart können sie fallen, wenn sie in der Schule versagen. Dann ist die Situation für alle Beteiligten leidvoll, manchmal winkt das Internat, wenn sich die Eltern das leisten können. Das befindet sich dann am liebsten in England, Schottland oder Irland, wo sie genau in diese zuvor unterlassene stringente Struktur eingeordnet werden, hohe und vielseitige Ansprüche erfüllen müssen und auch abends arbeiten und lernen.

Bei uns in Deutschland oder auch in Österreich, wo viele Deutsche studieren, ist es immer noch üblich, dass Schüler ohne Auswahl- und Bewerbungsverfahren zum Studium zugelassen werden, es zählt die Abiturnote für den bevorzugten Studiengang. Dann aber, nach ein oder zwei Jahren, werden die Studenten von den jeweiligen Universitäten anhand von

Prüfungen »ausgesiebt«, um die Zahl der Studierenden auf die wirklich Kompetenten zu reduzieren. Aber ist das nicht ein unglaublich teures, ineffizientes und auch beinahe unmoralisches Vorgehen, das zu viel junge Lebenszeit kostet, wenn man zu den »Opfern« gehört? Es ist zugleich unendlich demotivierend und auch nicht im Interesse des deutschen Steuerzahlers, der die Ausbildung der Jugend finanziert. Wie kann man nur ein so ineffizientes System aufrechterhalten? Bestes Beispiel hierfür ist die Studienabbrecherquote von angehenden Ingenieuren an deutschen Universitäten, die zu einer »Ingenieurslücke« (VDI Verein Deutscher Ingenieure) führt, da »in den kommenden Jahren nach aller Voraussicht deutlich mehr Ingenieure in den Ruhestand gehen werden, als die Hochschulen ausbilden ... ein Drittel der Studenten, die sich für derart gefragte Fächer eingeschrieben haben, bleiben auf der Strecke«, so ein *FAZ*-E-Paper »Beruf – Chance, Himmel und Hölle für Ingenieure«. Die höchste Studienabbrecherquote finden wir bei den sogenannten MINT-Fächern (Mathematik, Informatik, Naturwissenschaften und Technik), die pro Jahr zwischen 37 und 47 Prozent rangiert – und das trotz Bologna-Reformen und Hochschul-Exzellenzförderungen. Die Studienabbrecher beklagen, dass eigenständiges und effizientes Lernen, die freie Gestaltung des Studiums sowie das fachliche Niveau große Schwierigkeiten bereiten. Sie waren unzufrieden damit, wie die Lehre organisiert und die Hochschule ausgestattet ist. Die Hochschulen wiederum beklagen, dass eine wachsende Gruppe von Studierenden den Anforderungen des gewählten Studiengangs intellektuell und angesichts ihrer fachlichen Voraussetzungen nicht gewachsen ist. Die Hochschulen sind deshalb vielfach gezwungen, nachholenden Schulunterricht vor allem in den Fächern Mathematik und Deutsch zu leisten, »weil hinter der Studienberechtigung oftmals keine tatsächliche Studienbefähigung steht«, so *Die Welt* am 11. April 2016. Einige unserer Hochschulen, wie zum Beispiel die Technische Universität Darmstadt oder die Technische Universität München, haben sich vorgenommen, dieses Phänomens Herr zu werden, und haben Prozesse reformiert oder eingeführt, die helfen sollen, dass die Studenten ihren Studiengang erfolgreich beenden. Hierzu gehören auch Auswahlprozesse geeigneter und motivierter Studenten und Studentinnen neben verbesserter Praxisnähe der Ausbildung und einem persönlicheren Umfeld.

Wäre es da von institutioneller Seite nicht besser, wenn alle Universitäten und Hochschulen in Deutschland einen Bewerbungsprozess einführen würden, der einige Vorbereitungszeit und auch -anstrengung vor dem Schulabschluss verlangt, aber nach der Auswahl und Bewerberannahme dem Studenten die Sicherheit gibt, ihn dann bestmöglich zu fördern und zu fordern? Genau das geschieht in Ländern wie England, Frankreich und den USA. Der Bewerber hat eine größere Chance, die für ihn richtige Ausbildung zu wählen, und für die Hochschulen bedeutet diese Vorgehensweise, dass die potenziellen Bewerber ihre Wissenslücken noch während der Schulzeit füllen, bevor sie das begehrte Studium beginnen. Sie stellen anhand ihrer Bewerbung unter Beweis, dass sie genau dieses Studium oder die gewählte Universität wirklich wollen, nicht nur fachlich, sondern auch im Rahmen ihres Engagements und ihrer Motivation. Junge Menschen lernen dabei sehr viel, insbesondere über sich selbst und vor allem was es braucht, um zu erreichen, was sie sich vorgenommen haben. Sie beginnen nicht einfach mal ein Studium, sondern werden sich bewusst, worauf sie sich einlassen, in welchem Umfeld sie sich bewegen werden und wie ihre Zukunft aussehen wird. Sie überlegen sich sehr genau, ob und wie sie den gestellten Anforderungen genügen werden, und können bereits während der Bewerbungszeit prüfen, ob sie die für sie richtige Wahl treffen werden. Der Staat wiederum spart Ressourcen, wenn Studenten ihr Studium mit Leidenschaft durchziehen und erfolgreich abschließen. Es werden keine Gelder vergeudet und die Hochschulen können effizienter und für alle Beteiligten motivierender arbeiten.

## Wichtige Bausteine internationaler Erziehung

Wenn Ihre Kinder auch diesen Weg gehen wollen und eine internationale Ausbildung mit Blick auf die Top-Universitäten der Welt anstreben, dann sollten neben der Bereitschaft zu Wettbewerb, überdurchschnittlichem Einsatz, sehr guten Englischkenntnissen und außerschulischen Leistungsnachweisen auch die PC-Kenntnisse der Kinder ausgebaut und gefestigt werden. Viele Schüler können auf ihrem PC oder Laptop nicht das Richtige oder nicht ganz so viel, wie sie sollten. Der selbstverständliche und kompetente Umgang mit dem Computer ist bei uns vielerorts immer noch verpönt und wird folglich auch nicht gefördert. Für viele Eltern ist der Umgang mit dem Computer immer noch ein großes Problem und eine Hürde, die es zu überwinden gilt. Sie vergessen dabei, dass unsere Kinder in einer digitalisierten Zukunft eine andere Ausbildung erhalten und erleben werden als wir. Da gehört es einfach dazu, dass sie mit Microsoft Office umgehen können, problemlos Excel-Tabellen anlegen oder im Internet »researchen« können. Legt man also einen internationalen Blickwinkel an, sollte man nicht versuchen, die Kinder aufzuhalten, sondern im Gegenteil: Die ganze Familie sollte sich anstrengen, mithalten zu können, denn es gibt zweifelsfrei eine starke Beziehung zwischen der digitalen und der internationalen Welt.

Jochen Koubek, Professor für digitale Medien an der Universität Bayreuth, sieht in Deutschland immer noch eine weitverbreitete Technikphobie und eine große Sorge um die Kinderseele, die sich vor allem im Einklang mit der Natur entwickeln soll. Doch Kinder deshalb von der Technik fernzuhalten, bis sie groß sind, hält er für falsch und weltfremd, denn

Kinder leben nicht im Naturzustand, sondern sie wachsen in einer Welt voller Technik auf. Allerdings fordert er, dass Eltern von Anfang an die medialen Welten ihrer Kinder kennen sollten, sie zeitlich begrenzen und ihre Kinder nicht damit allein lassen sollten. Er sagt: Sie setzen Ihr Kind auch nicht auf ein Fahrrad und sagen ihm, dass es Ihnen am Ende des Tages den Straßenverkehr erklären soll. Jochen Koubek fordert zudem, dass Schulen Informatik lehren, anstatt immer nur zu warnen und zu mahnen. So wie das Industriezeitalter den naturwissenschaftlichen Unterricht hervorbrachte, so sollte das Informationszeitalter die Kinder darauf vorbereiten digitale Systeme zu gestalten und zu beherrschen.[6] Auch der Hirnforscher Ernst Pöppel fordert: »Wir müssen an den Schulen und Universitäten mehr prozedurales Wissen vermitteln ... dazu benötigt man eine Landkarte des Wissens«, denn »Wissenskarten sind die Basis für selbstständiges Denken«[7].

Also fördern Sie die PC-Kompetenz Ihrer Kinder! Ich kann aus eigener Erfahrung sagen, dass kreatives Lernen am PC oder am Laptop nicht automatisch zur gefürchteten Spielsucht führt, sondern zu Selbstvertrauen und Selbstsicherheit in fachlicher Hinsicht und damit zu einer größeren Zufriedenheit. Unsere Kinder erhielten ab der siebten Klasse einen Laptop von der Schule und hatten Computerkurse. Sie lernten Computersprachen und Ansätze des Programmierens. Sie konnten von diesem Zeitpunkt an in allen Fächern direkt mit ihren Lehrern kommunizieren, machten einen Teil ihrer Hausaufgaben auf dem Laptop oder erarbeiteten Modelle für Projekte oder Teamarbeiten. Der Computer wurde als selbstverständlicher Bestandteil des Schulunterrichts betrachtet, der nicht nur, aber sinnvoll und sinnstiftend eingesetzt wurde.

Natürlich spielen auch unsere Söhne heute noch zusammen oder mit Freunden Computerspiele. Für sie bedeutet das Gemeinsamkeit und Spaß. Aber weil sie für die Schule ihren Laptop nutzen durften und sollten, waren sie zufrieden mit ihrer »Computerzeit«. Computerspiele waren beliebt, aber in ihren Augen nicht ständiges Objekt der Begierde, und wie gesagt, sie konnten sich auch anderweitig am PC beschäftigen.

Am Ende ihrer Schulzeit waren unsere Kinder für alle universitären Eventualitäten sehr gut vorbereitet und konnten mühelos und vertraut die ihnen gestellten Aufgaben erfüllen.

Wenn Ihre Schule nicht weiterbildet, schreiben Sie Ihre Kinder in Computerkurse ein, in denen sie vielleicht sogar selbst entwerfen lernen, oder suchen Sie einen Informatikstudenten, der Ihren Kindern und ihren Freunden die Weite der digitalen Welt zeigt.

Eine weitere wichtige Vorbereitung auf eine internationale Ausbildung ist die Sozialisierung der Kinder. Fremde Länder und fremde Kulturen sollten ihnen keine Angst machen, nicht unheimlich sein oder »komisch« erscheinen. Wenn Sie und Ihre Familie sich in einem sehr homogenen Umfeld bewegen, können Sie für Ihre Kinder eine etwas andere Freizeitmöglichkeit, die eine echte Abwechslung zu allem Vertrauten schafft, suchen. Ich denke da an einen 14-jährigen Jungen aus unserem Bekanntenkreis, der von einem privat initiierten Musikverein gefragt wurde, ob er in einer Musical-Gruppe mitmachen wollte. Die Leiterin ist Amerikanerin, die die Kinder nach Talent und Können auswählt, ohne Rücksicht auf Herkunft, Hautfarbe oder Schulbildung. Und so kommt jedes Jahr ein bunt zusammengewürfelter und internationaler Haufen zusammen, der relativ gut singen kann und nicht zu schüchtern ist, um auf der Bühne zu stehen. Der Junge war neugierig, wollte gern mitmachen, aber abgesehen davon, dass er bereits mit der Notwendigkeit haderte, zwei Monate lang ein Musikstück einzuüben, wirkte er innerhalb der Gruppe der sehr unterschiedlichen Kinder und Jugendlichen schüchtern und unsicher.

Gegen die Schüchternheit hätte vielleicht Üben helfen können und gegen die Unsicherheit der positive Rückhalt durch die Eltern, sich der ungewohnten Situation mit Freude und

Elan zu stellen. Doch ein selbstverständlicher Umgang mit den Kindern und Jugendlichen, die ihm so fremd waren, kam leider nie zustande. Seine halbherzige Teilnahme ging nicht gut aus und er verließ die Gruppe mit der Begründung, dass da so »komische« Kinder dabei gewesen wären. Vielleicht nur eine Ausrede, aber zumindest ein Zeichen großen Unbehagens in einer für ihn nicht zu bewältigenden Situation.

Wenn man zu lange wartet, seine Kinder an Menschen aus anderen Lebenswelten und Kulturkreisen heranzuführen, kann es sein, dass die späteren Vermittlungsversuche scheitern, weil wir das Unbekannte gern meiden. Die Neugierde der Kinder geht oft nur so weit, wie das Terrain sicher erscheint. Richtig mutig sind nur wenige Kinder.

Besuchen Ihre Kinder keine Internationale Schule oder ein ähnliches Schulsystem, ermöglichen Sie Ihren Kindern rechtzeitig den Zugang zu internationalen Feriencamps, zu Austauschprogrammen oder Jobs in ihrer Freizeit und in den Ferien, die sie auf neues Terrain führen. Manchmal genügt schon ein ausländischer Freund oder eine Freundin aus einem anderen Land, die Ihrem Kind Einblick in eine andere Kultur gewährt und es daran teilhaben lässt. Und wenn der Unterschied sehr groß ist, finde ich es auch nicht falsch, sein Kind darauf vorzubereiten, auch aus Rücksicht auf den Menschen, der sich mit uns wohlfühlen soll. Alexander brachte aus Stanford Freunde mit, die eine Ferienwoche mit uns verbringen sollten. Ein Freund stammt aus Kenia und ist deshalb dunkelhäutig. Wir wollten uns an einem Abend mit einem befreundeten Paar mit einem kleinen Sohn zum Essen treffen und baten die Eltern, ihren Sohn auf unseren Freund vorzubereiten. Als wir uns trafen, gab es einen sehr kurzen neugierigen Blick des kleinen Jungen und das Thema war vom Tisch. Wir verbrachten einen lustigen gemeinsamen Abend, und ich spürte, wie erleichtert unser Freund war.

Immer wieder treffe ich Eltern, die mir mit großer Bestimmtheit erzählen, dass sie mit ihren Kindern nur in Europa reisen, denn Europa hätte schon genug zu bieten, und es wäre einfach zu mühsam, zehn oder zwölf Stunden im Flugzeug zu sitzen.

Meine Erfahrungen bestätigen, dass wahre Internationalität nur dann erreicht werden kann, wenn man wenigstens einmal erfahren hat, wie es ist, in einem völlig anderen Kulturkreis zurechtzukommen. Wenn ich neugierig, offen und mutig eine echte Fernreise mit meinen Kindern wage, die auch nicht auf ein schönes Hotel am Strand beschränkt ist, dann erlebe ich die Herausforderungen hautnah, die mir ferne Länder bieten. Nur dann lerne ich, nur dann entwickle ich mich, nur dann erweitere ich meinen Horizont nicht nur kulturell, sondern auch persönlich.

Und es gibt viele Möglichkeiten, zu reisen, es gibt immer billige Flugtickets und ein sehr großes Angebot an Möglichkeiten. Wenn Sie in den Sommerferien nach Asien oder Südamerika fahren wollen, dann reisen Sie in vielen Ländern wie zum Beispiel Vietnam, Laos oder Argentinien zur Regen- oder Winterzeit und die Preise sind deutlich reduziert. Neben Hotel gibt es noch viele andere Alternativen wie Zelten, airbnb oder günstige Pensionen und Herbergen. Manchmal kann man auch bei Freunden unterkommen.

Eine Freundin von mir, Sekretärin in einer großen Versicherung, reiste mit ihren Kindern nach Australien, für alle ein unvergessliches und vor allem gemeinsames Erlebnis. Ich habe eine englische Schülerin kennengelernt, die die Sommerferien regelmäßig mit ihren Eltern in einem Buschcamp in Sambia verbrachte. Die Familie konnte dort umsonst wohnen, weil sie sich auf der Farm nützlich machte. So eine Art Ferien auf dem Bauernhof – nur eben (wo)anders! Auf unseren Reisen waren es besonders die französischen Eltern, die mit ihren drei, manchmal vier (!) Kindern mit kleinem Budget und viel Elan unterwegs waren – eine Einstellung und Sportlichkeit, die ich bei uns vermisse. Natürlich kann man dieses Programm nicht jährlich absolvieren, doch wenn irgend möglich ein- oder zwei-mal, bis die Kinder das Haus verlassen. Denn ich bin mir si-cher, dass die Kinder ihre dort gewonnenen Erfahrungen und Erlebnisse in ein besseres Verständnis, in eine verbesserte Ver-ständigung und in eine gelebte Toleranz umsetzen, die sie zu offeneren, freundlicheren und vielleicht auch interessierteren Menschen macht. Dazu kommen pragmatische Erfahrungen, die auch in Europa von Vorteil sind. Wer in Indien einmal sei-nen Zug gefunden hat, hat mit Sicherheit keine Angst vor ähn-lichen Herausforderungen und ist in der Lage, sich selbstbe-stimmt und selbstbewusst zu bewegen. Gerade Kinder zehren ab einem gewissen Alter sehr von ihren Reiseerinnerungen, sie reifen daran und fürchten sich nicht davor, zum Studieren ins Ausland zu gehen. Wenn sie aber die heimische Komfortzone nie verlassen, dann überwiegt die Angst vor dem Unbekann-ten und die Kinder sind später sehr viel leichter überfordert. »Wenn man reist und selber mal Ausländer ist, dann wird man auch daheim toleranter.«[8]

Die rechtzeitige Förderung von Offenheit und Toleranz Neuem gegenüber bewirkt nicht nur ein verbessertes Selbstver-ständnis, sondern schafft die Voraussetzung und Bereitschaft, sich an der Universität eines fremden Landes einzugewöhnen.

Ich bin jedes Mal begeistert, wenn ich erlebe, wie bereits junge Kinder angstfrei und fröhlich Erwachsene zum Staunen bringen können. In einem Hotel in Österreich gab es abends ein Klavier- und Gesangsduo zur Unterhaltung. Drei kleine Mädchen, alle auf der Internationalen Schule, beschlossen, dort einfach mitzumachen. Sie gingen zu der englischen Sän-gerin und erklärten ihr Vorhaben. Diese ging darauf ein, was für uns auch nicht selbstverständlich war, und die Mädchen stellten sich neben der Sängerin in Reih und Glied auf. Sie hör-ten zu, lernten den Refrain und waren in der Lage, zum rich-tigen Zeitpunkt mitzumachen. Natürlich war es nicht perfekt, nicht alle konnten singen, aber sie tanzten dazu und wirkten souverän und konzentriert. Das Wichtigste aber war, sie hatten sich getraut, sie konnten die Idee umsetzen, und sie hatten Spaß dabei! Es gab großen Applaus und die Mädchen waren sehr stolz.

# Studieren in den USA

Der *Tagesspiegel* vom 1.10.2015 schreibt auf seiner Startseite: »HU und FU in den Top 100 der Welt. Insgesamt kommen neun deutsche Hochschulen unter die Top-100-Universitäten der Welt.« Und 2016 ist die LMU in München immerhin auf Platz 35 hochgerutscht (Times Higher Education Ranking, World University Ranking 2016/2017). Weltweit führend sind aber immer noch die amerikanischen Universitäten. So sieht die globale Hochschullandschaft zumindest laut der neuesten Ausgabe des World University Rankings des britischen Magazins *Times Higher Education* aus. Sehen wir uns alle bereits genannten Rankings an, sind bis auf die besten englischen Universitäten und die ETH in Zürich alle Top-20-Universitäten in den USA zu finden. Wären sie in Asien, hätte ich auf asiatische Universitäten Bezug genommen.

Nehmen wir also an, Ihr Sohn oder Ihre Tochter ist gerade in die neunte oder zehnte Klasse der Oberstufe gekommen und hat sich in den Kopf gesetzt, in den USA studieren zu wollen. Natürlich gibt es Tausende von Universitäten in den USA, und nur ein Bruchteil sind unter den Top Twenty oder Mitglieder der Ivy League. Aber genau diese haben wir doch im Hinterkopf, wenn wir von einem Studium in den USA sprechen.

Was tun Sie also? Wie gehen Sie vor?

Nicht viele kennen sich aus, wissen Bescheid und machen das Richtige. Denn bis vor Kurzem waren die Schweiz mit St. Gallen, die Universität von Maastricht in den Niederlanden oder die Universitäten in England das Maß aller Dinge. Die USA hingegen waren weit weg und hatten meist nur Bedeutung, wenn es um Graduate Studies, also zum Beispiel um die Erlangung eines MBA (Master of Business Administration) oder eines LLM (Master of Laws) im Anschluss an das vorangegangene Bachelor-Studium mit anschließender Berufserfahrung ging. Es ist durchaus üblich, dass zwischen dem Bachelor-Abschluss und der Aufnahme eines zweijährigen Master-Studiums eine mehrjährige Arbeitszeit liegt.

Doch die akademische Distanz zu den USA hat sich mittlerweile stark verringert und die anfängliche Scheu ist großer Neugier gewichen. Erst neulich erzählte mir ein stolzer Großvater, dass seine elfjährige Enkelin ihm verkündet hatte, dass sie in Amerika studieren möchte, und zu seinem großen Erstaunen hatte sie sich selbstständig bereits relativ weitreichend informiert.

Die wahre Faszination eines Studiums in den USA erschließt sich in vollem Umfang erst dann, wenn man erleben darf, wie die eigenen Kinder alle Hürden auf sich nehmen und bewältigen, um Mitglied einer der weltweit besten Universitäten werden zu dürfen. Wie beeindruckend sie sich in diesem Umfeld während des vierjährigen Studiums entwickeln und was sie von dort für ihr Leben mitnehmen. Und es gibt neben Harvard, Princeton oder Yale sehr viele Universitäten in den USA, die wir oft nicht beachten, denen aber durchaus Beachtung gebührt. Erst dann können wir erkennen, wie groß und vielseitig das Angebot an sehr guten Universitäten ist.

## Warum in den USA studieren? Was erwartet mich?

Internationale Studenten, und das sind meist zehn Prozent der aufgenommenen Studenten eines Jahrgangs einer amerikanischen Universität, werden einige Tage früher als die amerikanischen Kollegen mit einem Einführungsprogramm für die sogenannten »Freshmen« (so werden Studenten im ersten Jahr ihres Studiums bezeichnet) empfangen. Die Universität oder das College gestaltet mithilfe von Studenten höherer Semester eine beinahe liebevolle Willkommenskultur, die es den neuen Studenten und Studentinnen erleichtern soll, sich im Universitätsleben zu integrieren, den Campus möglichst schnell kennenzulernen und das fremde Land zu verstehen.

Ein solches Willkommen ist an unseren Universitäten eher die Ausnahme, da muss schon jeder selbst sehen, wie er mit all den neuen Herausforderungen zurechtkommt.

In den USA wird die Eingewöhnungsphase der Studenten eines neuen Jahrgangs in den ersten Tagen von einem informativen und unterhaltsamen Programm für Studenten und ihre Eltern gleichermaßen begleitet, das in einem festlichen Akt, der »Convocation«, gipfelt. Die Eltern werden geehrt, aber gleichzeitig auch verabschiedet, eine neue Zeitrechnung beginnt. Die Stimmung ist entspannt, freundlich und persönlich.

Die folgenden beiden Studienjahre, genannt Freshman Year und Sophomore Year, sind vom sogenannten Liberal-Arts-Curriculum bestimmt, was bedeutet, dass es ein »Core«-Studium (Kernstudium) gibt, das in jedem Jahr bestimmte Kurse vorgibt, die man nehmen muss. Die weiteren Kurse kann man sich aus einem weiten Feld an Angeboten zusammenstellen und aussuchen. Allerdings ist die Anzahl für Pflicht- und Wahlkurse vorgegeben.

Diese amerikanische Form des Studium generale strukturiert in den ersten beiden Jahren trotz seiner Wahlmöglichkeiten das Studium, ermöglicht aber dem unsicheren Kandidaten, seine grundsätzliche Studienwahl zu überdenken und bis ins dritte Jahr hinauszuschieben. Denn für die meisten jungen Menschen gilt doch, dass man mit 18 oder 19 Jahren oft noch nicht weiß, was man studieren und später einmal werden will.

Erst in den letzten beiden Jahren des Studiums, dem Junior und Senior Year, spezialisiert man sich auf nur ein Major (Hauptfach) oder auf ein Major und ein Minor (Nebenfach) oder zwei, manchmal bis zu drei oder vier Majors (Triple/Quadruple Major), je nachdem, was die Universität erlaubt und wie viel man bereit ist zu arbeiten. Ausnahmen hierzu bilden zum Beispiel das Undergraduate Pre-Med Studium (das Bachelor-Vor-Medizin-Studium) oder der Bereich Ingenieurswesen. Hier muss man sich bereits im ersten Jahr festlegen, weil man seine Kurse von vornherein auf dieses Studium abstimmen muss. Es bleiben noch Wahlmöglichkeiten, aber sehr viel begrenzter.

Das Studium selbst ist in sich stark verschult, würde man aus unserer Sicht urteilen. Die Leistungsabfrage ist, je nachdem, ob man Quartale oder Semester hat, sehr engmaschig und erlaubt keine Ausweichmanöver. Die Endnote des Studiums errechnet sich aus allen Noten über alle vier Jahre und fordert so relativ unerbittlich von der ersten Stunde an eine hohe Leistungs- und Einsatzbereitschaft der Studenten. Kein Müßiggang im ersten Jahr!

Wenn es Quarters statt Semester gibt, erhöht sich die Menge der Abschlussprüfungen (die sogenannten Finals) wesentlich, da dann neben Projektarbeiten und sonstigen Aufgaben vier statt nur zwei Abschlussprüfungen bestanden werden müssen. Das heißt auch, dass der tägliche Leistungsdruck weit höher sein kann als an deutschen Universitäten. Was die sogenannte Workload (Arbeitsbelastung) angeht, so sind die Amerikaner nicht zimperlich. Die Studenten müssen lernen, eine Arbeitsmenge zu bewältigen, die ihnen zunächst unüberwindbar erscheint. Sie müssen lernen, Prioritäten zu setzen, dem Druck standzuhalten, das Arbeitspensum möglichst intelligent und effizient zu bewältigen, sie lernen also, zu lernen und zu arbeiten.

Frederic machte im ersten Jahr an der University of Chicago den Fehler, zu viele Lektürekurse auf einmal zu nehmen. Er verbrachte zunächst Tag und Nacht in der Bibliothek, war verzweifelt, bis er realisierte, dass er mit seiner Arbeitsstrategie nie reüssieren würde. Erst dann nahm er die Hilfe der Universität in Anspruch. Amerikanische Universitäten bieten ausreichend Hilfe, um die akademischen, zeitlichen und administrativen

Aufgaben zu bewältigen, indem sie jedem Studenten einen akademischen Berater zur Seite stellen. Frederic restrukturierte seinen Kursplan, er wechselte einige Kurse, nahm nicht alle Lektürekurse auf einmal und gewöhnte sich so an das Leistungspensum. Im zweiten Quartal hatte er für sich eine Zeitplanung und Lernstrategie entwickelt, die ihm das Überleben garantierte, sehr gute Noten sicherte und mehr Freizeit ermöglichte. Natürlich eine harte Nuss zu knacken, aber leider normaler Alltag an allen Top-Universitäten.

In den USA bieten die Universitäten fächerübergreifende, integrative Majors an, wie zum Beispiel Computer Science plus Humanities (CS + X) an der Stanford University oder auch sehr viele interdisziplinäre Seminare, wie zum Beispiel Institutions of Power oder Computer, Ethics and Society. Das Thema Macht zieht sich durch viele Fachbereiche, wie Politik, Wirtschaft, Philosophie, Psychologie oder auch Religion. Wie beeinflussen die Fortschritte in den Computerwissenschaften unsere Sozialethik, unsere Politik und Kultur? Insbesondere bei den integrativen Majors lernen die Kursteilnehmer nicht nur ein konkretes Fachgebiet kennen, sondern sie »wandern« und lernen auf mehreren Ebenen, erkennen Gemeinsamkeiten und Unterschiede, bilden Synergien und identifizieren Konflikte zwischen den einzelnen Fachbereichen. Jessica Marinaccio, Leiterin der Undergraduate Admission an der Columbia University, spricht davon, dass Studenten ermutigt werden, anders zu denken, damit sie lernen, ihre Komfortzone zu verlassen.[9] Und Ernst Pöppel, Professor für Psychologie und Hirnforschung, mahnt: »Wir müssen den Dialog zwischen Teilkulturen fördern. Wissenslandkarten eröffnen die Möglichkeit des gemeinsamen Gesprächs und die Überwindung der Fachbezogenheit.«[10] Aus solchen Anstrengungen entwickeln sich kreative und innovative Gedanken, die sich zu überraschenden Einsichten und neuen Lösungen verdichten können. Auf Englisch heißt das Superaddition: Aus 1 plus 1 wird 3.

Es gibt beeindruckende Professoren, die man als Lehrer erleben darf. Da gibt es Nobelpreisträger, berühmte Politiker und die jüngsten Professoren der Welt, weltberühmte Forscher und Menschen von überragender Intelligenz und Ausbildung. Sie lehren in kleinen Seminaren, in einem sehr persönlichen Umfeld. Sie nehmen ihren Lehrauftrag ernst und sehen ihn nicht als lästige Notwendigkeit ihrer Bezahlung. Was kann einen Studenten mehr beflügeln als der direkte Draht zu Intelligenz und Kompetenz?

Darüber hinaus sind die persönliche Ansprache, das freundliche Wort und die Nähe zum Professor wesentliche Bestandteile der Lehrkultur an amerikanischen Universitäten, etwas, was bei uns leider nur selten erlebt wird.

Außerdem bieten amerikanische Universitäten viele zusätzliche Aktivitäten, Interessensbereiche, Clubs, Vereine oder Gruppen, um sich zu verwirklichen und aktiv am Campus- oder Universitätsleben zu beteiligen.

Die Freizeit ist, wenn man möchte oder dazu bereit ist, ebenfalls leistungsorientiert und eng mit dem Namen und der Identität der Universität verwoben. Das gibt es natürlich bis zu einem gewissen Grad in anderen Ländern wie Frankreich oder England auch, allerdings vergleichsweise nur geringfügig an privaten und staatlichen Universitäten in Deutschland.

Die Aufnahme und Absolvierung eines Studiums in den USA bedeutet auch eine lebenslange Verbundenheit mit der jeweils besuchten Universität. Von Anfang an wächst und gedeiht die Identifikation mit der jeweiligen Universität. Die freundliche und sehr persönliche Aufnahme an der Universität, der aufwendige und von der Universität initiierte Integrationsprozess im ersten Jahr, der persönliche Kontakt zum Lehrpersonal, die erstklassige Lehre, die Aufnahme in einen renommierten Club oder in eine Fraternity am Campus, die Förderung im Rahmen des Studiums, im besonderen Fall die Verleihung von Preisen, sogar des Nobelpreises an den eigenen Professor, die olympischen Medaillen, die von Kommilitonen gewonnen werden, und vieles andere mehr tragen dazu bei, dass man diese Beziehung eingeht und seiner Universität auch nach Abschluss des Studiums verbunden bleibt. Alexander erzählt mit Stolz, dass einer seiner Freunde Junior Wimbledon gewonnen hat und eine Freundin von ihm Silber im Reiten bei den Olympischen Spielen. Die lebenslange Verbundenheit äußert sich auch darin, dass er später, wo immer er leben und arbeiten wird, den Kontakt zu seinen »Peers« (Universitätskollegen) aufnehmen und in ihrer Gemeinschaft aktiv werden kann.

## Harvard, Harvard und immer nur Harvard!

Wenn bei uns über Top-Universitäten in den USA gesprochen wird, geht es meistens immer nur um Harvard. Harvard ist der Inbegriff der besten Ausbildung, gefolgt von Princeton und Yale. Die vielen anderen Universitäten und Colleges in den USA sind eher unbekannt. Auf jeden Fall sollte es eine Ivy-League-Schule sein, die in einer möglichst großen und attraktiven Stadt liegt. Das ist die weitverbreitete Wunschvorstellung.

Dass das eigentlich nur in seltenen Fällen wirklich möglich ist, ist weitgehend unbekannt. Und Harvard ist nicht für jeden geeignet, genauso wie nicht jeder für Harvard geeignet ist. Es gibt eine große Auswahl an hervorragenden, sehr unterschiedlichen Universitäten und Colleges.

Doch woher stammt eigentlich der Name Ivy League? Ivy-League-Universitäten wurden 1954 im Rahmen einer Football-Liga gegründet, die acht Mitglieder hatte, darunter die »Big Three« der Ivy Leagues, die jeder kennt: Harvard, Princeton, Yale.

Es gibt aber auch die »Little Ivies«, wie zum Beispiel Amherst, Wesleyan und Williams College. Kennen Sie diese hervorragenden Colleges? Manche beziehen das Wort Ivy auch auf Efeu, die Übersetzung, in Anspielung auf alte, ehrwürdige Gemäuer an der Ostküste der USA.

Zunächst einmal empfehle ich, eines der guten weltweiten Rankings im Internet aufzurufen wie zum Beispiel Times Higher Education, The Economist Ranking, Forbes University Ranking oder Singapore Ranking, die die weltweiten, USA-bezogenen oder auch europäischen Ranglisten der besten Universitäten abbilden.

Laut *Times Higher Education* sind die besten Universitäten der Welt das California Institute of Technology (Caltech), bei uns eigentlich völlig unbekannt, und die Stanford University, beide an der Westküste der USA, die Harvard University an der Ostküste Amerikas sowie die University of Oxford und die University of Cambridge in England und weitere Ivy-League-Schulen wie Princeton oder Yale oder das berühmte Massachusetts Institute of Technology (MIT). Und es gibt immer wieder Universitäten mit einer Außenseiterposition, wie die University of Chicago, die im Ranking enorm gestiegen ist. Es gibt Universitäten, die bei uns relativ unbekannt sind, wie zum Beispiel die University of Pennsylvania (auch genannt UPenn), die in den USA zu den Ivy Leagues zählen und im Bereich der Top 20 liegen.

Die Seven Sister Schools sind eine Gruppe von Frauen-Colleges, die Ende des 19. und Anfang des 20. Jahrhunderts Frauen eine höhere Ausbildung ermöglichen sollten. Einige dieser Colleges sind mittlerweile co-ed, was die gemeinsame Ausbildung von Frauen und Männern meint.

Was bedeutet das für diejenigen, die sich an diesen Universitäten und Colleges bewerben wollen? Sie brauchen eine realistische Bewerbungsstrategie! Und das wiederum bedeutet, dass man sich nicht ausschließlich an den Top-Universitäten bewerben sollte, die lediglich vier bis sechs Prozent der Bewerber und Bewerberinnen eines Jahrgangs weltweit aufnehmen. Hier ein Beispiel: Im Jahr 2013 haben sich 48 000 Studenten an der Stanford-Universität beworben. Davon wurden 2120 Bewerber und Bewerberinnen für das Undergraduate Program aufgenommen. Zehn Prozent vom Jahrgang sind internationale Studenten. Diese stammen meist aus Asien, Südamerika und Afrika, denn allein aus Asien könnte die Stanford University siebenmal einen ersten sogenannten Freshman-Jahrgang füllen. Nur ein sehr geringer Prozentsatz der aufgenommenen Studenten und Studentinnen stammt aus Europa, das heißt, es sind meist nur ein oder zwei Bewerber aus demselben europäischen Land und vielleicht 20 bis 30 europäische Bewerber und Bewerberinnen insgesamt, die sich für ein Studium der Undergraduate Studies an der Stanford University qualifizieren.

Es ist daher klug, sich auch an sogenannten Safety Schools zu bewerben. Das sind Colleges und Universitäten, die hervorragend sind, jedoch nicht zu den Colleges mit einer einstelligen Annahmerate (Single Digital Acceptance Rate) zählen. Und »Safety« deshalb, weil die Chance, dort aufgenommen zu werden, für den, der sich bewirbt, als sehr hoch eingeschätzt wird.

Es kommt also nicht nur auf das Prestige an, es kommt nicht darauf an, eine Eliteuniversität auszuwählen, weil sie alle toll finden, sondern es kommt vor allem darauf an, dass man die Universität findet, aussucht und auch dort aufgenommen wird, an die man am besten passt. Das Ziel sollte sein, anhand optimaler Information und gezielter Vorbereitung die für einen persönlich geeignete und infolgedessen beste Universitätsauswahl treffen zu können, denn je besser die Universitätsauswahl, desto höher sind die Erfolgschancen im Bewerberprozess. Je mehr die Leistung und der Charakter des Bewerbers den Anforderungen und der Kultur der Universität entsprechen, desto eher erkennen die Admission Officer eine Eignung der Bewerber für die Universität. Admission Officer sind diejenigen an der Universität, die auswählen, wer angenommen werden sollte. Diese werden auf diejenigen Bewerber aufmerksam, die wissen, wer sie sind und was sie wollen. Das heißt für den Einzelnen: Sei du selbst und baue kein Image auf, von dem du glaubst, dass es deine Wunschuniversität beindruckt. Nicht politisch korrekt hilft weiter, sondern der Mut, die Wahrheit über sich zu sagen. Universitäten honorieren Ehrlichkeit, und ihre Admission Officer sind so gut, dass sie herausfiltern können, wer dazu in der Lage ist und wer übertreibt oder sich verstellt.

Wie groß die Frustration sein muss, wenn man trotz guter Noten und eines beträchtlichen Arbeitsaufwands nicht oder vielleicht sogar nirgends aufgenommen wird und auch nie erfahren wird, warum das so ist, kann jeder selbst ermessen.

Hier hilft ein sogenannter Universitätsberater (University Counselor), zum einen den Blick auf die eigene Realität und die vermeintlichen Chancen zu schärfen, zum anderen die richtige und Erfolg versprechende Herangehensweise an die Bewerbung zu wählen und umzusetzen.

Universitätsberater können ganz generell über die verschiedenen und vielfältigen Studienmöglichkeiten im Ausland aufklären, sie können aber auch ganz präzise einen Überblick über bestimmte Bewerbungsprozedere für bestimmte Universitäten in ausgesuchten Ländern vermitteln. Später können sie den Bewerbungsprozess begleiten, steuern und dank ihrer Expertise und Pädagogik unterstützen und hoffentlich zum Erfolg führen.

Man sollte auch zwischen Universität und College unterscheiden können. Der einzige Unterschied besteht allerdings darin, dass Universitäten in den USA eine Undergraduate- und Graduate-Ausbildung anbieten, während Colleges nur eine Undergraduate Education offerieren. Die Größe der jeweiligen Institution spielt dabei keine Rolle.

Undergraduate Studies dauern vier Jahre und führen zum Bachelor of Administration/Education/Science/Arts. Graduate Studies sind eine Zusatzausbildung, die im Anschluss an den

Bachelor und noch öfter an eine an den Bachelor-Abschluss anschließende mehrjährige Arbeitsperiode begonnen werden, je nach Universität oder Fachbereich ein bis zwei Jahre dauern können und den Master-Titel als Abschluss enthalten.

Um sich zu informieren, hilft natürlich das Internet, oder man wendet sich an einen Universitätsberater, der konkrete Informationen und Ratschläge erteilen kann. Er oder sie hat die Übersicht und die Kenntnis über die vielen Universitäten, er oder sie kennt die Unterschiede, hat Erfahrung mit der jeweiligen Institution und noch sehr viel wichtiger oder sogar am wichtigsten: Er oder sie kann im besten Fall abschätzen, welche Schule welche Studenten oder Studentinnen sucht. Diese Besonderheit führt uns zu einem sehr wichtigen Kapitel!

## Die Universitäten fragen:
## Was könnt ihr für uns tun?

Wir sind es gewohnt, die Universität auszusuchen, die unserer Meinung nach für uns geeignet scheint beziehungsweise von der wir uns am meisten versprechen – sei es, was die Qualität der Ausbildung angeht, das Prestige, die Lage in einer attraktiven Stadt, der schöne Campus, die Internationalität der Studenten etc.

Für Amerika aber muss man umdenken! Hier ist die Vorgehensweise eine ganz andere. Hier formuliert die Universität die Ansprüche an den künftigen Studenten oder die zukünftige Studentin: »Was bringst du uns, was kannst du für unsere Institution tun, warum sollen wir gerade dich nehmen?«

*What can you do for us?* ist die Denkvorlage für den gesamten Bewerbungsprozess. Die Universität sucht sich den Bewerber aus, dessen Profil am besten zu ihren Ansprüchen und Auswahlkriterien UND in das Potpourri der unterschiedlichen Menschen, die die Universität aufnehmen möchte, passt.

Was für ein Bewerberprofil sollte man also haben, um an einer der Top-Universitäten aufgenommen zu werden?

Immer noch glauben die meisten Bewerber, eine sogenannte *well rounded personality* vorweisen zu müssen. Das würde bedeuten, dass man in allem gut sein muss, dass man von allem etwas können sollte, dass Einseitigkeit oder Ausreißer nicht erwünscht sind und dass man einfach alle Erwartungskriterien erfüllen muss. Aber wer ist Klassensprecher, Kapitän der Fußballmannschaft, in Deutsch und Mathematik begabt, spielt Klavier, spricht zwei Fremdsprachen und gewinnt Schachturniere? Sie meinen, ich übertreibe? Es gibt sehr viele Kinder in den USA, die genau dieses Profil bieten.

Lassen Sie sich davon nicht abschrecken! Um etwas Besonderes zeigen zu können, muss man über den Schulalltag hinausgehen und seine persönliche Leidenschaft für etwas entdecken, sich voll und ganz engagieren und diese Leidenschaft in Leistungsnachweise umsetzen. Es geht darum, das zu finden und auszubauen, was einen besonders macht!

Deutsche Eltern hingegen meinen oft, dass bereits das Projekt- und Aktivitätenangebot der Schule genügt, ohne dass sich der Schüler oder die Schülerin darüber hinaus noch persönlich besonders einsetzen muss, oder sie gehen davon aus, dass ihr Kind den Aufnahmetest bereits bestehen wird, wenn es nur sehr gute Noten bringt und vielleicht noch ganz ordentlich Tennis spielt, »denn über Sport kommt man ja ganz leicht an eine der Top-Universitäten!« – so ein weitverbreiteter Irrtum.

Tatsache ist, dass diese Leistung und noch weitere Auszeichnungen oder Fähigkeiten mehr, wie im Beispiel beschrieben, zur Bewerber-Grundausstattung amerikanischer Kinder gehören. Gerade die sportlichen Leistungsstandards sind sehr viel höher, als sich das deutsche Eltern und Schüler vorstellen können. Darüber hinaus suchen die Top-Universitäten diejenigen aus, die sich bereits als junge Autoren versucht haben, die aufgrund ihres Talents bei Forschungsprojekten beteiligt waren, die für ihr Land Golf spielen oder eine Passion für das Tauchen haben und weltweit Lehrgänge absolviert haben. Wer ein besonderes Profil bietet, wer ein Konzept hat, wer eine Leidenschaft oder ein Talent besitzt, wer zeigt, dass er wirklich will, wird sich im Bewerbungsprozess besser verkaufen können als der »Ich bin ja so lässig«-Kandidat, der den echten Einsatz scheut und somit verpasst, sein persönliches Bewerberprofil in der richtigen Zusammenstellung und zum richtigen Zeitpunkt zu planen und umzusetzen.

Ich möchte hier keinesfalls desillusionieren, sondern nur aufklären. Leider ist das auch mit einigen »Schmerzen« verbunden. Das soll aber nicht heißen, dass wir das nicht können! Im Gegenteil.

Vor diesem Hintergrund wird immer klarer, dass es nicht nur wichtig ist, diverse Leistungen zu sammeln und zu zeigen, dass man etwas kann, sondern dass es im Wesentlichen darum geht, so früh wie möglich eine individuelle Bewerbungsstrategie aufzubauen und zu entwickeln, die dann im Hinblick auf die jeweilige Bewerbung für die Universität X oder das College Y weiter spezifiziert und ausgefeilt werden muss.

Begnadet sind natürlich die Bewerber, die über ein Ausnahmetalent verfügen und dies auch einbringen können, die schon früh den Wettbewerb nicht gescheut haben und somit bereits Wertvolles vorweisen können, bevor sie in den Ring steigen.

Was ebenfalls vermieden werden sollte, ist die undifferenzierte Ausrichtung der eigenen Bewerbungsstrategie an den Erfolgen vormaliger Bewerbungen anderer Schüler und Schülerinnen. Wenn die Universität XY im Jahr 2014 Bewerber aufgenommen hat, die Trompete spielen und Kapitäne ihrer Fußballmannschaft sind, heißt dies noch lange nicht, dass es sich dabei um ein wiederholbares Erfolgsrezept handelt. Grund hierfür ist das Prinzip der Diversity an amerikanischen Schulen und die Tatsache, dass Universitäten und Colleges eine

Vielzahl von Wünschen aus den eigenen Reihen erfüllen müssen. Und diese verändern sich von Jahr zu Jahr. Aber hierzu später.

Ein anderer Aspekt beleuchtet den Auswahlprozess von Universitäten von ganz anderer Seite: Die Universität stellt jedes Jahr einen Jahrgang an Studenten zusammen, der die institutionellen Bedürfnisse der Universität erfüllen muss. Die Inhalte ergeben sich aus den ureigenen Interessen der Universität oder des Colleges, weil sie Firmen sind. Als Firmen müssen die Universitäten Gehälter bezahlen, Gesetze beachten, vorgegebene Ziele einhalten, Programme unterhalten und vieles andere mehr.

Das heißt, dass öffentliche Universitäten die Mission erfüllen müssen, sozialpolitische Arbeit zu leisten und die nach offiziellen Standards besten Studenten des Staates auszubilden, wie zum Beispiel die Berkeley University in Kalifornien.

Private Universitäten suchen Bewerber, die bei der Umsetzung ihrer Werte und Ziele helfen können, sei es in Bezug auf unternehmerische Intelligenz (Entrepreneurial Intelligence), Engagement für den Dienst am Staat (Dedication to Public Service) oder Führung (Leadership).

Auch die einzelnen Fachbereiche der Universitäten verlangen, dass man ihnen Tribut zahlt: Die Mathematik-Fakultät möchte Bewerber, die mit konzeptioneller Kreativität ausgestattet sind, die Biologie-Abteilung sucht Bewerber, die Biologie um ihrer selbst willen studieren wollen und nicht nur den Einstieg in die Medical School suchen, oder die Political-Science-Fakultät sucht Aspiranten, die öffentliche Ämter übernehmen wollen.

Die Verantwortlichen für Studentenleben (Student Life) wollen Studenten, die Initiative ergreifen und Studentenorganisationen führen, die große Dramen auf die Bühne bringen können oder die Sportstadien durch ihre sehr guten Leistungen begeistern.

Und gerade weil die Universitäten und Colleges den jeweiligen Jahrgang nach ihren Wünschen, Prioritäten, Zielen und Werten füllen, sind sie auf die Ehrlichkeit und Authentizität der Bewerbungen angewiesen.

## Gute Noten haben alle!

Die Auswahlkriterien der Universitäten sind das große Geheimnis einer jeden Bewerbungsrallye. Im Laufe von fast vier Jahren, in deren Verlauf ich Erfahrungen und Informationen sammeln konnte, bin ich auf einige Anhaltspunkte gestoßen, die vielleicht etwas Licht ins Dunkel bringen können. Fangen wir bei Fakten an und arbeiten uns dann in den subjektiven, persönlicheren Bereich vor.

Viele Colleges und Universitäten verfolgen politische und wohltätige Ziele. So vergibt die Stanford University Stipendien an 50 Prozent ihrer Studenten, wovon 29 Prozent aus Familien stammen, die noch nie eine Hochschule absolviert haben. Die Universität Berkeley fördert die junge Bevölkerung des Staates Kalifornien. Berkeley ist keine private, sondern eine staatliche Universität, die vor allem Schüler aus ihrem Umfeld, also aus Südkalifornien, akquiriert.

Eine wesentliche Voraussetzung für ein Stipendium sind natürlich hervorragende Noten und zu einem gewissen Prozentsatz die Tatsache, aus einer nichtakademischen Familie zu stammen.

Uns interessiert hier allerdings weniger die sozialpolitische als die internationale Quote, die die Universitäten bereit sind aufzunehmen. Und leider gehört Europa schon lange nicht mehr zu den wirklich wichtigen Akquisitionsgebieten der Top-20-Universitäten, und der Prozentsatz an Europäern, die an diesen Universitäten und Colleges aufgenommen werden, ist im Verhältnis zur Gesamtzahl sehr gering. Wir haben bereits festgestellt, dass nur ein bis zwei Prozent der zehn Prozent Ausländer pro Top-Universität aus Europa stammen. Die Mehrzahl der akzeptierten Schüler stammt aus Asien, Indien, Pakistan oder Südamerika, und sie alle haben perfekte Noten! Die Stanford University hätte den Jahrgang eines Jahres siebenmal mit »perfekten Asiaten« füllen können. Princeton akquiriert seine internationalen Bewerber sehr gern von den sogenannten United World Colleges. Das sind keine englischen Internate oder Highschools im herkömmlichen amerikanischen Sinn, sondern Internate in Dritte-Welt-Ländern, die internationale Schüler unterrichten und fördern, sehr viele davon mit finanziellen Stipendien aufgrund hervorragender Leistungen. So bringen sie Kinder hervor, die bereits in jungen Jahren ungewöhnliche Lebensläufe vorweisen können. Auch von Deutschland aus kann man sich an einem der vielen UWCs bewerben. Der Sohn von Freunden besuchte ein solches Internat für die letzten beiden Schuljahre in Indien, um anschließend an der Johns-Hopkins-Universität in Washington DC zu studieren.

Vor Internationalität und Annahmequoten steht das wichtige Prinzip der Diversity, dem die Universitäten folgen. Das bedeutet, dass multikulturelle Kinder der unterschiedlichsten ethnischen Herkunft, ungeachtet ihrer Hautfarbe und ihres Geschlechts, unter Vermeidung jedweder Diskriminierung an den Universitäten und Colleges angenommen werden. Hier betreten wir allerdings ein sehr sensibles Feld der amerikanischen Chancenverteilung, denn Konflikte nehmen dadurch nur bedingt ab oder sie verlagern sich. Es gibt bereits Stimmen aus der weißen Bevölkerung, die sich mittlerweile diskriminiert fühlen, wie die Klage einer jungen weißen Universitätsbewerberin gegen die Benachteiligung im Bewerbungsprozess aufgrund ihrer Herkunft und Hautfarbe gezeigt hat, weil die lateinamerikanische Bevölkerung in den USA in nicht allzu ferner Zukunft den Großteil der amerikanischen Bevölkerung ausmachen wird, was wiederum bedeutet, dass Diversity zum natürlichen Selektionsfaktor werden wird. Diversity bedeutet aber auch, dass die Universitäten sich ihren Bewerberpool so unterschiedlich wie möglich oder gemäß ihrer jeweiligen Diversity-Kriterien zusammenstellen, das heißt, die aufgenommenen Bewerber und Bewerberinnen werden bunt gemischt, sollen keine homogene Masse bilden, sondern jeder und jede für sich sollen aufgrund ihrer Begabung und Befähigung zum College- und Universitätsleben und -erfolg beitragen können.

Universitäten und Colleges unterhalten natürlich auch persönliche Beziehungen zu Highschools, internationalen Schulen oder Internaten weltweit. So kann es passieren, dass die Admission Officer immer wieder an denselben Schulen akquirieren, wenn sie die Erfahrung gemacht haben, dass die Bewerber und Bewerberinnen an ihrer Universität zu erfolgreichen Studenten und Studentinnen werden. Es gibt auch Universitätsberater, die in ihrem früheren Berufsleben Admission Officer an Universitäten und für die Auswahl der Studenten zuständig waren. Sie pflegen die guten Beziehungen zu ihrem alten Arbeitgeber, kennen die Vorlieben »ihrer« Universität und können so Bewerber platzieren.

Für Amerikaner oder für andere Schüler, die in den USA zunächst einmal in ein Internat gehen möchten, gilt auch, dass ein gewisser Prozentsatz in den Top-Ten-Universitäten von sogenannten »Feeder Schools« kommen. Das sind Internate in den USA, wie zum Beispiel Phillips Exeter, Deerfield, Trinity School oder Milton Academy (www.bestcollegesonline.com, www.thebestschools.org), die auf eine lange Tradition zurückblicken und nur Schüler und Schülerinnen aufnehmen, die bereits in sehr jungen Jahren, ähnlich wie in englischen Top-Internaten, diverse Aufnahmeprüfungen bestehen müssen und ein beeindruckendes Leistungsprofil vorweisen können. Wenn Sie sich informieren wollen, was Feeder Schools über Universitätsbewerbungen zu sagen haben, kann ich auf ein Interview mit Sean Logan verweisen, den neuen Direktor der Collegeberatung an der Phillips Academy in Andover im Staat Massachusettes, und was er zum Thema Bewerberprofil, Noten, Auswahl der Universitäten und Colleges, Vermeiden typischer Bewerbungsfehler etc. zu sagen hat. Bitte googeln Sie Phillips Academy – Inside College Counseling unter www.andover.edu.

Für Amerikaner gilt auch das Prinzip der Legacy (deutsch: Erbe) und sie ist neben den Alumnis die wichtigste Säule amerikanischer Universitätstradition. Das bedeutet, dass John Boyd the Third genauso wie sein Großvater oder Vater dasselbe College oder dieselbe Universität absolviert. Legacy-Kinder profitieren durchaus von dieser Tradition und haben bessere Chancen, aufgenommen zu werden, wenn sie die Auswahlkriterien der Universität oder des Colleges erfüllen. Für Stanford, Harvard und Princeton wurden mir Prozentzahlen um die 30 genannt, im Gegensatz zu den vier bis sechs Prozent normale jährliche Aufnahmerate an den Top-Universitäten der USA. Für amerikanische Universitäten und Colleges wiederum heißt das, dass finanzielle Zuwendungen an die jeweilige Institution über Generationen erhalten bleiben, denn die Familien sind mit den jeweiligen Universitäten oder Colleges eng verbunden. Und, *let's face it*, amerikanische Colleges und Universitäten müssen die Stipendien, die sie an Dritte vergeben, finanzieren. Zudem wird jeder, der an einer amerikanischen Universität studiert hat, anschließend ein Alumni sein. Auch ein internationaler Student. Und wenn seine oder ihre Kinder später an derselben Universität studieren, werden auch sie »Legacy«.

Amerikaner nehmen das Legacy-Thema sehr ernst, denn Legacy bedeutet für sie die generationenübergreifende Absicherung ihrer Ausbildung und späteren Karriere.

Die jungen Frauen und Männer, die an einer der Top-Universitäten studieren wollen, bewegen sich also in einem hochkompetitiven Bewerberfeld aus sehr internationalen Schülern mit stark asiatischer Gewichtung und mit perfekten Noten. Sie müssen sich der Herausforderung stellen, dass sie danach beurteilt und ausgewählt werden, was sie für das College oder die Universität ihrer Wahl leisten können. Was macht sie so besonders, dass ihr Traumcollege sie aufnehmen möchte?

Diejenigen, die sich als Bewerber im Mittelfeld des Leistungsprofils bewegen, weil sie zum Beispiel in den Aufnahmetests nicht die höchsten Punktzahlen erreicht haben oder weil sie vielleicht keine Wettbewerbe absolviert haben, sollen sich aber nicht entmutigen lassen. Es gibt eine Vielzahl von hervorragenden bis sehr guten Universitäten und Colleges, die bei uns vielfach namentlich nicht bekannt sind und die dennoch eine außergewöhnlich gute Ausbildung und nach Abschluss auch außergewöhnlich gute Erfolgschancen bei der Stellensuche ermöglichen. Ich spreche zum Beispiel von Nischenuniversitäten im Bereich Design, Engineering oder Science oder von der University of Chicago, die zu den Top-Ten-Universitäten weltweit gehört und in England höchstes Ansehen genießt, bei uns aber eher unbekannt ist

Wir sind immer noch auf die wenigen bekannten Institutionen fokussiert und ignorieren völlig die Vielzahl von Colleges und Universitäten, die ungeachtet unserer begrenzten Kenntnis und Wahrnehmung die ungewöhnlichsten und anspruchsvollsten Ausbildungswünsche erfüllen können, denn die USA sind nicht nur ein großes, sondern auch ein unendlich vielseitiges Land.

## Wer bin ich, was biete ich und wer kann mir helfen?

Manchmal erzählen mir Eltern, dass ihr Sohn, ihre Tochter auch in Amerika studieren wollen, aber »... da müssen sie sich selbst darum kümmern«. Mit dieser lockeren Einstellung ist das Projekt wahrscheinlich ziemlich schnell zum Scheitern verurteilt, denn der Bewerbungsprozess findet optimalerweise während der letzten beiden Schuljahre statt und ist für den Schüler oder die Schülerin neben dem normalen Schulalltag eine zusätzliche Belastung. Zudem ist er für deutsche Jugendliche zunächst einmal fremd, langwierig und manchmal auch kompliziert, sodass der Bewerber eher aufgibt, als sich durch alle individuellen Anforderungen, Auflagen und Leistungsnachweise für die ausgewählten Universitäten zu hangeln. Dazu kommt noch, dass jede Universität ihre eigenen Prioritäten hat, die rechtzeitig erfüllt werden müssen, viele Informationen müssen eingeholt, die unterschiedlichsten Fristen beachtet werden.

In den USA sind es häufig die Mütter, die ihrem Ruf als Helicopter Mom gerecht werden und diese Hilfe und Unterstützung für ihren Sohn oder ihre Tochter übernehmen. Sie setzen sich tage- und wochenlang an den PC und lesen Universitäts- und College-Seiten, vergleichen Informationen, holen sich Ratschläge, beachten die Abgabefristen, begleiten die Bewerbungsvorbereitungen und -anstrengungen ihrer Kinder, fordern rechtzeitig ein, fahren ihre Kinder zu Wettbewerben und Prüfungen und vieles andere mehr. Sie begleiten und betreuen ihren Nachwuchs während des jahrelangen Bewerbungsslaloms und avancieren zu deren Karriereberater.

Da dieser Einsatz bei uns nicht üblich ist und nur in Ausnahmefällen vollbracht wird, empfehle ich Ihnen Folgendes: Hat Ihr Kind einen Universitätsberater an seiner Schule, wie es zum Beispiel an den meisten Internationalen Schulen oder auch an manchen Internaten der Fall ist, sollte Ihr Sohn oder Ihre Tochter ihn kontaktieren und in Anspruch nehmen. Oder Sie suchen sich in privater Initiative einen Universitätsberater (zum Beispiel www.athena-mentor.com oder www.campusmondi.com), kontaktieren Internatsberatungen, die auch oftmals Empfehlungen geben können, oder Sie fragen im Freundes- und Bekanntenkreis. Auf alle Fälle hilfreich ist es, wenn man mit Absolventen der jeweiligen Traumuniversität sprechen kann oder sich auf YouTube die Videos erfolgreicher Bewerber ansieht (zum Beispiel »How to get into ...«), um zu lernen, was diese alles »mitbringen«, wie sehr sie sich voneinander unterscheiden und von welchen Werten, Einstellungen und Erfahrungen sie berichten. Wenn Sie sich zusammen mit Ihren Kindern selbst darum kümmern und die gesamte Organisation über das Internet erledigen, wird es Ihnen höchstwahrscheinlich an Erfahrung und Praxis fehlen, weil unsere Lern-, Bewerbungs- und Auswahlkultur eine völlig andere ist und man sich folglich schwertut, alles Ungewohnte und Fremde im Do-it-yourself-Verfahren umzusetzen. Deshalb rate ich sehr, auf die Erfahrungen anderer zu hören oder sich fundierte Tipps bei erfahrenen Eltern oder erfolgreichen Bewerbern zu holen.

Ich habe Bewerber kennengelernt, die das alles allein bewerkstelligt haben. Ich habe auch Bewerber kennengelernt, die trotz professioneller Hilfe abgebrochen haben. Aber dann war es eben nicht das Richtige, und es bringt nichts, so viel Zeit und Arbeit in das Falsche zu investieren.

Zu einer erfolgreichen Bewerbung gehört auch eine große Portion Glück, denn wie gesagt: Die Universitäten und Colleges suchen sich ein Potpourri an Studenten aus, die ihnen geeignet erscheinen, nicht nur den Notenschnitt der Universität hochzuhalten, sondern auch die vielen unterschiedlichen Qualitäten der Universität durch ihre akademischen, sportlichen, kreativen oder sogar unternehmerischen Leistungen zu bereichern, zu erhalten und natürlich noch weiter zu verbessern.

Damit ist eine der wichtigsten Aussagen getroffen: Nicht Ihr Kind sucht sich das geeignete College oder die geeignete Universität aus, sondern die Universität sucht sich ihre künftigen Studenten und Studentinnen unter den Bewerbern aus! Wer also ist Ihr Kind?

Vielleicht sucht die Universität gerade Ihr Kind aus, weil

es aus Deutschland stammt, eine Theatergruppe leitet und Schachturniere spielt? Vielleicht suchen sie jemanden aus nichtakademischen Gesellschaftsschichten, den sie fördern können, indem sie ein Teil- oder Vollstipendium vergeben? Vielleicht brauchen sie jemanden, der das Frauenfußballteam des Colleges ergänzt?

Ganz wichtig dabei ist, dass man sein persönliches Bewerbungsprofil nicht kurz vor dem Abitur zu erkennen glaubt und meint, nach dreiwöchiger SAT-Lektüre (den SAT- und ACT-Test erkläre ich später) einen sehr guten Test bestehen zu können, um anschließend in kürzester Zeit seine Bewerbungsaufsätze zu formulieren, weil man darin über seine Hobbys berichtet.

Es gilt, je früher Ihre Tochter oder Ihr Sohn beginnt, desto eher kann eine solide akademische und nichtakademische Leistungs- und Bewerbungsstrategie aufgebaut werden, können Talente und Leidenschaften erkannt und gefördert werden, können Testergebnisse in SAT oder ACT optimiert werden, können die Möglichkeiten eines Stipendiums eruiert oder sportliche Leistungen in den Bewerbungsprozess eingebracht werden. Und so starten viele amerikanische Kinder bereits in der neunten Klasse und früher mit Lernprogrammen, Förderklassen, sonstigen Aktivitäten, die sie später beim Bewerbungsprozess groß herausbringen sollen. Das Center for Talented Youth der Johns Hopkins University sucht bereits in der achten Klasse nach herausragenden Talenten oder solchen, die es gerne werden möchten.

Natürlich wird es viele Eltern geben, die jetzt sagen, dass es sich nur um eine verfrühte Bewerbungshysterie handeln kann, die völlig übertrieben ist und die Kinder nur unermesslich stresst. Dieser Aspekt mag für manche Kinder zutreffen, allerdings nicht für alle, denn Kinder suchen oft die Herausforderung und sind bereit für Abenteuer und Wettbewerb.

Eine sehr ähnliche Situation stellt sich Kindern auch in Europa, zum Beispiel in England oder in Frankreich, wenn sie die »Classes préparatoires« absolvieren müssen, um nach dem Abitur in die Écoles supérieures aufgenommen zu werden. Und grundsätzlich sind schon die französischen Gymnasien sehr viel mehr auf Wettbewerb ausgerichtet. Da ist es selbstverständlich, dass die Kinder nach ihren Leistungen eingestuft werden. Eine Auszeichnung hat, wer »Premier/Première de la classe« oder auch Zweiter oder Dritter geworden ist!

Noch sehr viel intensiver habe ich Wettbewerb unter Schülern in London erfahren. Hier gibt es in den besseren Schulen bereits mit elf Jahren fünfstündige Finals. Die Kinder konkurrieren auf weitem Feld, indem sie zwei bis drei Instrumente gleichzeitig lernen, im Schulchor singen, zu Schwimmen, Fechten und Hockey eingeschrieben sind und einen Mandarinkurs belegen. Die Eltern steuern und begleiten dieses Hochleistungsleben und finden es völlig selbstverständlich, dass Kinder bereits im frühen Alter Erwachsenentage bewältigen und vielfältige Konkurrenzsituationen meistern. Ich denke da an einen englischen Vater, der mir erzählte, dass er seine zwölfjährigen Zwillinge zu Firmensitzungen mitnimmt, damit sie schön früh lernen, wie sich die Wirklichkeit anfühlt. Die Schulen selbst schreiben Wettbewerbe zwischen ihren Häusern aus, indem sie Preise und Medaillen für die schönste Weihnachtsdekoration, für die besten Gärtnererfolge oder den besten Notendurchschnitt der Klassen eines Jahrgangs vergeben.

Ähnlich verhält es sich mit der Aufnahme in englische Internate wie Sevenoaks, Eton oder Harrow. Da genügt es nicht, dass überzeugte Eltern ihre Kinder anmelden und das Schulgeld bezahlen können. Die Kinder müssen Auswahltests und Interviews über sich ergehen lassen, für die sie sich in der Regel längere Zeit vorbereitet haben. Und wer gewinnen will, muss mitspielen! Sie können ruhig sagen, dass Sie das alles übertrieben finden. Das Problem ist nur, dass die »anderen« genau das alles für ihr großes Ziel tun und somit einen großen Vorsprung haben.

Was also biete ich und wie gelange ich zu einer realistischen Selbsteinschätzung? Warum ist es so wichtig, rechtzeitig zu erkennen, ob man die für die Bewerbung erforderliche Leistung erbringen wird und wie man diese bestmöglich darstellen kann? Das ist die eigentliche Herausforderung! Ihr Sohn oder Ihre Tochter muss sich überlegen, was er oder sie der Universität oder dem College bieten kann, damit es sich für sie oder ihn interessiert. Das heißt auf gut Deutsch: Man muss ehrlich mit sich sein, man sollte einen Sparingspartner um seine Meinung bitten und man muss ein Top-Studium in den USA bedingungslos wollen, denn es kommt eine Menge Konkurrenz und eine Menge Arbeit auf einen zu. Sicherlich hilft auch das Schreiben von Bewerbungsessays für eine gesunde Selbsteinschätzung, weil man sehr viel über sich nachdenken muss, wenn man auf sehr ausgeklügelte Fragen antworten will (aber dazu später). Die Wahl der Wunsch-Universitäten muss klug und besonnen getroffen werden, und eine realistische Bewerbungsstrategie muss umgesetzt und durchgezogen werden, um nicht am Ende dieses langen Prozesses ohne eine Option dazustehen.

Was kann ich und muss ich können, um ein hervorragender Musiker zu werden, um die Theatergruppe der Schule zu leiten, um Spenden für ein Krankenhaus zu sammeln, um meine Führungsqualitäten unter Beweis zu stellen, um mich für eine gesunde Umwelt zu engagieren?

Ich kann mich an einen damals vielleicht zwölfjährigen Jungen an der Internationalen Schule in München erinnern, der eine weltweite Baumpflanz-Aktion (www.plant-for-the-planet. org) ins Leben gerufen hat und dafür mehrfach ausgezeichnet wurde.

Es gibt noch viele Beispiele, aber dahinter steht, was schon unter dem Punkt Diversity zusammengefasst wurde: Die Universitäten suchen die leidenschaftlichen Sportler, die besessenen Wissenschaftler, die großartigen Organisatoren oder engagierten Individualisten. Dazu kann auch das Fallschirmspringen zählen, mit dem sich ein Freund von Frederic in Chicago beworben hatte. Nein, das alles ist nicht übertrieben. Es geht um Vitalität, um Energie, um Intelligenz und Kreativität, die gefordert werden – für den Bewerber selbst, für die Universität und auch für das Land, denn jede Universität will ihren Beitrag zum Erfolg und zur Weiterentwicklung von Land und Leuten beitragen.

Diese Initiative, das intensive Suchen und Finden der Fähigkeiten und Fertigkeiten, die Ihr Kind herausheben, die es für die Universität seiner Wahl begehrenswert macht, das ist für unsere Kinder in unserem deutschen, eher unmotivierten, überkritischen, aber angepassten, ziemlich genormten, leidenschaftslosen und gleichzeitig negativ belasteten Schulkosmos die wirklich größte aller Herausforderungen! Denn mit dieser Herausforderung rechnen sie nicht, die kennen sie nicht, und ihre Bewältigung wird in unserem System nicht belohnt. Anders zu sein, leidenschaftlich zu sein, sich einer Sache zu verschreiben, für eine Sache zu kämpfen, ist bei uns eher Mangelware und den meisten Schuldirektoren, aber auch Eltern eher unheimlich. Sie möchten lieber, dass sich ihre Kinder unauffällig durch den Schulalltag schlängeln, wenigstens ein Mittelmaß erfüllen und vor allem dass sie nicht negativ auffallen. Deshalb ist meine persönliche Empfehlung an Eltern, denen diese Seite der deutschen Schule besonders missfällt, dass sie ihren Kindern ermöglichen, in einem oder mehreren Gebieten besonders zu wachsen, je nach Kraft, Energie, Talent und Interessen, denn schon kleine Kinder können beeindruckende Leistungen vollbringen. Und das mit einer Selbstverständlichkeit, einem Selbstbewusstsein und einer Professionalität, dass einem wirklich das Herz aufgeht.

Ich muss dabei immer an die Juniorabteilung (das sind die Sechs- bis Achtjährigen) des Kinderchors der Internationalen Schule in München denken, die zu Ehren einer Regierungsveranstaltung in der Staatskanzlei drei Lieder vorsingen durften und tosenden Applaus erhielten, weil sie unglaublich gut waren. Wir als Eltern haben sie damals begleitet und waren baff ob der Begeisterung und Professionalität dieser kleinen, sehr jungen Menschen.

Wie kann bei all dem ein Universitätsberater helfen?

Er kann von Anfang an informieren, aufklären und bereits bei der Vorbereitung für den eigentlichen Bewerbungsprozess helfen und die allgemeine Lernbereitschaft des Kindes aktivieren, kanalisieren und dirigieren. Er oder sie kann den Fokus auf erste schriftstellerische Versuche legen oder einfach nur das Kind zum Lesen animieren. Die Freude am Lesen ist in der heutigen Zeit, in der man viele Kinder nur noch mehr gebeugt über iPhone, iPad oder Laptop sieht, nicht mehr so selbstverständlich. In Marlena Corcorans Worten, einer herausragend guten Universitätsberaterin, ist Lesen »die einzige Art und Weise, um von einer Ansammlung von Worten zu einer Vision der Welt zu gelangen«![11] Sie empfiehlt ein Internetprogramm, das National Novel Writers Month heißt, kurz NaNoWriMo. Ein besonderer Teil davon, das Young Writers Program, heißt schon junge Schüler und Schülerinnen in einem Internetclub willkommen, die sich als Schriftsteller versuchen möchten oder einfach nur dieser leidenschaftlichen Gemeinschaft beitreten wollen.

Unser älterer Sohn hat bereits mit acht Jahren begonnen, die Zeitung oder Wochenmagazine wie *Spiegel* oder *Focus* zu lesen. Nicht immer der richtige Lesestoff für einen so jungen Menschen. Wir mussten aufpassen, was er liest, und eingreifen, wenn uns die Thematik des Artikels so gar nicht altersgerecht erschien. Dieses Lesen über reale Themen der Welt war aber nachhaltig wirkungsvoll, um vieles in der Welt besser zu verstehen und dann auch erklären zu können und um die sprachliche Entwicklung voranzutreiben.

Ältere Schüler und Schülerinnen interessieren sich oft für

Business, wissen aber nicht, was das wirklich bedeutet – wie können sie auch! Hier helfen Autobiografien mit dem, wie Marlena Corcoran es nennt, »You are there Feeling«. Die Jugendlichen tauchen in das Leben der erfolgreichen oder auch weniger erfolgreichen Geschäftsmänner und -frauen ab, erfahren durch sie die Höhen und Tiefen einer Karriere und erleben, was es bedeutet, dieses Leben zu führen, und vor allem wie und warum sie erfolgreich werden konnten.

Marlena Corcoran empfiehlt auch Lernspiele, wie zum Beispiel www.freerice.com, ein kostenloses Online-Spiel, das den englischen Wortschatz testet. Es ist für alle Altersgruppen geeignet, denn Kinder verbessern durch die Spielteilnahme ihr Sprachverständnis, und Jugendliche üben für den SAT, den ACT oder den TOEFL-Test. Dieses Sprachprogramm passt sich an das jeweilige Sprachniveau des Nutzers an und steigert den Schwierigkeitsgrad mit kontinuierlichem Fortschritt. Für jedes korrekt definierte Wort spendet Free Rice zehn Reiskörner an das World Food Programme der Vereinten Nationen und belohnt zugleich das soziale Gewissen des fleißigen Nutzers.

Fakt ist, mit der Teilnahme an Wettbewerben kann man in den USA besonders punkten. Und ich spreche nicht nur von sportlichen Turnieren oder Wettkämpfen. In Internationalen Schulen wird die Teilnahme an Mathematikwettbewerben ermöglicht und gefördert, an deutschen Schulen ist das eher unbekannt. Aber gerade Mathematik genießt an den Top-Universitäten einen besonders hohen Stellenwert. Unser jüngerer Sohn kam im Rahmen seiner Universitätsbewerbung unter anderem auf die Warteliste der Wharton Business School, wo meist nur ein Deutscher oder eine Deutsche pro Jahr aufgenommen werden. Ich erzähle das deshalb, weil viele Kinder Economics oder Business studieren wollen und dabei nicht ahnen, wie viel Mathematik auf sie zukommt und auch wie gut sie in diesem Fach sein müssen. Whartons Hauptschlagader ist Finance (Finanzwissenschaften) und damit die quantitative

Analyse, aber eben nicht nur, um skeptische Stimmen zu beruhigen! Whartons Vision und Mission ist die von wirtschaftlicher und sozialer Führung (Economic and Social Leadership).

Wie kann also Ihr Kind, das sich vielleicht in den Kopf gesetzt hat, in Wharton zu studieren und Banker oder Trader zu werden (ein oft geäußerter Wunsch besonders unter jungen Männern), zeigen, dass es sich dieser Vision verpflichtet fühlt und diese auch umsetzen und im Bewerbungsprozess präsentieren kann? Ihr Sohn oder Ihre Tochter möchte Interesse und Begabung für das Finance-Studium unter Beweis stellen und gleichzeitig ist es für Ihren Sohn oder Ihre Tochter wichtig, sich sozial zu engagieren und auch das in einer Bewerbung präsentieren zu können. Genau darum geht es!

Wenn Sie also in der achten oder neunten Klasse erkennen, dass Ihr Kind in Mathematik über eine gewisse Begabung und Affinität verfügt, fördern Sie Ihr Kind und machen diese Förderung sichtbar, indem Sie die Teilnahme an Programmen, Turnieren oder Wettbewerben anregen und ermöglichen.

Das zweite Bein der Bewerbungsstrategie speziell für Wharton müsste dann im sozialen Sektor stehen, um dem Anspruch des Leitbildes Genüge zu tun. Wie man das angehen sollte, weiß ein erfahrener Universitätsberater. Dieser wird nicht nur versuchen, Ihr Kind zu seinen besten SAT-Mathematics-Scores zu führen, sondern er wird auch versuchen, Ihr Kind zu sozialem Engagement zu motivieren. Im besten Fall weiß der Universitätsberater, worauf Wharton Wert legt, und kann die weitere Vorgehensweise entsprechend strukturieren und begleiten. Und wenn Ihr Kind eine Idee hat, eine verrückte Idee vielleicht? Ermutigen Sie jede soziale Initiative, denn aller Anfang ist schwer.

Allein unter der Rubrik Contests for Teenagers finden Sie im Internet 152 000 Einträge! Es gibt also nichts, was nicht angeboten wird! Manche Wettbewerbe sind nur für die USA und Kanada ausgeschrieben, aber es gibt eine Fülle von Angeboten, die international gelten, und an diesen können natürlich auch deutsche Kinder und Jugendliche teilnehmen, die die englische Sprache beherrschen und noch verbessern wollen. Auf diese Weise kann Ihr Kind seine Leidenschaften entdecken. Es lernt, ein Projekt zu gegebener Zeit fertigzustellen, und erhält eventuell während des Entwicklungsprozesses Führung und Unterstützung durch die jeweils ausschreibenden Institutionen. Warum also nicht kreativ sein und über die Schulaufgaben hinaus etwas leisten, etwas schaffen und es auch öffentlich machen!

Ich möchte noch einmal zusammenfassen, worauf es ankommt und was von den wenigsten deutschen Schulen vermittelt wird:

- Wo und wie Kinder und Jugendliche lernen, sich spielerisch und positiv mit anderen zu messen,
- wo und wie sie ihre Stärken und Schwächen erkennen ohne Angst vor negativen Konsequenzen,
- wo und wie sie schon früh beginnen, sich selbst zu reflektieren und sich sozial zu engagieren, und
- wo und wie sie lernen, wie sie ihre bisherigen und frühen Errungenschaften mit gesundem Selbstbewusstsein vertreten und präsentieren.

## Passe ich zu meiner Universitätsauswahl?

Grundsätzlich gilt für alle Anstrengungen, die unternommen werden: Sie müssen dem Zweck dienen, Ihr Kind in die für sie oder ihn optimal geeignete Universität zu bringen. Stellen Sie nicht Prestige oder Exklusivität einer Universität in den Vordergrund, sondern vor allem und zuerst die Eignung Ihres Kindes für seine Universitätsauswahl. Denn darauf legen auch die Universitäten und Colleges den größten Wert.

Oft antworten vor allem Schüler auf die Frage, warum sie sich in Princeton oder Yale bewerben wollen, mit der lapidaren Antwort, weil es eine Ivy-League-Schule ist. Natürlich können Sie es einfach drauf anlegen, an einigen dieser Universitäten der engsten Auswahl angenommen zu werden, aber aus persönlicher Erfahrung kann ich nur bestätigen, dass mein älterer Sohn Alexander besser nach Stanford als an die University of Chicago passt und dass mein jüngerer Sohn Frederic mit Chicago die für sich optimale Wahl getroffen hat. Und ich kann nur immer wiederholen, wie viele US-Universitäten und Colleges es gibt, die bei uns völlig unbekannt sind, die aber international einen hervorragenden Ruf genießen und von den Eltern und Schülern angesichts mangelnder Information überhaupt nicht in Betracht gezogen werden.

Es ist immer wieder faszinierend zu sehen, wie gut die Universitäten und Colleges darin sind, die Bewerber und Bewerberinnen auszuwählen, die am besten zu ihnen passen und die somit auch eine zufriedene und erfolgreiche Zeit an der Universität oder an dem College verbringen werden. Dabei beachten sie auch die Passung der Studenten mit der Kultur, dem Klima und den Werten der jeweiligen Universität, die Akzeptanz der gebotenen Strukturen, Organisationen, Ämter, Clubs oder Partys, die Zustimmung zu Campus, Gebäuden und Umland.

Eine weitere Besonderheit an amerikanischen Universitäten schafft eine grundsätzlich positive Voraussetzung für eine gegenseitige Passung von Universität und Student: Die ersten beiden Collegejahre erfordern nicht zwingend die Wahl eines sogenannten Majors, eines Hauptfaches, und so hat der Student oder die Studentin eine größere Chance, in den ersten beiden Studienjahren seine oder ihre spätere Studienausrichtung im Rahmen des Fachangebots der besuchten Universität so oft zu überdenken und zu ändern, bis der richtige Weg gefunden ist. Dieses relative flexible Ausprobieren unterschiedlicher Fachgebiete ermöglicht, dass junge Menschen reifen dürfen und die für sie passende fachliche Ausrichtung nicht sofort bei Studienbeginn festlegen müssen.

Man sollte wissen, dass der Aufwand, der für einen Transfer von einer amerikanischen Universität auf eine andere betrieben werden muss, genauso groß ist wie die ursprüngliche Bewerbung selbst. Deshalb gilt diese Möglichkeit eher als Ausnahme und wird vor allem von Studenten wahrgenommen, die von einer staatlichen Universität auf eine private Institution unter Inanspruchnahme eines Stipendiums wechseln möchten. Dieser Weg ist oft ein sehr schwieriger Weg und mit großer Anstrengung verbunden.

Umso wichtiger ist es, sich von Anfang an bewusst zu machen, dass Ihr Kind und seine Universität zusammenpassen sollten.

# Der Bewerbungsprozess

Die Tochter von Bekannten, die immer eine wirklich sehr gute Schülerin war, nahm ihr Abitur vielleicht ein bisschen zu locker. Die Abiturnote war sehr gut, aber nicht ausgezeichnet. Sie hatte sich aber in den Kopf gesetzt, an einer ganz bestimmten Ivy-League-Universität angenommen zu werden.

Sie begann, in den SAT-Übungsbüchern zu blättern und vor dem einzigen Test, den sie schrieb, ein bisschen zu üben, sie erledigte ihre SAT-Subject-Tests ebenfalls ohne großen Aufwand und landete punktemäßig immer wieder ... im unteren Mittelfeld! Sie benahm sich einfach so, wie es Schüler bei uns gern tun, ein bisschen zu lässig. Denn wie wir bereits festgestellt haben, kennen unsere Kinder echten, harten Wettbewerb nicht und unterschätzen daher immens das Leistungsniveau, das sie erbringen müssten.

Ihre Eltern konnten oder wollten den Bewerbungsprozess nicht begleiten, einen Universitätsberater gab es nicht. Auch ihre eingereichten Essays entsprachen nicht den Anforderungen, denn sie wurde an keiner einzigen Universität, an der sie sich bewarb, aufgenommen. Und das ist sicherlich ein Ergebnis, das man niemandem wünscht.

Was also braucht es, abgesehen von der richtigen Einstellung, um den Bewerbungsprozess für eine Universität in den USA erfolgreich zu gestalten? Welche Aufgaben muss man erfüllen und vor allem wie?

In den USA gibt es keine zentrale staatliche Vergabestelle für Studienplätze wie in Deutschland. Jede Universität ist ein eigener Kosmos mit eigenen Regeln und Anforderungen, egal ob privat oder staatlich. Und es gibt immer Ausnahmen von der Regel!

Was es gibt, ist die sogenannte Common Application (»normale Bewerbung«, www.commonapp.org), eine Online-Bewerbungsplattform, die sehr viele Universitäten akzeptieren, auch die großen. Möchte man sich bewerben, muss man sich dort anmelden und sein Profil hinterlegen. Dann muss man alle geforderten Informationen eingeben wie Noten, Auszeichnungen, außerschulische Aktivitäten, Empfehlungsschreiben, den Hauptaufsatz (Personal Statement), den man für die Bewerbung schreiben muss, aber auch die jeweils speziell von den Universitäten eingeforderten Zusatzaufsätze (Essays). Um die speziellen Anforderungen zu erfahren, muss man die jeweilige Universität anklicken. Es gibt Universitäten, die nichts auf der Common App veröffentlichen, sondern nur auf ihrer speziellen Internetseite, wie zum Beispiel das Massachusetts Institute of Technology (MIT).

Die große Individualität der Universitäten in den USA äußert sich auch darin, dass man zum Beispiel nicht für alle Universitäten SAT- oder ACT-Noten nachweisen muss, nicht alle Universitäten verlangen die Absolvierung von Interviews oder die Zusendung von Empfehlungsschreiben.

Es gibt auch keine zeitlich vorgegebene Reihenfolge für das Schreiben der SAT-Tests und der Aufsätze, wenn sie für die Bewerbung erforderlich sind. Natürlich gibt es allgemeingültige Fristen für das Einreichen der Bewerbung, aber auch die können je nach Universität leicht variieren, wenn die Common App nicht angewandt wird. Wichtig ist, dass man alles, was verlangt wird, nicht glaubt, auf den letzten Drücker erledigen zu können. Im Großen und Ganzen zieht sich die Bewerbung über einen längeren Zeitraum (circa zwei Jahre) hin, und dies erfordert ein gutes persönliches Zeitmanagement. Es ist nicht so, dass man zuerst Aufgabe eins, dann zwei, dann drei zum Zeitpunkt X, Y oder Z abwickeln kann, sondern man verfolgt über lange Zeit eine Bewerbungs- und Vermarktungsstrategie, deren Bestandteile wie die SAT- oder ACT-Tests, Bewerbungsaufsätze, aber auch Wettbewerbe, gute Noten und Auszeichnungen, außerschulische Aktivitäten, Empfehlungsschreiben parallel umgesetzt werden müssen. Bei all diesen Erfordernissen kann ein Universitätsberater helfen.

## SAT oder ACT – die Qual der Wahl

Für die Bewerbung an den meisten Universitäten und sicherlich für die Top-Universitäten in den USA muss man den sogenannten SAT (Scholastic Aptitude Test) oder ACT (American College Test) ablegen. Beides sind Tests, die die Studierfähigkeit von Bewerbern für das Bachelor-Studium in den USA prüfen, und beide Tests sind zu absolvierende Abschlussexamen an amerikanischen Highschools. Man muss sich also zunächst einmal entscheiden, ob man für den SAT oder für den ACT üben möchte.

Letzterer wird eher im Landesinneren der Vereinigten Staaten und an der Westküste abgefragt und hat sich dort als Pendant zum SAT etabliert. Der standardisierte SAT wird traditionell an der Ostküste geschrieben und besteht aus zwei Teilen. Zum einen aus dem SAT-Reasoning-Test, der verbale und mathematische Fähigkeiten in den Bereichen Mathematics und Evidence Based Reading and Writing abfragt, zum anderen aus bis zu drei SAT-Subject-Tests, die das Wissen in Einzelbereichen, wie zum Beispiel in Geografie, Fremdsprachen, Physik oder Biologie, abfragen. Pro Fach kann eine maximale Punktzahl von 800 erreicht werden. Für den SAT-Reasoning-Test sind es seit Kurzem 1600 Punkte. Bis dahin war die höchste zu erreichende Punktzahl 2400.[12] Ob die SAT-Subject-Tests zusätzlich zum SAT-Reasoning-Test erbracht werden müssen, hängt von den Anforderungen der jeweiligen Universität ab.

Der ACT ist dem SAT ebenbürtig und enthält im Gegensatz zum SAT nicht ausschließlich Multiple-Choice-Fragen in den Bereichen Englisch und Mathematik, sondern er fordert zu einem gewissen Teil auch die Beantwortung in Schriftform. Der ACT-Test misst die analytischen Fähigkeiten der Bewerber in den Bereichen Mathematik, Critical Reading und Writing und prüft zusätzlich naturwissenschaftliche Kenntnisse mit einer maximalen Punktzahl von insgesamt 36 Punkten. Auch hier gibt es seit Herbst 2016 für einen Teilbereich eine veränderte Punktzahl. Beide Tests werden alle paar Wochen in Testzentren abgehalten, die von Region zu Region variieren, oft aber in Internationalen Schulen stattfinden. Dort kann man die Tests so oft wiederholen, wie man möchte. Die Anmeldemodalitäten findet man unter www.collegeboard.org. Der erste Schritt, an den Tests teilzunehmen, ist die Anmeldung auf dieser Plattform.

Die vom Bewerber erreichte Punktzahl ist für die meisten, vor allem für die besten Universitäten und Colleges, ein sehr wichtiges Auswahlkriterium. Je höher die Punktzahl, desto besser. Wenn man im Internet die Punktzahlen von erfolgreichen Bewerbern sichtet, sieht man, dass die erfolgreichen Top-20-Bewerber meist über 2000 SAT-Punkte hatten (dies gilt natürlich nur für die 2400-Punkte-Regelung beim SAT). Beim ACT liegt das kritische Niveau bei 32 oder 33 Punkten.

Es gibt mittlerweile auch Bestrebungen, diese Tests bei der Auswahl der Bewerber unter den Tisch fallen zu lassen, wie zum Beispiel an der New York University in Downtown Manhattan, doch das sind nur einige wenige Universitäten. Manche Universitäten und Colleges sind der Meinung, dass diese Tests die Eignung eines Kandidaten nicht ausreichend widerspiegeln. Doch sollte man da vorsichtig sein und sich nicht grundsätzlich darauf verlassen, denn Universitäten ändern von Jahr zu Jahr ihre Aufnahmekriterien.

Grundsätzlich sollte man den SAT- oder ACT-Test nicht unterschätzen und rechtzeitig mit dem Üben beginnen. Um auf eine Punktzahl zu kommen, die dem Niveau von Ivy Leagues und anderen sehr guten Universitäten und Colleges entspricht, braucht man ein bis zwei Jahre. Richtig gehört! Diesen Test macht man nicht mal so hopplahopp nebenbei, nur weil man auf dem Gymnasium ist.

Amerikanische Kinder fangen oft schon in der neunten Klasse mit dem Üben an, weil es eben nicht so leicht ist, auf mehr als 2000 Punkte beim SAT-Reasoning-Test oder auf mehr als 32 Punkte beim ACT zu kommen. Gerade in Englisch unterschätzen viele deutsche Schüler den Schwierigkeitsgrad, der abverlangt wird, und verwechseln den SAT oder ACT gern mit dem sogenannten TOEFL-Test – einem offiziell anerkannten und standardisierten Sprachtest, der die englische Sprache von Nicht-Muttersprachlern prüft und als Zulassungsvoraussetzung für viele Universitäten in den USA gilt. Hier ist die Höchstpunktezahl 120. Der TOEFL-Test hat im Vergleich zum SAT und ACT einen eher administrativen Stellenwert, da er im Vergleich mit dem SAT oder ACT sehr leicht ist und daher nur mittelbar mit dem konkreten Bewerbungsprozess zu tun hat. Jeder, der den SAT oder ACT gut bis sehr gut ablegt, macht den TOEFL-Test problemlos.

Ebenfalls nicht unterschätzen sollte man die Subject SAT-Tests, aus deren Prüfbereichen man für die Bewerbung an Top-Universitäten bis zu drei unterschiedliche Testbereiche auswählen muss.

Hier kann es gut passieren, dass man für einen Subject SAT-Test neuen Stoff lernen muss, der in deutschen Schulen nicht behandelt wird, nicht Teil der Abiturvorbereitung ist und auch nicht Bestandteil des allgemeinen SAT- oder ACT-Tests ist.

Das Üben für den SAT oder den ACT ist für alle Bewerber, also auch für die deutschen oder internationalen Abiturienten, eine große Herausforderung, denn es muss zeitgleich neben den letzten beiden Schulklassen absolviert werden.

Der Universitätsberater kann, was Inhalt und Zeit betrifft, in zweierlei Hinsicht helfen. Zum einen führt er oder sie Ihr Kind durch den Dschungel der Vorbereitung: Wie lerne ich für diese Tests? Worauf kommt es an? Wie übe ich am effizientesten? Wann mache ich welchen Test, und vor allem: Bin ich besser im SAT oder liegt mir der ACT mehr? In welchen Subject Tests habe ich die besten Chancen auf eine sehr hohe oder sogar volle Punktzahl? Und wann nehme ich an den offiziellen Tests teil (www.athena-mentor.com)?

Grundsätzlich empfiehlt es sich, so früh wie möglich die Wahl des Tests zu treffen und mit dem Üben für diesen Test zu beginnen, denn zum einen kann man sich in der Wahl irren und dann noch rechtzeitig umschwenken, zum anderen werden im Laufe der Zeit alle potenziellen Teilnehmer besser, und es zeigt sich, dass es zu einem späteren Zeitpunkt innerhalb des Testzeitrahmens schwieriger wird, eine Verbesserung seiner Punktzahl zu erreichen, als zu einem früheren Zeitpunkt, wenn die meisten Kandidaten und Wettbewerber noch schwächer und ungeübter sind!

Man sollte so viele Übungstests wie möglich schreiben. Unsere Jungs haben etwa sechs offizielle Tests geschrieben, für die man sich anmelden muss, und noch zu Hause einige Tests, die sie dort unter Testbedingungen geschrieben haben. Die SAT- und ACT-Tests kann man bis zur Bewerbungsannahme am 31. Dezember eines jeden Jahres unter Beachtung der angegebenen Fristen so oft wie möglich oder gewünscht wiederholen. Viele erfolgreiche Bewerber haben bis zu acht oder zehn Übungstests geschrieben. Es gibt eine Unzahl an dicken Übungsheften, die man im Internet bestellen kann und die man im Laufe der Vorbereitungszeit durcharbeiten muss. Dazu gibt es auch Lernkarten und anderes Übungsmaterial, das bei der Vorbereitung hilft. Auf der Webseite www.collegeboard.org kann man sich einloggen und seine Punkte des letzten Tests abfragen und so überprüfen, wie man steht.

Die Webseiten der jeweiligen College Admission Offices der Universitäten und Colleges veröffentlichen eine Fülle zusätzlicher Informationen, wie zum Beispiel, welcher Prozentsatz ihrer erfolgreichen Bewerber eine Punktzahl von 800 in den Subject SATs hatte und wie viele nur 650 bis 690 Punkte erreichten. Warum hilft das weiter? Ganz einfach, liegt man darunter, ist das ein klares Signal, dass man besser werden muss, also möglichst noch viele Tests absolvieren sollte, um die Punktzahl zu steigern. Liegt man darüber, kann man versuchen, noch besser zu werden, oder seinen Fokus verstärkt auf das Schreiben der Bewerbungsaufsätze konzentrieren.

## Bewerbungsessays schreiben

Für die Bewerbung an einer einzigen guten Universität müssen im Schnitt bis zu fünf sogenannte Essays (Aufsätze) geschrieben und im Rahmen des Bewerbungsprozesses bei der jeweiligen Universität eingereicht werden. Hierfür gibt es Aufgaben, die das College dem Bewerber stellt inklusive der genauen Angabe der Wortmenge, also der Länge des erforderlichen Aufsatztexts. Dies geschieht nicht in einem persönlichen Zuteilungsverfahren, sondern die Aufsatzthemen muss der Bewerber der Common Application oder der Internetseite der jeweiligen Universität entnehmen.

Das sogenannte Personal Statement (persönliche Stellungnahme) ist der Hauptaufsatz und wird an alle Colleges und Universitäten verschickt, an denen man sich bewirbt. Die Anzahl und die Art aller weiteren eingeforderten Essays hängt von der jeweiligen Universität ab. Und was die Universitäten fragen, hängt wiederum davon ab, worauf sie besonderen Wert legen.

Nun sind diese Fragen nicht so formuliert, dass man brav seine Hobbys oder Ferienerlebnisse aufzählen soll. Sie sind sehr viel subtiler und hintergründiger gestaltet und somit eine Herausforderung an den persönlichen Intellekt und die Tiefe der individuellen Selbstwahrnehmung.

Leider müssen auch diese Aufsätze in einem Zeitraum geschrieben und fertiggestellt werden, wenn für die meisten Schüler und Schülerinnen bei uns bereits die Abiturvorbereitung anläuft, im Zeitraum Oktober bis Dezember eines jeden Jahres.

Die wertvollste Erfahrung und Erkenntnis, die ich in dieser Zeit gewonnen habe, war: Jugendliche, die sich durch diesen Essay-Schreib-Prozess kämpfen, reifen in erstaunlicher Weise und in erstaunlichem Tempo! Die Schüler lernen, während sie die Essays schreiben, sich selbst zu reflektieren, ihre Fähigkeiten und Fertigkeiten zu definieren, ihre Selbsteinschätzung zu korrigieren, sich als Person bestmöglich darzustellen und zu erklären. Denn allein das Nachdenken über die gestellten Fragen regt ein tiefes Nachdenken an. Was würden Sie schreiben, wenn Ihnen jemand die Aufgabe gäbe:

- Was ist X?
- Was hast du gestern gemacht, vorgestern und den Tag davor?
- Beschreibe dich mit vier Worten!
- Welche interellektuelle Erfahrung hast du gemacht und wie hat sie dich beeinflusst?
- Schreibe einen Brief an deinen zukünftigen Zimmerkollegen!

Als Antwort auf diese Fragen können die Schüler eine mathematische Formel entwickeln, sie können Paradigmen vergleichen oder die Bach'schen Preludien ins Spiel bringen. Klingt seltsam? Ist es aber nicht, es ist nur ganz anders.

Bei uns gibt man wieder, was man gelernt hat. Die Universitäten wollen aber nicht wissen, ob man ein gutes Gedächtnis hat oder ob man verstanden hat, was man da schreibt. Davon gehen sie aus, das ist selbstverständlich. Sie wollen sehr viel mehr. Sie wollen, dass man weiterdenkt, dass man etwas erfindet, über den Tellerrand schaut, neu kombiniert oder weiterentwickelt. Sie wollen, dass man zeigt, wie tief man denken kann, wie mutig, wie originell, wie kreativ man ist.

Die Schüler können aber auch als Antwort auf die gestellten Aufsatzthemen eine Alltagsgeschichte einfach so sympathisch, fesselnd und witzig erörtern, dass sie das Interesse des Admission Officers für sich im Wettbewerb um den Studienplatz gewinnen. Und genau darauf kommt es an! Dass der Aufsatzschreiber heraussticht aus der Menge der Bewerber und in die nächste Auswahlrunde kommt.

An manchen Universitäten, auch an der University of Chicago, ist es erlaubt, dass man sich für einen der Essays ein eigenes Thema sucht und dieses mit 650 Worten erläutert. Eine Bewerberin hatte über ihren Familientisch im Esszimmer geschrieben. Unser Sohn Frederic wählte das Thema: »Wie könnte mein Verstand aussehen?« Ein anderer Bewerber hatte die Frage »Wo ist Waldo?« nach dem gleichnamigen Buch von Martin Handford aufgegriffen, hatte nach dem Sinn der Frage geforscht und seine Erkenntnisse auf seine persönliche Situation übertragen.

Das sind nur einige wenige Beispiele dafür, womit die Bewerber punkten können. Ich möchte damit zeigen, dass man das Schreiben der Essays nicht auf die leichte Schulter nehmen darf, dass ein genialer Essay hart erarbeitet werden muss und die Schüler oft wochenlang damit beschäftigt sind, die Vielzahl der Essays zu schreiben, die notwendig sind, wenn sie sich an mehreren Universitäten und Colleges bewerben.

Aus meiner Erfahrung würde ich sagen, dass sich Schüler im Schnitt an acht Universitäten bewerben (sollten), sodass der Arbeitsaufwand noch einigermaßen erträglich bleibt. Warum so viele? Das hängt auch davon ab, wo sich Ihr Sohn oder Ihre Tochter bewerben will. Je höher die Messlatte, desto schwerer ist es, angenommen zu werden. Bei acht Bewerbungen haben Sie eine Chance auf vielleicht zwei bis drei (vier)

Zusagen. Allerdings sollte man für jede Universitätsbewerbung extra Aufsätze schreiben, das Personal Statement ausgenommen, auch wenn sich die Essayfragen unterschiedlicher Universitäten zuweilen leicht überschneiden können. Die Universitäten analysieren jedes Jahr, ob die Bewerber dieselben Aufsätze für mehrere Universitätsbewerbungen verwenden oder abschreiben. Sie tun dies, indem sich Admission Officer der Universitäten an anderen Universitäten bewerben, um die Aufsatzthemen der anderen Schulen zu erfahren. Das ist ein sehr vernetztes System. Für manche Universitäten und Colleges sind die Essays wichtiger als andere Auswahlkriterien, und manche Colleges legen vielleicht mehr Wert auf Testergebnisse und Noten.

Auch hier kann der Universitätsberater Hilfestellung geben. Die meisten Kinder hatten während ihrer Schulzeit keinen Kurs für kreatives Schreiben (Creative Writing Course). Und es ist auch nicht so üblich, dass man lernt, sich darzustellen und zu vermarkten. Natürlich haben sie gelernt, Erörterungen zu schreiben, aber lange nicht in der erforderlichen Kreativität und Originalität. Sie wagen nichts, sie trauen sich nicht! Oft liefern sie schwülstige Texte oder viel zu komplizierte Sachverhalte ab (www.athena-mentor.com). Der Universitätsberater hilft zu verstehen, worauf es beim Schreiben ankommt. Er lehrt die Kinder, Oberflächlichkeit zu überwinden und individuelle Kreativität zu entdecken, um den Aufsatz in Struktur, Inhalt und Vokabular zu perfektionieren. Und das Endergebnis ist in den meisten Fällen hart erarbeitet, denn auch das Englischvokabular wird während dieses Lernprozesses sowohl in Qualität als auch in Quantität um ein Vielfaches verbessert und erweitert. Die Schüler sitzen mehrere Wochen lang nach der Schule da und schreiben an ihren Essays, sie müssen berichtigen und verbessern. Sie feilen an ihren Ideen, Sätzen und Strukturen. Sie optimieren Stil und Eloquenz und lernen so, sich in bis dahin ungeahnten Facetten zu präsentieren.

## Letters of Recommendation

Jede Bewerbung verlangt nach zwei oder mehr Empfehlungs-schreiben, den Letters of Recommendation, meist von Lehrern der Schule geschrieben, die man besucht.

Es ist wichtig, diese Lehrer nicht in letzter Minute vor dem Abgabetermin der Bewerbung um diesen Gefallen zu bitten, denn ein gut geschriebenes Empfehlungsschreiben ist ein Stück Arbeit, das der jeweilige Lehrer in seiner Freizeit leisten muss.

Beliebte Lehrer werden oft gegen Ende der elften Klasse da-rum gebeten, allerdings empfehle ich, damit den Beginn der zwölften Klasse abzuwarten, da sich erfahrungsgemäß wäh-rend der Ferien einiges tut. Vielleicht gibt es Erfahrungen aus einem Praktikum oder anderweitigen Projekten oder die Anforderungen der Universität haben sich geändert. Auf alle Fälle empfiehlt es sich auch hier, rechtzeitig beim ausgewähl-ten Lehrer vorzusprechen (www.athena-mentor.com).

Lehrer der Internationalen Schule kennen dieses Muss ei-ner Bewerbung an einer amerikanischen Universität. Lehrer an deutschen Schulen tun sich damit vielleicht schwerer, weil sie keine Erfahrung mit ausländischen Universitäten haben oder des Englischen nicht so mächtig sind. Oft müssen die Empfeh-lungsschreiben daher noch übersetzt werden, was eine gewisse Zeit in Anspruch nimmt. Zuletzt müssen sie in die sogenannte Common Application hochgeladen werden, und auch damit ist nicht jeder Lehrer vertraut.

Welcher Lehrer für die jeweilige Bewerbung geeignet ist, er-gibt sich aus der Bewerbung selbst, der beworbenen Universi-tät und aus den persönlichen Stärken des Bewerbers. Manch-mal werden auch sehr spezifische Empfehlungsschreiben angefragt oder bei internationalen Bewerbern auch gern Emp-fehlungen von Englischlehrern, um die sprachliche Begabung zu bewerten.

Der Universitätsberater kann auch hier Hilfestellung leisten, Tipps geben und gute Ratschläge erteilen.

Wichtig ist es auch hier, die richtige Perspektive einzunehmen, denn es kommt nicht vornehmlich darauf an, dass der gefragte Lehrer einen mag, sondern dass die persönliche Studieneignung des Bewerbers klar herausgestellt wird.

Marlena Corcoran empfiehlt deshalb auf ihrer Webseite www.athena-mentor.com für Bewerber und Lehrer, die so ein Empfehlungsschreiben verfassen sollen, die folgende Vorgehensweise:

- Den Lehrer im Vorfeld so genau wie möglich informieren. Der Schreiber tut sich leichter und kann überzeugender argumentieren, wenn er weiß, für welche Studienrichtung sich der Schüler bewirbt, als wenn es sich um eine allgemeine Universitätsbewerbung handelt.
- Der Schüler sollte dem Lehrer genau erklären, warum er sich gerade an dieser Universität bewerben möchte.
- Der Schüler kann dem Lehrer helfen, Informationen zusammenzustellen: Was hat der Schüler geleistet, was kann er vorweisen, wo, wann und wie hat er im Unterricht geglänzt oder mit einer sehr guten Arbeit beeindruckt?
- Und zuletzt sollten alle Schreiber voneinander wissen, denn nur so können sie ihre Empfehlungsbriefe aufeinander abstimmen und optimal ausbalancieren, damit das Gesamtpaket »Empfehlung« die maximale Bandbreite abdeckt.

## Interviews mit Alumnis

Was ebenfalls stattfindet, allerdings nicht zwingend an jeder Universität oder jedem College, sind Interviews mit ehemaligen Absolventen, den sogenannten Alumnis. Amerikanische Universitäten und Colleges nutzen ihr Netzwerk der Ehema-

ligen und engagieren sie als erste Instanz auf der Bewerbungs-
leiter, wenn ein grundsätzliches Interesse der Universität am
Bewerber besteht.

Leider heißt das auch nicht mehr. Es ist definitiv nicht so,
dass die gesamte Bewerbung vom Ausgang des Interviews abhängt. Und ein Alumni-Interview ist auch nicht das Ergebnis
einer Vorauswahl. Man kann es als weitere Möglichkeit verstehen, etwas zu glänzen (*Time to Shine*)!

Die Alumnis kontaktieren den Bewerber oder die Bewerberin circa zwei Monate nach dem Einreichen der Bewerbungsunterlagen, vereinbaren ein Treffen vor Ort, wenn sie in derselben Stadt oder Region leben, und halten ein Interview ab, das
den Vorgaben folgt, die sie erhalten haben und die hinsichtlich der Beurteilung für alle Interessenten gleich sein sollen. Es
kann auch sein, dass ein Skype-Interview geführt wird oder der
Schüler für Interviews sogar in die USA fliegen soll – abhängig
von der Universität und den jeweiligen Bewerbungsanforde-
rungen.

Im Anschluss an das Interview sprechen die Alumnis eine
Empfehlung aus und geben diese an das Admission Office der
Universität weiter.

Ob man sich auf das Interview vorbereiten muss, hängt von
der jeweiligen Universität ab. Einen unmittelbaren Zusammenhang zwischen einem vermeintlich gelungenen Interview und
der Aufnahme an die Wunschuniversität konnte ich in all den
Jahren, in denen ich mich mit Universitätsbewerbungen in den
USA beschäftigt habe, nicht feststellen. Auch wenn man sich
sehr sympathisch ist oder ein wirklich angeregtes Gespräch
geführt hat, bedeutet dies nicht, dass die Bewerbung »in tro-
ckenen Tüchern« ist. Nur das Admission Office entscheidet.

Zumindest schadet ein Alumni-Interview nicht, sondern es
hilft Ihrem Sohn oder Ihrer Tochter zu verstehen, ob er oder
sie sich an der für ihn oder sie richtigen Universität bewirbt.
Das Interview ist für den Bewerber oder die Bewerberin auch

die Chance, den Alumni zu befragen, und manchmal stellt man fest, dass man die völlig verkehrten Vorstellungen hatte oder ungenügend informiert war. Die Interviews finden circa zwei Monate nach dem Einreichen der Bewerbungsunterlagen statt.

## Fristen und Termine einhalten

Was hier zählt ist: rechtzeitig, rechtzeitig, rechtzeitig! Michail Gorbatschow soll in einem Gespräch mit Erich Honecker im Herbst 1989 gesagt haben: Wer zu spät kommt, den bestraft das Leben! Und diese Erfahrung gilt auch für den Prozess der Bewerbung und für alle damit verbundenen Aufgaben und Arbeiten.

So ist es zum Beispiel sehr schwer, auf eine optimale Punktzahl in den SAT- oder ACT-Prüfungen zu kommen, wenn man drei Monate vor dem letztmöglichen Testtermin mit dem Üben beginnt. Man muss schon überragend intelligent und leistungsstark sein, um die verpasste Übungszeit von bis zu zwei Jahren aufholen zu können. Sollte man sich in dieser zeitlich ungünstigen Situation befinden, empfiehlt es sich, ein Gap-Jahr einzulegen, um sich ausreichend für die Prüfungen vorbereiten zu können, die man nicht nur einmalig, sondern möglichst oft als Testläufe absolvieren sollte.

Der Bewerbungsprozess findet für jede Universität online statt, und es gilt, die Unterlagen vollständig und ohne Fehler zum vorgegebenen Abgabezeitpunkt abzuschicken. Selbst kleine und in den Augen des Betrachters unwichtige Fehler können dazu führen, dass die Bewerbung nicht angenommen wird und somit die ganze Arbeit umsonst war. Da reicht schon ein kleiner Tippfehler in einem mehrteiligen Nachnamen.

Über die Vorgehensweise der sogenannten Early-Decision-Bewerbung (Frühe Entscheidung) informieren die Internetsei-

ten der Colleges und Universitäten oder der Universitätsberater. Hier kann man sich bewerben, wenn man wirklich nur an
dieser einen Universität studieren möchte. Der Termin liegt etwas früher, als es die allgemeine Bewerbungsfrist vorschreibt,
wobei man sich im Falle der Akzeptanz der Bewerbung verpflichtet, die Wahl anzunehmen. So wurden in den letzten Jahren circa 40 Prozent der Early-Decision-Bewerbungen an der
Columbia-Universität akzeptiert.

Bei der sogenannten Early-Action-Auswahl, zum Beispiel
in Harvard, darf man sich ausschließlich nur dort bewerben,
muss aber nicht akzeptieren, wenn man angenommen wird.

Auch das Thema Warteliste spielt hier eine Rolle. Wenn
man bei Early Decision und Early Action abgelehnt wurde,
kommt man in den regulären Auswahlprozess. Bekommt man
in der Regular Round (regulären Runde) weder Zu- noch Absage, kommt man auf eine Warteliste – was aber eher selten geschieht. Natürlich ist es nicht schön, nur auf der Warteliste der
Universität zu landen. Aber gerade dann sollte man die Zeit
nutzen, die sich durch die erneute Fristsetzung ergibt, und um
die Aufnahme an der Wunschuniversität kämpfen. Man sollte
seine Bewerbung noch einmal durchgehen und überlegen, ob
es noch weitere Gründe gibt, warum man wirklich gut zu dieser Universität oder an dieses College passt. Gibt es in der Zwi-
schenzeit neue Erkenntnisse oder Errungenschaften, die man
dem Admission Office der Universität mitteilen kann? Auf alle
Fälle sollte man die bevorzugte Universität schnellstmöglich
besuchen und anschließend ein zusätzliches Bewerbungs-
schreiben an die Universität schicken. Ist dies nicht möglich,
sollte man auf alle Fälle einen leidenschaftlichen Brief an das
Admission Office schreiben, in dem man erklärt, wie sehr man
aufgenommen werden möchte und dass man ein Angebot
sofort akzeptieren würde, falls es ausgesprochen wird. Der
Hinweis, dass man ein Angebot sofort akzeptieren wird, ist
immens wichtig. Die Universitäten und Colleges überbuchen

meist, denn sie wissen, dass eine gewisse Prozentzahl an Bewerbern ihr Angebot nicht annehmen wird. Wenn also die zweite Auswahlrunde läuft, möchten die Universitäten und Colleges Treffer landen und nicht abgelehnt werden, zumal alle Universitäten und Colleges ihre Trefferquote, das heißt die Prozentzahl der von Bewerbern akzeptierten Angebote, veröffentlichen. Was die Zahl der abgelehnten Angebote betrifft, möchte jede Universität natürlich mit einer möglichst kleinen Zahl punkten! Was auch immer man tut, wichtig ist, größtmögliches Interesse zu zeigen.

Nicht unterschätzen darf man die Tatsache, dass sich die Bewerber meist an bis zu acht Universitäten und Colleges beworben haben, eventuell an zwei, drei oder sogar vier Universitäten aufgenommen werden, aber nur eine Universität besuchen können. Damit wird deutlich, wie viel Bewegung in einer Warteliste sein kann, und das hat schon vielen geholfen, doch noch an ihrer Traumuniversität angenommen zu werden.

## Die Universitäten kennenlernen

Das ist, auch wenn es nicht so scheint, ein sehr wichtiges Kapitel, denn viele Schüler und Schülerinnen, die kundtun, gern in den USA studieren zu wollen, sollten sich im Voraus gut informieren. Oft mischt sich da eine etwas romantische Vorstellung vom amerikanischen Collegeleben mit dem Wunsch, in einer großen Stadt zu wohnen. Attraktiv sind natürlich New York City, Boston oder Los Angeles.

Sehr viele sehr gute Colleges und Universitäten sind jedoch mehrheitlich in anderen Regionen, und das Studentenleben spielt sich auf dem Campus ab. So zum Beispiel an der Brown-Universität, Providence, oder in Yale. Die Kleinstädte daneben sind entweder nicht sehr bedeutend oder schön und eben auch keine kosmopolitischen Großstädte. Dennoch lieben Brown-

Studenten ihre Universität über alles. Warum dies so ist, sollte man unbedingt im Voraus bei einem Besuch vor Ort erfahren, vor allem dann, wenn man selbst nur wenig USA-Erfahrung hat. Denn abgesehen von der Lage der jeweiligen Universität im Land sind die vielen Universitäten und Colleges der USA auch sehr unterschiedlich.

Die University of California, Berkeley, gilt bei uns beispielsweise nach wie vor als besonders gute Universität und ist auch lange nicht so teuer wie eine der privaten Top-Universitäten, denn sie hat einen öffentlichen Status. Das wiederum heißt aber, dass sie einen landes- beziehungsweise im Falle der USA einen staatenpolitischen Auftrag zu erfüllen hat, nämlich die Bildungsförderung der kalifornischen Jugend. Das wiederum bedeutet, dass an dieser Universität vorwiegend junge Menschen aus Südkalifornien studieren, die noch nie in Europa waren oder sich auch nur mit Europa beschäftigt haben. Wer also die Anbindung an europäischer geprägte Studenten möchte, sollte sich demnach lieber an der Ostküste bewerben.

Oder betrachten wir die Stanford University. Auch diese private Universität erfüllt mit großem Ehrgeiz das politische Ziel der Bildung Jugendlicher, die sich eine Universitätsausbildung eigentlich nicht leisten können. 50 Prozent der Bewerber erhalten zumindest ein Teilstipendium. Diese Mittel werden aus Spenden finanziert, die die Universität aus staatlichen und privaten Quellen erhält und einnimmt. Auch hier ist man manchmal weit weg von Europa. Hier zählt Diversity, nicht aber europäisches Kulturverständnis! Dafür bewegt man sich unter ausnehmend intelligenten und interessanten Menschen, die mit besonderen Begabungen den unternehmerischen Geist der »neuen Welt« vorantreiben und mit der »alten Welt« zu verbinden suchen.

Wer das nicht glaubt, sollte einmal hinfahren! Die Universität Stanford ist ein Erlebnis, der beeindruckende Campus und seine Magie suchen weltweit ihresgleichen.

Wenn man nicht die Möglichkeit hat, in die USA zu reisen, kann man sogenannte College Fairs (College-Messen) besuchen. Diese finden zum Beispiel an Internationalen Schulen statt. Alexander und Frederic besuchten auch die UK College Fair an der Ludwig-Maximilians-Universität in München. Sie konnten sich auf diese Weise einen guten Überblick über die Unterschiedlichkeit der Institutionen verschaffen und erste Eindrücke von Universitäten und Colleges sammeln.

## Universitätsbesuche zusammenstellen

Es ist schon ein bisschen Arbeit, sich über die Universitäten und Colleges zu informieren, die infrage kommen könnten. Nachdem man sich übers Internet, auf Messen oder beim Universitätsberater informiert hat, sollte man in einem zweiten Schritt die ausgesuchten Universitäten und Colleges besuchen. Das schützt vor falschen Entscheidungen, Enttäuschungen und unnötiger Arbeit. Nachteil dieser Vorgehensweise ist, dass man sich eventuell in »seine Universität« verliebt und bitter enttäuscht ist, wenn dann eine Absage kommt.

Man kann es aber auch anders machen: Wir haben zum Beispiel abgewartet, in welchen Universitäten unsere Jungs angenommen wurden, und haben erst dann die jeweiligen Universitäten besucht. Unsere Familie kennt Amerika gut und die Jungs waren auf der Internationalen Schule. Die Auswahl der beworbenen Universitäten war einschlägig und wir hatten beschlossen zu warten, an welchen Universitäten Alexander angenommen wird. Das waren Columbia, Yale und Stanford. Daraufhin unternahmen Vater und Sohn eine Bildungs- und Auswahlreise, was natürlich auch den Vorteil hat, dass man Zeit und Geld spart. Der Nachteil ist, dass der Zeitpunkt der Reise ziemlich ungünstig liegen kann, wenn der Besuch der Universitäten kurz vor dem Abitur stattfinden muss.

Nach dem Besuch der drei Universitäten war klar, wo unser Sohn Alexander sein Studium absolvieren wird. Bis heute hat er seine Entscheidung nicht bereut. Die Universität von Stanford war seine Wahl, diese Universität wird sein lebenslanges Netzwerk sein, sie hat ihn gebildet und geformt, und diese Identifikation mit seiner Alma Mater wird ihn ein Leben lang begleiten.

Dasselbe Auswahlverfahren hat unser jüngerer Sohn Frederic mit seinem Vater absolviert. Auch er hatte drei Universitäten zur Auswahl und konnte seine vorweggenommene Entscheidung für die University of Chicago auf diese Weise festigen und bestätigen.

# Finanzielle Unterstützung

Diese Frage wird fast alle beschäftigen, die ernsthaft mit dem Gedanken spielen, in den USA zu studieren. Studieren in den USA ist nicht umsonst und kostet im besten Fall nur die Gebühren für eine staatliche Universität.

Wenn wir aber das Ranking von amerikanischen Colleges und Universitäten in Betracht ziehen, sehen wir leider, dass alle Schulen im Top-20-Bereich bis auf die University of California, Berkeley, in privater Hand sind, und das heißt schlichtweg sehr hohe Studiengebühren pro Jahr, die von den Studenten und ihren Familien bezahlt werden müssen.

Während ich dieses Buch schrieb, habe ich vier deutsche Studenten und Studentinnen an amerikanischen Universitäten kennengelernt, die von ihren Universitäten Stipendien erhielten. Drei von ihnen erklärten sich spontan bereit, meine Fragen zum Thema Bewerbungsprozess und Stipendium zu beantworten. Alle hatten erreicht, wovon viele Schüler und Schülerinnen bei uns träumen: die volle finanzielle Unterstützung an einer der besten Universitäten der Welt. Die drei Stipendiaten erzählten, dass sie tage- und nächtelang im Internet suchen mussten, bis sie ausreichend und richtig informiert waren – das möchte ich Ihnen gern ersparen.

Ich werde daher erst einmal ganz allgemein auf das Thema Financial Aid (finanzielle Hilfe) für und an amerikanischen Universitäten eingehen, um den wirklich Interessierten Mut zu machen und um zu zeigen, dass dieser Studienweg auch ohne die finanzielle Unterstützung der Eltern möglich ist.

In Deutschland sollen 20 Prozent der angebotenen Stipendien nicht abgerufen werden und folglich ungenutzt bleiben. Das wäre in den USA sicherlich undenkbar, denn der Bedarf an Voll- oder Teilstipendien ist infolge der hohen Studiengebühren immens. Der finanzielle Druck, der in den USA auf den Familien lastet, ist hierzulande unvorstellbar. Bereits 500 Euro Beitrag pro Semester führen in Deutschland zu Entrüstungsstürmen, und lieber nehmen wir hin, dass an Universitäten Dienstleistungen gestrichen werden oder verbesserte Studienbedingungen entfallen. Dafür haben wir Vorlesungen für tausend Hörer, veraltete Ausstattungen und runtergekommene Vorlesungssäle und Seminarräume.

Vor Kurzem sagte ein junger Mann zu mir: »Die Amerikaner nehmen doch für alles Kredite auf, sogar für Unis!« Diese Aussage zeigt, wie groß bei uns das Unverständnis und auch die Unkenntnis der dortigen Studienbedingungen sind. In den USA haben 2016 43 Millionen junge Amerikaner Studienkredite aufgenommen.

Bei uns zahlt der Steuerzahler die Universität, Studiengebühren gelten als unzumutbar. In den USA nehmen junge Leute oder deren Familien bis zu einer Viertelmillion Dollar Schulden auf sich, um an einem privaten College oder einer privaten Universität studieren zu können. »Amerikaner wachsen mit der Erfahrung auf, dass höhere Bildung Geld kostet ... rund 40 Millionen Amerikaner schlagen sich mit nicht abbezahlten Studentenkrediten herum«, schreibt die *FAZ* am 10. April 2016. Man muss sich das einmal vor Augen halten: Ein junger Mann und eine junge Frau treffen sich am College und heiraten nach ihrem Studium, wie es im Mittleren Westen oder im Süden der Vereinigten Staaten immer noch häufig und üblich ist. Beide haben keine Stipendien erhalten, sondern nur Bankdarlehen, die zurückgezahlt werden müssen. Zusammen haben sie demnach fast eine halbe Million Dollar Schulden, bevor sie ihren ersten Arbeitsvertrag geschlossen und eine Familie gegründet haben. Das ist natürlich ein Worst-Case-Szenario, aber leider auch sehr oft die Realität.

In den USA wird zwischen öffentlichen Universitäten, privaten Non-Profit-Hochschulen (dazu gehören die Ivy-League-

Universitäten) und Universitäten mit Gewinnabsicht unterschieden. Private Universitäten und Colleges ohne das Ziel, Gewinn zu machen, finanzieren die ungemein aufwendige, hervorragende und zudem sehr individuelle Ausbildung ihrer Studenten und Studentinnen mittels staatlicher Zuwendungen und durch großzügige Spenden und finanzielle Zuwendungen Dritter. Die sogenannten Endowment Funds (Stiftungsvermögen) der Universitäten garantieren das Überleben und Prosperieren der jeweiligen Universität, und nur mit ihrer Hilfe können Stipendien vergeben werden.

Es ist wohl so, dass die normalen jährlichen Studiengebühren in Stanford nur einen Teil der eigentlichen Kosten decken. Der ausstehende Rest muss mit Spenden und privaten Mitteln finanziert werden. Natürlich gibt es auch staatliche Forschungsgelder, aber alle Universitäten und Colleges sind auf die private Unterstützung ihrer Geldgeber und Alumnis angewiesen und sammeln mit großem Aufwand ununterbrochen Geld.

Geld ist für amerikanische Universitäten ein unendlich wichtiger Faktor, denn ausreichende Mittel ermöglichen die Existenz, die Exzellenz und vor allem die Vergabe von Stipendien. Amerikanische Universitäten können es sich nicht leisten, die Chance auf finanzielle Einnahmen zu vergeben, wie wir es bei uns angesichts moralischer Bedenkenträger und Sozialneider tun! Andererseits sind unsere Universitäten weit davon entfernt, von einem vergleichbaren Altruismus ihrer Ehemaligen und Unterstützer profitieren zu können. Amerikanische Universitäten sind stolz darauf, wenn sie dank ihrer Einnahmen und einer großen Spendenbereitschaft ihrer Alumnis möglichst viele Stipendien vergeben können. Die Universität Stanford hat im Jahr 2015 alle Rekorde geschlagen und 1,63 Milliarden Dollar gesammelt (Council for Aid to Education, www.money.cnn.com). Davon können unsere Universitäten nur träumen.

Im Gegensatz zu Deutschland, wo der Staat fast ausschließlich diese Aufgabe erfüllt, haben in den USA auch private amerikanische Universitäten denselben politischen Auftrag zu erfüllen, und der lautet Bildung und Entwicklung aller Bevölkerungsschichten. Die Universität von Chicago konnte 2012 erstmals Stipendien an Bewerber ohne finanzielle Unterstützung durch die Eltern aufgrund einer sehr großen privaten Spende an die Universität vergeben.

Bei uns ist es leider oft so, dass – wenn überhaupt – nur die Begabtenförderungswerke wie die Friedrich-Ebert-Stiftung oder die staatlich geförderte Studienstiftung des deutschen Volkes wahrgenommen werden. Das wiederum bedeutet, dass viele Stipendien nicht abgerufen werden, weil potenzielle Bewerber nicht ahnen, dass sie gut genug wären, um mit den »Genies«, »Allround-Talenten« oder, wie sie auch gerne sagen, den »Strebern« oder »Nerds« mitzuhalten, und sich folglich erst gar nicht bewerben. Das ist schade, denn zunächst einmal sollte man die Auswahl an Stipendien kennen. Dabei helfen zum Beispiel der »Stipendiumlotse« der Stipendien-Datenbank des Bundesministeriums für Bildung und Forschung oder Online-Plattformen wie mystipendium.de oder e-follows.net.

Denn es gibt in Deutschland durchaus eine Vielzahl an Stipendien, die an sehr spezifische Auswahlkriterien hinsichtlich bestimmter Studiengänge gebunden sind, weniger aber an die Aufnahme an eine bestimmte Universität. Das bedeutet, dass nur wenige Bewerber für diese Stipendien überhaupt infrage kommen, was aber die Chance für den Einzelnen auf Erhalt der finanziellen Unterstützung um ein Vielfaches erhöht. Weiter sollte man wissen, dass zahlreiche Unternehmen Stipendien vergeben, wie zum Beispiel IKEA, BMW oder thyssenkrupp. Auch die Bundeswehr engagiert sich mit der Vergabe von Stipendien. In diesen Fällen gilt allerdings meist, dass der oder die Auserwählte sich für einen gewissen Zeitraum an das Unternehmen oder die Institution binden muss.

Zu meiner großen Freude verhält sich die deutsche Zeppelin Universität, eine kleine private Universität in Konstanz am Bodensee, wie eine amerikanische Universität. Sie vergibt Stipendien für den Erwerb des Bachelors an von ihr ausgewählte Studenten und bewertet dabei nicht nur den Notendurchschnitt oder die fachliche Passung als ausschließliche Stipendienvoraussetzung, wie die *Welt am Sonntag* am 2. Mai 2015 in ihrem Artikel »Lieber individuell als konventionell« berichtet, sondern lässt auch Originalität, Eigenwilligkeit oder Leistungs- und Entwicklungsbereitschaft als Auswahlkriterien zu, die die »Vielfalt der Universität« fördern sollen.

Viele deutsche Universitäten haben Kooperationsabkommen mit amerikanischen Universitäten, und Auslandssemester können mittels Auslands-BAföG, einem Stipendium durch den DAAD oder anhand eines Fulbright-Stipendiums finanziert werden. Auch hierfür muss man sich bewerben und entsprechende Auswahlkriterien erfüllen.

## Stipendien von amerikanischen Universitäten

In den USA müssen wir verschiedene Formen der finanziellen Hilfe unterscheiden. Es gibt die Universitätsstipendien, die aus dem Fond der jeweiligen Universität bezahlt und von Individuen und Firmen an diese Universität gespendet werden.

Vollstipendien (Need Blind) decken wirklich alles ab, selbst Lebensunterhaltskosten und die Krankenversicherung. Bei Teilstipendien (Need Based) wird dem Studenten oder der Studentin ein Teil der Studiengebühren erlassen, von der Universität übernommen und aus Spendengeldern finanziert. Diese Stipendien werden auf der Basis des Finanzbedarfs gewährt, den die Studenten angeben. Die Angaben werden genauestens überprüft.

Dann gibt es sogenannte Federal Grants, Stipendien vom

Staat, die für internationale Studierende aber nicht infrage kommen.

Es gibt auch die Beschäftigung von Studenten durch die Universität (University Student Employment), bei der Studenten während des akademischen Jahres Teilzeit für ihre Universität arbeiten. Hier gibt es für internationale Studenten Möglichkeiten, die aber je nach US-Staat, in dem sich die Universität befindet, und je nach Universität eingeschränkt sind.

Dann gibt es sogenannte Outside Scholarships zum Beispiel für Forschungszwecke oder für die Ermöglichung von Auslandssemestern, die von Firmen wie Coca-Cola, Ford Motor Company oder von der Melinda Gates Foundation für Gates Millennium Scholars gewährt werden.

Zuletzt gibt es noch Kredite (Loans) von Banken für diejenigen, die studieren wollen, aber kein Stipendium erhalten.

Europäer beziehungsweise internationale Studenten können ein Stipendium von und für eine der weltweiten Top-Universitäten ergattern, allerdings nicht für alle der Top-20-Universitäten. Für manche Hochschulen gilt ausschließlich America first und/oder das Prinzip der Diversity, was in diesem Fall bedeutet, dass Minoritäten im eigenen Land bevorzugt und dass Dritte-Welt-Länder gefördert werden. Das ist auf den Internetseiten der jeweiligen Universitäten einsehbar.

Die komplette Finanzierung ihres Studiums haben die drei Studenten und eine Studentin aus Deutschland geschafft, die ich außer der Studentin interviewen durfte. Dank der Vollstipendien von der Yale-Universität, von der University of Chicago und von der Princeton University konnten sie an ihrer Wunschuniversität studieren und haben es von ihrem Gymnasium an eine der Top-10-Universitäten weltweit geschafft!

Der Yale-Stipendiat Tobias Kühne aus Berlin-Lichtenberg, Bachelor Class of 2012, M.A. in Yale 2014 und momentan im Studium für einen MPhil an der Cambridge-Universität in England, wird anschließend einen JD-PhD an der Yale Law

School und der Yale Graduate School of Arts and Sience mithilfe eines Vollstipendiums abschließen. Er ist zweifelsohne ein Experte in Sachen Studiumsfinanzierung.

Nicht alle amerikanischen Universitäten der Top 20 bieten Need Blind und Need Based Financial Aid für nichtamerikanische Bewerber an. Zur Zeit von Tobias' Bewerbungsphase waren es um die sechs Colleges und Universitäten: Yale, Harvard, Princeton, MIT, Dartmouth, Amherst. Diese Auswahl kann sich von Jahr zu Jahr verändern. Tobias hat sich bei Universitäten mit Need Blind Financial Aid und bei einigen mit Need Based Financial Aid für Nichtamerikaner beworben.

Tobias erklärt die Vorgehensweise der Universitäten so:

»Bei Colleges und Universitäten mit Need Based Financial Aid gibt man bei der Aufnahmebewerbung an, ob man sich zusätzlich um ein Stipendium bewerben möchte oder nicht. Diese Universitäten unterteilen ihren Bewerberpool in einen, der finanzielle Unterstützung braucht, und einen, der ihn nicht braucht. Da es proportional weniger Plätze für die gibt, die finanzielle Unterstützung brauchen, ist es schwieriger, an solchen Universitäten angenommen zu werden und ein finanzielles Unterstützungspaket zu bekommen.

Ganz anders ist es bei Need Blind Financial Aid: Hier wird die Aufnahmeentscheidung unabhängig davon getroffen, ob sich der Schüler oder die Schülerin auch für Financial Aid bewirbt. Nach der Aufnahme wird nach einem Schlüssel, der oftmals nur das Einkommen der Eltern in Betracht zieht (keine sportlichen oder akademischen Leistungen, die nur bei der Aufnahmeentscheidung eine Rolle spielen), über die finanzielle Unterstützung entschieden.«

Sind die Ansprüche nicht ganz so hoch, gibt es eine Vielzahl von Angeboten amerikanischer Colleges und Universitäten in fast allen Staaten Amerikas, die europäischen Bewerbern finanzielle Hilfe anbieten, nachzulesen bei International Doorway to Education & Athletics, Zentrum für internationale Bildung und Karriere in Münster. Diese kleineren und vornehmlich ländlichen Universitäten legen großen Wert darauf, Europäer in ihre Studentenschaft zu integrieren, um von ihrem kulturellen Hintergrund, von ihrer Sicht der Dinge und ihrer »Diversity« zu profitieren.

Eine weitere Möglichkeit, ein Stipendium zu erlangen, ist das Sportstipendium, das von vielen angestrebt wird, aber leider oft nicht zustande kommt, weil den Interessierten wesentliche Informationen fehlen. Das häufigste Versäumnis ist, dass man sich als Sportler ein Jahr vor der eigentlichen Bewerbung an der jeweiligen Universität bei dem dort zuständigen Sportcoach melden muss, der die ausgeübte Sportart betreut.

Wie diese spezifische Vor-Bewerbung im Einzelnen aussieht, ist abhängig von der jeweiligen Universität. Wenn die Universität an der Leistung des Sportlers oder der Sportlerin interessiert ist, wird der Bewerber oder die Bewerberin zum Leistungstest oder zum Vorspielen eingeladen. Leider darf man sich hinsichtlich der Leistungsstandards nichts vormachen: Der Bewerber muss schon ATP-Spieler sein, um in die Tennismannschaft einer Ivy-League-Universität zu kommen, oder Mitglied des deutschen Golfkaders, um in Stanford aufgenommen zu werden. An anderen Universitäten und Colleges genügen auch nicht ganz so herausragende Leistungsnachweise oder es müssen nicht auch noch akademische Hochleistungen vollbracht werden. Vielleicht braucht man auch eine große Portion Glück, aber vor allem eine geschickte, rechtzeitige, gut aufgebaute und somit gelungene Bewerbung.

# Stipendiaten berichten über ihre Erfahrungen

Alle drei Stipendiaten, die ich treffen durfte, haben das deutsche Gymnasium absolviert. Alle drei waren von ihrer Schule nicht auf den amerikanischen Bewerbungsprozess vorbereitet worden, alle drei wollten unbedingt in den USA studieren, und alle drei wussten nicht, wie sie das Ganze bezahlen sollten. Diese eher ungünstige Kombination bedeutet: Man muss selbst sehen, wie man die Erfordernisse einer US-Bewerbung erfüllt und wie man ein Voll- oder zumindest ein Teilstipendium von der Universität ergattert, an der man sich bewirbt. Das wiederum heißt: Man muss unbedingt wollen, worum man sich bemüht!

Tobias Kühne habe ich bereits zitiert, und er wird auch hier zu Wort kommen. Der zweite Stipendiat, Jan Ertl, stammt aus einer Kleinstadt in Hessen und studiert im dritten Jahr Undergraduate Studies an der University of Chicago. Sein Major ist Mathematik. Jan wird Absolvent der Class of 2018 sein und arbeitet während der Sommerferien als Forschungsassistent bei einem Wirtschaftsprofessor für Datenanalyse. Im nächsten Quartal darf er an der Universität von Oxford studieren, auch hierfür hat er die finanzielle Unterstützung von der Universität Chicago erhalten.

Dr. Simon Fuchs, Islamwissenschaftler und mittlerweile Junior Research Fellow an der Cambridge University in England, hat wie auch Tobias Kühne die Undergraduate Studies mittlerweile weit hinter sich gelassen und hat erreicht, wovon viele träumen: ein Stipendium für ein weiterführendes Studium im amerikanischen Universitätssystem.

Bei ihm machte ein einjähriges Austauschprogramm seiner Universität Erlangen mit der Duke University in North

Carolina (Ivy League) den Anfang. Das brachte ihn auf die Idee, sich noch während des Studiums in Erlangen beziehungsweise in der Zeit seines Abschlusses (Magisterarbeit) an der Princeton University für ein PhD-Programm zu bewerben. Auch bei Simon war die Finanzierung des fünfjährigen Programms Voraussetzung für die Machbarkeit seines Ziels.

Ein Stipendium für ein PhD-Programm zu erhalten ist nicht unbedingt vergleichbar mit dem Kampf um finanzielle Unterstützung im Bereich der Undergraduate Studies an Top-Universitäten. Aller Anfang ist bekanntlich schwer. Dennoch halte ich auch Simons Erfahrungen für sehr interessant, denn sie zeigen die starke philanthropische Seite des amerikanischen Ausbildungssystems. Das heißt im Klartext: Wenn die Universität den Bewerber oder die Bewerberin unbedingt will, dann tut sie alles dafür!

Jan schickt seinem Interview voraus: »Ich habe versucht, meine Antworten auf zwei Perspektiven auszurichten ... einerseits wollte ich ehrlich darstellen, dass der Bewerbungsprozess wirkliche Knochenarbeit ist, besonders aus dem traditionellen Gymnasium heraus, das zwar durchaus großartig ausbilden kann, aber dennoch nicht so auf eine Bewerbung ausgerichtet ist wie die amerikanischen Highschools; andererseits wollte ich die »Neiddebatte« aushebeln, indem ich klar veranschauliche, dass die Universitäten auch nach engagierten Studenten Ausschau halten, die finanzielle Hilfe benötigen.« Und Tobias Kühne erwähnt, dass er deutschen Bewerbern als Personal Statement Coach helfen möchte, als Zeichen seiner lebenslangen Verbundenheit mit dem Erlebten, mit dem Stolz darüber, dieses weitergeben zu wollen, damit auch andere ihre Chancen nutzen können (www.tobi.kuehne@gmail.com).

*Was oder wer hat dich auf die Idee gebracht, in den USA studieren zu
wollen? Was hat dich an amerikanischen Universitäten am meisten angesprochen?*

Jan: »Die Entscheidung für die Ausbildung in den USA war
für mich kein »American Dream«, dem ich sehnsüchtig nach-
geeifert hätte; im Gegensatz war ich eher skeptisch gegenüber
amerikanischer Konsumkultur in privatisierter Bildung. Aber
trotz meiner Skepsis gefielen mir doch Teile der Philosophie
an US-Universitäten: Liberal Arts Education bedeutet, sich
nicht gleich an einen Studiengang binden zu müssen. Man belegt (oft verpflichtend) Kurse in einer Vielzahl verschiedener
Studienrichtungen und kann sich seine vier Jahre mit großer
Vielfalt gestalten. Zudem kann die Verzögerung der Studienwahl Fehlentscheidungen verhindern, da das US-System im
Gegensatz zum Deutschen nicht von 18-Jährigen zu wissen
verlangt, welche Leidenschaften sie verfolgen wollen. Das Stig-
ma eines potenziellen Studienwechsels besteht dabei nicht, da
ein solcher als natürliches Phänomen in das System integriert
wird. Durch die Universitätsgemeinschaft, in der ich Freunde
in allen Fachrichtungen fand, fiel die Orientierung nach vielen Gesprächen viel leichter. Grandios ist hier auch, dass der
Großteil der Studentenschaft Bildung mehr als nur ein Mittel
zum Zweck sieht und auch idealistisch, um des Lernens willen,
lernt, Freude daran findet, Ideen und Konzepte auszutauschen
und abstrakte Schönheit darin zu entdecken.«

Tobias: »Der Augen öffnende Moment kam ziemlich schnell
nach meinem Auslandsjahr in den USA in der elften Klasse. Ich
hatte ein Jahr in Arizona verbracht, in der neuen Sprache, einer
fremden Kultur und einem anderen Klima. Von da an waren
der Gedanke und der Wunsch da, wieder eine solche Erfahrung zu machen. Ich erinnere mich noch, dass ein Freund von
mir ein Sportstipendium von einer amerikanischen Univer-

sität angeboten bekam und es sofort ausschlug, weil er nach Hause wollte. Meine Reaktion war eine ganz andere ... Mir war ziemlich schnell klar, dass ich in die USA zurückwollte, und die nächstliegende Entscheidung war für mich, das Gymnasium abzuschließen und zum Studium zurückzugehen. Dadurch dass ich dieses Ziel so früh sah, hatte ich auch die Motivation, mich in der Schule mehr anzustrengen. Am meisten angesprochen hat mich zuerst einmal das System an amerikanischen Universitäten. Als 18-Jähriger hatte ich viele akademische Interessen – Mathe, Physik, Philosophie, Literatur –, fühlte mich aber sehr unwohl, mich auf eine Sache festzulegen, ohne die anderen weiterverfolgen zu können. Ganz zu schweigen davon, dass es unter Umständen noch andere Dinge gab, die ich nie hätte ausprobieren können. Was die spätere Berufswahl anging, hatte ich noch keine Vorstellung. Die meisten Colleges und Universitäten in den USA folgen dem Prinzip, dass man eine Mindestanzahl von Kursen in Natur-, Geistes- und Sozialwissenschaften sowie in Mathematik und einer Fremdsprache zu belegen hat. An den meisten Schulen entscheidet man sich am Ende des zweiten Jahres für das endgültige Studienfach (oftmals ändern sich die Pläne sehr – meine eigenen haben sich sogar mehrfach geändert, und ich war sehr froh, diese Freiheit zu haben und nutzen zu dürfen). Ebenfalls angesprochen hat mich das ganze Angebot drumherum: die vielen verschiedenen Clubs, Vereine, Initiativen usw. Von allen möglichen Sportarten, Musik, Politik, Performance, fremden Kulturen, Journalismus, Freiwilligendienst und noch unendlich vielen weiteren Angeboten kann man an US-Schulen so gut wie alles finden. Das trägt oft zu einem starken Zusammengehörigkeitsgefühl untereinander und einer starken Identifikation mit der Universität bei. Auch das hat mich sehr angesprochen. In den USA hat man die Möglichkeit, während seines Studiums zu seiner eigenen Identität zu finden. In Deutschland ist das Studium ein reiner Erwerb von Wissen und Fähigkeiten.«

*Welche Einstellung hatte dein Umfeld (Familie, Freunde, Lehrer …) zu deiner Idee, in den USA studieren zu wollen?*

Jan: »Die Frage: ›Und wer bezahlt das?‹ hörte ich am häufigsten. Nachdem die Finanzierung durch ein Universitätsstipendium diesen Vorwand aushebelte, hat mein Umfeld meine Entscheidung rasch akzeptiert.«

Tobias: »Ich ging auf eine Schule in Berlin, an der es sehr unüblich war, dass die Absolventen im Ausland studieren. Viele meiner Lehrer haben zwar mein Vorhaben unterstützt, hatten allerdings noch nie von dem Bewerbungsprozess gehört. Meine Freunde fanden die Idee auch etwas sonderbar, aber ich glaube, ich habe damals so oft und mit solcher Überzeugung davon gesprochen, dass sie es zwar nicht als ›Schnapsidee‹ abgetan, aber mit stiller Skepsis das Resultat abgewartet haben. Ähnlich war es auch in meiner Familie, da keiner eine Vorstellung davon hatte, was man zu tun hatte oder wie meine Chancen standen. Aber vor allem meine Mutter wusste, dass ich mich so auf dieses Ziel fokussiert hatte, dass ich mich von solchen Unsicherheiten nicht abbringen lassen würde. Ich kann mich noch erinnern, als ich die Zusage von Yale erhielt und meinen Großvater anrief. Ich sagte: ›Opa, ich bin in Yale angenommen worden!‹ Seine Antwort: ›Aha.‹ (Pause) ›Was ist das?‹«

*Hat dich jemand bei der Entscheidung zum Studium in den USA beraten?*

Jan: »Da das Bachelor-Studium in den USA besonders im nicht urbanen Raum in Deutschland ein eher seltenes Phänomen ist, kannte ich niemanden, der mich dahingehend beraten konnte. Daher war meine hauptsächliche Informationsquelle das Internet, in dem ich Tage und Nächte verbrachte, um des ganzen Bewerbungsdschungels Herr zu werden. Hilfe wurde mir zuteil, indem ich einige meiner Essays zur Beurteilung an Freunde und Lehrer schickte. Dieses Feedback war jedoch, da niemand wirklichen Expertenstatus besaß, eher mittelmäßig.«

Tobias: »Nein, beraten hat mich keiner, da niemand, den ich damals kannte, auch nur über ein Studium in den USA nachgedacht hatte. Meine damalige Freundin und ich haben gemeinsam unsere Recherchen betrieben und uns ausgetauscht. Beratung von jemandem, der sich mit dem Thema ›Studium in den USA‹ auskannte, hatte ich jedoch nicht.«

*Wie kam die Entscheidung zustande, sich bei den ausgewählten Colleges und Universitäten zu bewerben? Und warum hast du das Angebot deiner Universität gewählt?*

Jan: »Ich bewarb mich bei zehn Universitäten (Ivy Leagues, UChicago, MIT, Stanford), die sowohl einen guten Ruf hatten (basierend auf den in der Methodologie mangelhaften, aber dennoch nützlichen Rankings in den Top 15 der Welt) als auch Stipendien für internationale Studenten bereitstellen. Die University of Chicago (zu Unrecht ein wenig unbekannter als ihre Artgenossen Harvard, Stanford ...) war meine beste Wahl, da sie meinen Kriterien entsprach und viel Wert auf Education legt.«

Tobias: »Das entscheidende Kriterium war die Finanzierung. Da ich mir das Studium ohne finanzielle Unterstützung niemals hätte leisten können, konnte ich mich nur an den besten Universitäten, die gleichzeitig die beste finanzielle Unterstützung anboten, bewerben.

Andere Angebote kamen aus Brown, Dartmouth und Cornell. Zusammen mit dem finanziellen Paket, den akademischen und außerakademischen Möglichkeiten sowie der Stellung Yales war die Entscheidung im Endeffekt sehr leicht.«

*Waren noch andere Universitäten interessant und warum?*

Jan: »Wie gesagt, wusste ich anfangs eher wenig von den Unterschieden zwischen den Top-Universitäten und dem Bewerbungsprozess. Amerikaner wählen ja in ihren Bewerbungen einige Schulen als sogenannte Safety Schools aus, um nicht leer auszugehen, falls von den Targets eine Ablehnung kommt. Ich hingegen bewarb mich unwissend nur bei bekannten Schulen, was im Nachhinein ein riskantes Manöver war.

Insofern waren natürlich alle anderen Universitäten auch interessant, und wenn ich nicht angenommen worden wäre, hätte ich in Deutschland studiert. Rückblickend kann ich aber durchaus empfehlen, auch weniger bekannten Colleges und Universitäten eine Chance zu geben, da viele bei uns weniger bekannte Universitäten in den USA immer noch grandiose Schulen sind. Rankings sind (trotz all ihrer Mängel) in der Hinsicht doch sehr hilfreich.«

Tobias: »Die kleinen (und manche großen) Unterschiede zwischen den Universitäten und Colleges waren mir damals nicht allzu sehr bekannt, da ich mich sozusagen von null in den Bereich einarbeiten musste. Für jemanden in meiner Position waren alle Top-Universitäten interessant.«

*Hat dich jemand während des Bewerbungsprozesses sachlich und fachlich begleitet?*

Jan: »Leider nicht, da das Bachelor-Studium in den USA bei uns so selten ist. Jedoch stehe ich gerne in der Zukunft Schülern beiseite, besonders denen mit einem traditionellen Gymnasialhintergrund.«

Tobias: »Kaum, das habe ich alles selbst recherchiert. Deshalb bin ich mehrmals an meine alte Schule zurückgegangen und habe Präsentationen zum Bewerbungsprozess abgehalten und talentierte Schüler beraten. Es hat tatsächlich für zwei dieser Schüler geklappt, an Top-Universitäten in den USA angenommen zu werden.«

*Was hast du während deiner Schulzeit geleistet, das dir bei deiner Bewerbung geholfen hat?*

Jan: »Es gibt kein Geheimrezept, die Admission Counselors zu überzeugen. Außerschulisches Engagement, großartige Noten, Essays und Test Scores (SAT 2200+, TOEFL 110+), Leadership-AGs, Teilnahme und Erfolg bei Wettbewerben sind alle stark zu empfehlen.

Da in Deutschland die Studienaufnahme größtenteils über NC erfolgt und die Bildungskultur sehr verschieden ist, scheint es zunächst, dass Bewerber wie ich von einem normalen Gymnasium oft vergleichsweise ›wenig‹ geleistet haben. Das soll nicht bedeuten, dass die Gymnasialbildung anderen Sekundärschulsystemen nachsteht. Im Gegenteil, ich habe eine große Wertschätzung für das Gymnasium mit seinem hohen Bildungsstandard und dem Anspruch des Abiturs als Reifeprüfung. Jedoch ist ein Gymnasium traditionell auf diesen ungewöhnlichen Bildungsweg des Colleges nicht ausgerichtet. Im Gegensatz dazu scheint die Vorbereitung der amerikanischen Studenten ein regelrechter Drill: Am besten ist es, wenn ein Schüler fünf Instrumente spielt, mit 17 Jahren schon drei Vereine gegründet hat, Präsident von zweien ist und nebenbei schon mal Fortschritte in der Krebsforschung gemacht hat!

Daher mein Rat an alle Bewerber von ›normalen‹ Gymnasien: Wenn euch etwas interessiert, engagiert euch, aber bleibt dabei ehrlich. Es zeigt sich oft schnell, wenn eine Aktivität nur halbherzig verfolgt wurde. Nutzt im Besonderen die Essays, um Kreativität und Intellekt zu zeigen. Bereitet euch auf die

SATs vor, da die Counselors euren Abiturschnitt, und sei es eine 1,0, nicht perfekt einschätzen können.

Am Ende ist eher undurchsichtig, was genau überzeugt. Ich hatte über einen längeren Schüleraustausch in Italien Auslandserfahrung gesammelt, führte in meinem letzten Schuljahr mit einer eigens gegründeten »English Theatre AG« ein Theaterstück auf, las über die Jahre hinweg Dutzende englischer Klassiker, besonders Dickens und Wilde, wodurch mein englischer Wortschatz zum Bewerbungszeitpunkt ›wie aus dem Buch gesprochen‹ war, gab ausgiebig Nachhilfe an Mitschüler, hatte mit kleinen Ausnahmen 15 Punkte in allen Fächern, 2300 im SAT, zweimal 800 Punkte in Subject SATs, 117/120 im TOEFL.

Mit solchen Leistungen lehnen viele Universitäten den Bewerber nach wie vor ab. Realistische Erwartungen, dass so eine Bewerbung nicht einfach sein wird, sich aber am Ende richtig lohnen kann, sind daher angebracht.«

Tobias: »Vor allem bei den Need-Blind-Universitäten habe ich mich darauf konzentriert, die bestmögliche Aufnahmebewerbung zusammenzustellen. Dazu habe ich nach dem Abitur ein Gap-Jahr gemacht, als Freiwilliges Soziales Jahr in einem Waldorf-Kindergarten in Berlin, während dem ich mich intensiv auf den SAT und die Subject SATs in Physik, Mathe II, Latein, US-History vorbereitet habe. Gerade die standardisierten Tests sind besonders wichtig, wenn man von einer Schule kommt, die kein internationales Notensystem verwendet und den amerikanischen Universitäten noch nicht bekannt ist. Während der Abiturphase habe ich besonders auf meine schulischen Leistungen geachtet. Ich war in den unteren Klassen immer zwischen 1,6 und 1,9, habe mir aber ab der zwölften Klasse (ich hatte noch 13 Jahre) das Ziel gesetzt, meinen Notenschnitt auf 1,0 zu heben, was dann auch geklappt hat. Besonders viel Aufwand während der Bewerbung habe ich in das

Personal Statement gesteckt. Kreativität, Anschaulichkeit und die Vermeidung von Klischees sind ganz entscheidend, da sich Tausende Kandidaten mit herausragenden Noten und Test Scores bewerben.

Ich war nie ein großer Sportler oder Musiker, habe also vor allem meine Noten und meine Freiwilligendienste präsentiert. Ich habe viel Nachhilfe gegeben, habe, wie gesagt, ein Jahr in einem Kindergarten gearbeitet und habe mir viel autodidaktisch angeeignet (Philosophie, amerikanische Geschichte, habe ein Jahr Latein aufgeholt, um nach meinem Auslandsjahr nicht die elfte Klasse wiederholen zu müssen). Meine vielseitigen akademischen Interessen und meine Eigeninitiative habe ich dann als besonders passend mit dem amerikanischen Liberal Arts System und seinen spezifischen Angeboten verstanden und dies auf meine Bewerbungen an den jeweiligen Universitäten übertragen.

Amerikanische Colleges und Universitäten ziehen außerdem in Betracht, wie viel man aus seinen gegebenen (gegebenenfalls limitierten) Möglichkeiten macht, und ich glaube, das war ein entscheidender Punkt in meiner Bewerbung. Außerdem war, denke ich, mein unkonventionelles Personal Statement sicherlich ausschlaggebend. Entscheidend ist neben starken schulischen Leistungen und Engagement, dass durch die Bewerbung eine interessante Persönlichkeit mit einer eigenen Geschichte vor dem inneren Auge des Lesers entsteht.«

*Wie konntest du das Problem der Finanzierung lösen?*

Jan: »Financial Aid ist eine Art Stipendium von der Universität, das alle meine Kosten inklusive Mensa und Unterkunft an der Universität deckt (70 000 Dollar pro Jahr). Die ›Elite-Universitäten‹ sind zwar immer noch sozioökonomisch elitär aufgestellt, bemühen sich aber dennoch darum, ›benachteiligte Talente‹ zu fördern. Daher lautet ihr Ausspruch oft: ›Wir schauen zwar auf dein finanzielles Bedürfnis (Need Aware), aber wenn du uns mit deiner Bewerbung überzeugen kannst, bekommst du ein Stipendium von der Universität, das alle Kosten deckt.‹ Einige Universitäten geben sogar an, Need Blind zu sein, was bedeutet, dass die Universität nur auf die Bewerbung schaut und alles Finanzielle von einem separaten Department bearbeitet wird. Es wäre falsch, zu behaupten, dass hier Chancengleichheit herrscht – es ist nach wie vor sehr schwierig und selten, als Internationaler ein Stipendium von solch einer Universität zu erhalten –, aber mit dem richtigen Engagement ist es nicht unmöglich. Eine kurze Warnung zum Schluss: Die Bewerbung allein ist schon ein Investment: SAT, SAT-Subject-Tests, TOEFL, Bewerbungsgebühren … können zusammen circa 1000 Euro kosten. Wenn am Ende aber alles stimmt, kann eine Akzeptanz diese Kosten durchaus rechtfertigen.«

Tobias: »Das Studium in den USA ist sehr teuer, die finanzielle Unterstützung aber oft sehr großzügig – Yale bot mir zum Beispiel ein Paket mit über 90 Prozent der Gesamtkosten (Studiengebühren, Internatskosten, Krankenversicherung etc.) an. Wenn die Finanzierung also eine Hürde darstellt, kommt es darauf an, Colleges und Universitäten mit Need Blind Financial Aid for International Students herauszusuchen. Aber auch Need-Based-Financial-Aid-Schulen sind eine sehr gute Option: Ich bekam damals ein volles Angebot von Brown, meine Freundin ein Angebot von der University of Pennsylvania. Von Stipendien von Drittanbietern wusste ich damals nichts. Ich fand oftmals nur Angebote von deutschen Universitäten, die einen befristeten Austausch mit bestimmten amerikanischen Partneruniversitäten anboten. Viele Stipendien, zum Beispiel von der Studienstiftung, halfen bei der Finanzierung solcher Aufenthalte. Das war allerdings nicht das, was ich suchte (die Studienstiftung hat zu meiner Zeit keine Stipendien für ein Erststudium in den USA angeboten), und hat im Endeffekt nur von dem abgelenkt, was ich wirklich wollte. Somit habe ich meine Energien auf den amerikanischen Bewerbungsprozess konzentriert.«

Simon: »Für die Promotion ist das kein Problem – jede einzelne Zusage, die ich erhielt, war mit einem Finanzierungsangebot über fünf Jahre verbunden. Ich habe im Endeffekt sechs Jahre gebraucht (wie die meisten meiner Kollegen), aber auch da findet sich meist ein Weg, das letzte Jahr über ein zusätzliches internes Princeton-Stipendium beziehungsweise auswärtige Finanzierung oder über den Weg des Unterrichtens zu finanzieren. Allerdings lohnt es sich, auch die finanziellen Angebote genau zu prüfen – viele Universitäten machen es zum Beispiel zur Bedingung, dass man schon während der fünf Jahre viel unterrichtet. Dies war an meinem Institut nicht so, am Department of French oder German war das gang und gäbe.

An Princeton hat mich nicht nur die Ausrichtung meines Instituts angesprochen, sondern auch die Höhe des Stipendiums, die Versorgung mit Wohnraum und die Tatsache, dass sich die Universität auch an der Krankenversicherung für meine Frau beteiligte (so mussten wir für sie im Jahr nur rund 1300 Dollar zahlen – Harvard hätte uns 5000 Dollar in Rechnung gestellt).«

*Hat sich die ganze Anstrengung gelohnt?*

Jan: »Ich würde lügen, wenn ich sagen würde, dass mich die Knochenarbeit des ganzen Bewerbungsaufwands, die Kosten und die Unsicherheit einer Aufnahme nicht schon mal zur zeitweiligen Verzweiflung getrieben hätten. Hätte ich noch einmal die Chance, würde ich mich aber definitiv wieder bewerben. Die Atmosphäre, Gemeinschaft und Möglichkeiten in Chicago sind einzigartig, und die Erfahrung der letzten zwei Jahre hier würde ich niemals aufgeben wollen.«

Tobias: »Absolut. Ich hätte keine bessere Entscheidung treffen können und kann sie allen, die eine Herausforderung suchen und von einem Studium mehr als nur Wissenserwerb wollen, nur ans Herz legen.«

# Kulturelle Besonderheiten an amerikanischen Universitäten

Amerikanische Universitäten und Colleges sind grundverschieden von unseren staatlichen Universitäten. Sie sind sehr viel strukturierter, verschulter und organisierter. Nicht nur im Bereich der Wissensvermittlung und Lehre – da hat sich auch bei uns durch die Einführung des Bachelors einiges geändert –, sondern auch in Bezug auf das Studentenleben. Natürlich gibt es auch in den USA Ausnahmen. Die Universität von Michigan ist eine sehr große Universität mit mehr als 30 000 Studenten. Aber wenn Sie sich die Webseite der Uni ansehen (www.umich.edu), dann sehen Sie, wie viele Studenteninitiativen es gibt, wie viele Anstellungsmöglichkeiten (Student Employment), wie viele Dienstleistungen (Services) für Studenten oder die 200 Study-Abroad-Angebote (Auslandssemester). Eine andere Ausnahme bilden die wirklich freien Universitäten und Colleges, wie die Brown University oder das Sarah Lawrence College, die eine komplett freie Kurswahl von Anfang an gestatten. Aber auch das muss einem liegen.

Und deshalb sollte man darauf achten, dass man mit dem »American Way of Life« zurechtkommt. Nicht jedes College oder jede Universität ist europäisch/international, und nicht jeder Amerikaner war in seinem Leben bereits in Europa und versteht unsere Lebensart. Die wenigsten amerikanischen Universitätscampusse befinden sich in Großstädten, und amerikanischer Studentenalltag unterscheidet sich sehr von unserem Alltag an Universitäten. Das Campusleben wird von Sport und Wettkämpfen bestimmt, von Fraternities und Sororities, von Studentenaktivitäten, von sehr viel Struktur, Arbeit und Organisation.

Das Zusammenleben auf dem Universitätscampus ist energievoll und leistungsorientiert, positiv und sportlich, rücksichtsvoll und sehr tolerant, humorvoll, aber nicht immer punkten Amerikaner in unseren Augen mit vernünftigem Verhalten. Doch ich möchte für sie Partei ergreifen und erklären, was es mit diesem auf sich hat und was wir beachten sollten, bevor wir es kritisieren.

Viele amerikanische Studenten und Studentinnen sind im ersten Collegejahr das erste Mal wirklich weg von zu Hause und haben nichts anderes im Sinn, als erst einmal über die Stränge zu schlagen. Zu Hause sind sie in einem sehr leistungsorientierten, strukturierten und kontrollierten Umfeld aufgewachsen und haben jahrelang um die Aufnahme an ihre Wunschuniversität mit viel Disziplin, Fleiß und Einsatz gekämpft. Das können sich unsere Abiturienten oft nicht vorstellen. Junge Amerikaner dürfen auch nicht mit 16 Jahren Bier und Wein trinken und haben daher nicht die Erfahrungen unserer Jugendlichen. Sie kennen nicht die Freiheiten unserer Kinder, die ihre pubertären Vorstellungen schon viel früher ausleben, weil der Druck wesentlich geringer ist und auch unsere Erziehungsansichten oftmals sehr viel liberaler sind. Unsere Jugendlichen müssen nicht enorme Zusatzleistungen erbringen, da meist nur die Abiturnoten zählen. In der Universität oder im College haben junge Amerikaner daher wie alle jungen Menschen erst einmal das Bedürfnis, ihre Grenzen auszutesten.

Um den Beginn für alle zu erleichtern, integrieren amerikanische Universitäten die Studenten, vor allem die Erstsemester, mithilfe fester Rituale oder traditionell verankerter Organisationen und Dienstleistungen. Für die Erstsemester (Freshmen) einer amerikanischen Universität gibt es Einführungs- und Kennenlernprogramme. Die Wohnräume, Dormitories genannt, für den ersten Studienjahrgang werden von Senior-Studenten betreut, die sich um die Neuankömmlinge kümmern. Es gibt Universitätsangestellte, die wie in englischen Internaten in denselben »Häusern« wohnen.

Die Universitäten und Colleges bieten neben Lernen und Arbeiten auch Freizeit, Sport und soziales Leben auf dem Universitätscampus und innerhalb der Universitätsmauern. Die Studenten leben, arbeiten und feiern auf dem Universitätsgelände, und Studenten und Studentinnen werden deshalb sehr oft Mitglieder von Alliances, Fellowships und Clubs. Dazu gehören auch sogenannte Fraternities und Sororities.

Der Insider-Ratgeber *Getting the Best out of College*, geschrieben von einem Studenten, einem Professor und einem Dekan der Duke University, ist ein kluges und zugleich amüsantes, weil humorvoll geschriebenes Buch über das Navigieren durch die Studienjahre. Die drei Autoren Anne Crossman, Peter Feaver und Sue Wasiolek zeigen, wie man sich am besten mit seinem Roommate arrangiert, wie man die besten Kurse aussucht und seinen Stundenplan optimiert, wie man Professoren beeindruckt und gute Noten bekommt, wie man mit dem Angebot an Extracurriculars umgeht und sein Social Life organisiert und vieles andere mehr. Allein das Kapitel für internationale Studenten »You are not from around here, are you?« gibt hervorragenden Einblick in Erfahrungen und Kümmernisse internationaler Studenten im amerikanischen Campusleben. Es erinnert amerikanische Studenten daran, dass Ausländer einen Kulturschock durchlaufen, und es erklärt den internationalen Studenten, was sie gegen diesen Kulturschock tun können. Ein Must Read für alle Freshmen an US-Universitäten und Colleges.

## Fraternities und Sororities

Fraternities für männliche Mitglieder sind vergleichbar mit nichtschlagenden Burschenschaften, die jedoch anders als bei uns in Deutschland ein wirklich sehr starkes und mächtiges, oft weltweites »Old Boys Network« bilden und leben. Innerhalb der USA sind die meisten Fraternities mit ihren »Häusern« an vielen Universitäten und Colleges vertreten.

Wird man in eine Fraternity an der Universität aufgenommen, beginnt eine sehr enge Verbindung mit den sogenannten Pledge Brothers des jeweiligen Jahrgangs und mit den Senior Brothers dieser Vereinigung. Daraus entstehen soziale Verbindungen, die ein Leben lang existieren und später große Vorteile für den beruflichen Einstieg und die weiterführende Karriere generieren können. Die Urform des Networkings also.

Klingt gut, hat aber aus Sicht von Eltern auch Nachteile oder Auswüchse, weil sie tief im amerikanischen Selbstverständnis verwurzelt sind. Andererseits sind Fraternities und Sororities fester Kulturbestandteil amerikanischer Universitäten, und amerikanische Eltern sind stolz, wenn ihr Sohn oder ihre Tochter in der »richtigen« Vereinigung angenommen wurde.

Möchte ein Student Mitglied einer Fraternity werden, nimmt er Teil am sogenannten »Rush«, der einmal, in seltenen Fällen zweimal pro Jahr abgehalten wird. Das bedeutet, dass Bewerber oder die, dafür gehalten und ausgesucht werden, die Fraternity-Häuser besuchen, zu Events und Partys eingeladen werden, die Mitglieder der jeweiligen Fraternity kennenlernen und von diesen »beschnuppert« werden. Oft besuchen die Kandidaten während der Rush-Zeit verschiedene Fraternities, um für sich die Vorteile der jeweiligen Verbindung auszuloten, um herauszufinden, zu welcher Gruppe sie selbst am besten passen würden und welche Fraternity-Mitglieder sie am sympathischsten finden.

Der ausgewählte Student erhält von der jeweiligen Fraternity einen sogenannten »Bid«, den er unterschreiben muss. Darin verpflichtet er sich unter anderem, keiner anderen Fraternity beitreten zu wollen. Die Fraternity fordert nun den Studenten auf, an einem Prozess teilzunehmen, der am ehesten als eine Art Testlauf hinsichtlich Durchhaltevermögen, Leistungsfähigkeit und -bereitschaft beschrieben werden kann. Es beginnt die Zeit des sogenannten Pledgings. Diese Zeit kann zwischen zwei und fünf Monaten dauern, je nach Fraternity, je nach Universität und der dort üblichen Einteilung der Studienzeit in Quarters oder Semester, und findet während der normalen Studienzeit statt.

Je nach Universität und je nach Fraternity bedeutet diese Zeit, dass der Bewerber Mutproben bestehen muss, intensive intellektuelle, körperliche und psychische Belastungen gleichzeitig aushalten oder Dinge ertragen muss, die wie aus der Zeit gefallen scheinen. Diese Praktiken gibt es nicht nur in den USA, sondern auch in anderen Ländern, wie zum Beispiel in Frankreich.

Es wird viel hinter vorgehaltener Hand darüber geredet, aber Fakt ist, dass Fraternity-Mitglieder und die, die es werden wollen, nicht darüber reden dürfen. Fakt ist auch, dass amerikanische Eltern das sogenannte Greek Life (es heißt so, weil die Namen der Fraternities und Sororities aus griechischen Buschstaben bestehen) tolerieren und stolz darauf sind, wenn ihr Kind die Aufnahme in die begehrte Fraternity geschafft hat. Für sie überwiegen der Reifeprozess, das Trainieren von Disziplin und Durchhaltevermögen sowie die künftigen Chancen. Daher dulden sie den zeitlich begrenzten Ausnahmezustand. »Das tut ihnen gut«, hört man oft von amerikanischen Eltern, die in diesem Zusammenhang wesentlich hartgesottener reagieren, als es bei uns üblich ist.

Jeder Neuankömmling in einer Fraternity bekommt einen Brother (ein älteres Mitglied) zur Seite gestellt, der während der gesamten Aufnahmephase seine wichtigste Bezugsperson sein wird. Der »Kleine« heißt in diesem Fall »Little« bei den Fraternities und »Lineage« bei den Sororities. Diese Verbindung bleibt auch später zwischen den beiden jungen Männern und den beiden Frauen bestehen.

Manchmal verlieren Studenten wegen des Pledging-Prozesses ein ganzes Semester, weil sie dem akademischen Druck und den Einführungsritualen nicht gleichzeitig standhalten. Es ist absolut erstaunlich, wie diese ritualisierten Aufnahmeprozesse in einem quasi rechtsfreien Raum geschehen dürfen, in einem Land, das normalerweise die Rechte des Einzelnen über alles erhebt. Die Universitäten, die normalerweise in das Privatleben der Studenten sehr bewusst eingreifen, sehen und hören hier eher weg.

Seit der ehemalige Präsident Barack Obama die 1972 als Federal Law geschaffene, sogenannte Title-IX-Verordnung vermehrt zu Untersuchungen von sexueller Gewalt an amerikanischen Universitäten einsetzen ließ, sind Universitäten und ihre Fraternities allerdings mächtig unter Druck geraten. Es handelt sich um ein Antidiskriminierungsgesetz, das jedermann gleiche Rechte zubilligt, unabhängig von seinem Geschlecht, und das bei jeder Institution wirksam wird, die staatliche Finanzhilfe erhält. Aufgrund einiger Sexualstraftaten und Vorfälle in Universitäten und Colleges in den letzten Jahren werden verstärkt Staatsbeamte in Universitäten und Colleges eingesetzt, um Verstöße gegen das Gesetz zu ahnden. Da die Universitäten die Träger der Fraternities sind, wird über die Vergabe von finanzieller staatlicher Unterstützung Druck ausgeübt. Im Falle des Zuwiderhandelns oder der mangelhaften Unterstützung der Regierungsvertreter laufen die Universitäten Gefahr, die staatlichen Subventionen zu verlieren. Die Androhung oder sogar Umsetzung der Streichung finanzieller »Subsidies« ist für alle Universitäten und Colleges in den USA eine sehr schmerzhafte Bestrafung, die sie sich nicht leisten können.

So bedingungslos richtig dieses Gesetz ist, so fragwürdig ist manchmal seine Anwendung. Es hat zur Folge, dass Veranstaltungen von Fraternities neuerdings stärker überprüft werden. Wenn bekannt wird, dass zum Beispiel im Laufe der Veranstaltung schmutzige Witze erzählt wurden, kann das zu extremen Eingriffen und drakonischen Strafen, wie der Schließung von

Fraternity-Häusern, führen, was einer jahrelangen Verbannung vom Universitätscampus gleichkommt.

Natürlich muss man nicht Mitglied einer solchen Fraternity werden. Es gibt Universitäten, wo das Fraternity- und Sorority-Leben wenig Bedeutung hat, wie zum Beispiel an kleinen Liberal Arts Colleges oder auf dem Stadtcampus der New York University. Und dann gibt es wieder Universitäten, die 30 und mehr Fraternities bieten. Aber auch da gibt es wieder große Unterschiede, je nach Staat, in dem sich die Universität befindet.

Die Südstaaten und der Mittlere Westen der USA sind traditionell fraternitylastiger als die anderen Regionen des Kontinents.

Wenn man als internationaler Student oder Studentin an eine amerikanische Universität kommt, ist man eindeutig in der Minderzahl. Es werden nur wenige europäische Bewerber aufgenommen und die Gefahr ist groß, dass man sich mit diesen wenigen schneller und leichter verbindet als mit den Amerikanern und internationalen Studenten aus anderen Ländern, die einem zunächst fremder und unbekannter sind. Internationale Studenten laufen Gefahr, nur unter sich zu bleiben, sie finden vielleicht nur Freunde im kulturnahen Umfeld und nicht wirklich den Zugang zu ihren amerikanischen Kollegen. Das führt unweigerlich dazu, dass man sich eher am Rand des Campuslebens bewegt, dass man schwerer Teil des großen Ganzen wird, dass man nicht wirklich Zugang zur amerikanischen Gesellschaft findet. In den USA zu studieren bedeutet in meinen Augen auch, dass man nicht nur unter seinesgleichen bleibt. Wenn man also Teil der amerikanischen Gemeinschaft werden will, ist es hilfreich, in eine Fraternity aufgenommen zu werden. Hat man die Zeit der Prüfung und den Auswahlprozess überstanden, kann man ab seinem dritten Studienjahr im Fraternity-Haus wohnen und wird sich dort, ähnlich einer deutschen Bruderschaft, den Sitten und Gebräuchen der Fraternity unterordnen: Positionen werden verteilt und Arbeiten vergeben, bis die nächste Generation neuer Fraternity-Mitglieder diese Aufgaben übernehmen muss.

Unsere Jungs verteidigen ihre Fraternities mit Zähnen und Klauen! Sie befürworten alles, was sie durchlaufen haben, sie haben im »Frat House« gewohnt und schätzen ihr »Zuhause«. Für sie gibt es viele positive Gründe, warum so ein »Frat-Leben« fürs Leben schult. Sie erzählten mir, dass sie gelernt hätten, sich gegen 30 oder 40 andere starke Persönlichkeiten im Haus durchzusetzen und dass sie große Unterstützung erfahren haben, wenn es zum Beispiel um die Interview-Vorbereitung für begehrte Jobs und Praktika geht.

Oft gibt es im Frat House auch große Annehmlichkeiten, wie zum Beispiel einen hausinternen Koch, der die Mahlzeiten zubereitet, oder es finden coole Partys statt, die einfach Spaß machen (www.the-twenty-best-fraternity-parties-in-america. com). Fraternities und Sororitys verlangen einen monatlichen Beitrag, der je nach Haus, Staat und Situation des Studenten unterschiedlich sein kann.

Aus meiner Erfahrung kann ich nur sagen, dass ich während des Pledging-Prozesses fast zusehen konnte, wie jeder unserer Söhne in relativ kurzer Zeit gereift ist und im Vergleich mit Gleichaltrigen zu Hause einen Riesensprung gemacht hat, was Durchsetzungsfähigkeit, Auftreten und vor allem Durchhaltevermögen betrifft. Das heißt wiederum nicht, dass ich alles kritiklos hinnehme und hingenommen habe. Meine Empfindung bleibt ambivalent, doch ich habe Folgendes verstanden: Wenn man sich nun einmal für diese Form der Ausbildung entschieden hat und folglich auch bereit ist, die Integration zu bewältigen, dann liegt der Sinn des Ganzen in der grundsätzlichen Erkenntnis von Wettbewerb, in der Akzeptanz von Auswahlprozessen, in dem Wunsch, diese zu bestehen, in der Bewältigung der Herausforderung und in der daraus resultierenden Genugtuung, für schwierige und sehr schwierige

Situationen in Zukunft gewappnet zu sein. Zudem kann man sich auf einen Pool gleich starker Freunde verlassen, und das war schon immer viel wert.

Und wem dieser »American Way of Life« nicht liegt, der wird dank der Diversity der Studenten auch anderweitig seine Freundesgruppe finden.

Sororities sind Clubs für Studentinnen und laut Angaben meiner Jungs gaaaaanz anders! Die Sorority-Schwestern beschenken sich gegenseitig, die Auswahlprozesse von neuen Schwestern sind Nettigkeitswettbewerbe, und dem Aufnahmeprozess haftet nicht der Makel des Hazings an. Doch auch für Sororities gibt es landesweit Unterschiede. Je nach Universität oder College differieren die Sitten und Rituale, und es kann, abhängig von Universität, Bundesstaat und Sorority, zu Prüfungen der »Neuen« kommen, die nicht immer angenehm oder geschmackvoll sind.

Es kann zu Beginn der Studienzeit sehr wichtig sein und fast als »social pressure« gelten, einer Sorority beizutreten. An anderen Universitäten und Colleges wiederum mag dieses Thema völlig unwichtig sein. Wer sich dafür interessiert, sollte die Seite googeln: »7 Things Sorority Girls Won't Tell You About Being in a Sorority!«

Sororities haben traditionell für das spätere Berufsleben nicht dieselbe Durchschlagskraft und nachhaltige Wirkung wie Fraternities. Vielleicht liegt es daran, dass Frauen nicht so stark netzwerken und vielleicht auch nicht bereit sind, so viel für ihre Karriere zu geben. Aber auch Sororities sind ein Ort der Gemeinschaft, des Soziallebens und der lebenslangen Verbindung.

## Sport

Sport nimmt an amerikanischen Universitäten eine sehr große und oft zentrale Rolle ein, und man unterscheidet zwischen Varsity und Non Varsity Sports.

Der Varsity Sport wird von Studenten, die gleichzeitig Athletes (Sportler) sind, ausgeübt, die jenseits von schulischen Wettkämpfen auf Landesebene oder sogar mit internationalen Sportlern konkurrieren. Diese Student Athletes genießen in den Universitäten mit sehr wettbewerbsstarken Teams hohes Ansehen und oft auch eine bevorzugte Behandlung. Und mit wettbewerbsstark meine ich die Teilnahme an nationalen und internationalen Wettkämpfen, auch an den Olympischen Spielen. Athletes haben sehr oft ein speziell auf ihre Trainingsanforderungen angepasstes akademisches Programm, sie bekommen die Bücher umsonst, die andere Studenten kaufen müssen, sie werden auch manchmal in eigenen »Dorms« auf dem Universitätscampus untergebracht oder bekommen einen auf ihre Bedürfnisse abgestimmten Speiseplan. Wichtig aber ist: Diese jungen Männer und Frauen werden zwar wegen ihrer sportlichen Kompetenz an der jeweiligen Universität angenommen, weil die Universitäten so viel Wert auf ihr sportliches Wettkampfprestige legen, aber sie schließen wie alle anderen Studenten ein komplettes Bachelor-Studium ab. Man studiert daher nicht automatisch Sport oder hat einen anderen Status als den des Studenten, man kämpft eben nur zusätzlich oder zeitweise hauptsächlich für seine Universität und für sein Land.

Bei uns hört man oft, wie leicht es doch wäre, über den Sport an einer der besten Universitäten aufgenommen zu werden. Wer also mit dem Gedanken spielt, sich über die Sportschiene an einer der Top-Universitäten bewerben zu wollen, muss Glück haben und wirklich gut sein. Er oder sie sollte genau reflektieren, was er bzw. sie bieten kann oder ob nicht die allgemeine Bewerbung Erfolg versprechender ist, natürlich unter Herausstellung der sportlichen Leistungen, die immer wertvoll sind. Club-Bester im örtlichen Fußballverein kann genügen, ob die Aufnahme als Athlet gelingt, ist aber abhängig vom Anspruchsniveau der Wunschuniversität.

Bei uns ist der Leistungssport nicht unmittelbar mit der Schulzeit und mit dem Studium an einer bestimmten Universität gekoppelt. Unsere Kinder machen oft überhaupt keinen Sport mehr, wenn sie ihr Studium beginnen. Und die Sportvereine an unseren Universitäten haben nur in sehr geringem Umfang (Ausnahme sind die Sporthochschulen) nationale oder sogar internationale Bedeutung. Wer aber jemals auf einem Sportereignis einer guten amerikanischen Universität war, weiß um die identitätsstiftende Wirkung dieser Veranstaltungen.

Zu den beeindruckendsten Erlebnissen auf sportlichem Sektor gehört zweifelsohne American Football. Wer schon einmal ein Spiel in einem der universitätseigenen Arenen für 30 000, 40 000 oder sogar 60 000 Besucher gesehen hat, weiß, wovon ich spreche. Basketball und Football an und von Universitäten sind sogar populärer als die Profiligen. Die Sportteams sind ein wesentlicher Teil des Campuslebens, sie sind der Stolz und das Aushängeschild der Universitäten. Nur sehr wenige interessieren sich *nicht* dafür. Abgesehen davon hat Stanford bei den letzten Olympischen Spielen mehr als 16 Medaillen gewonnen. Ist das nicht beeindruckend?

Was muss man also machen, um aufgrund sportlicher Leistungen an einer amerikanischen Universität aufgenommen zu werden? Man sollte sich unbedingt bereits im Jahr vor der eigentlichen und offiziellen Bewerbung an die jeweiligen Sportcoachs der infrage kommenden Universitäten wenden und vorsprechen. Wenn man Glück hat, darf man an einem Spiel teilnehmen. Wenn man noch mehr Glück hat, wird man anschließend gebeten, Mitglied des jeweiligen Sportteams zu werden. Erst dann folgt die eigentliche offizielle Bewerbung. Und auch diese muss gut oder sehr gut sein. Ausschließlich sportliche Lorbeeren genügen meist nicht. Natürlich gibt es auch hier wieder Ausnahmen. An der University of California, Los Angeles, genannt UCLA, werden hervorragende Tennisspieler in das Tennisteam aufgenommen, die akademisch wesentlich schwächer sind und sein dürfen. Die Folge ist, dass die Tennisspieler von UCLA die Tennisspieler von Stanford vom Platz fegen.

Natürlich kann man leichter in eine der circa 3000 amerikanischen Universitäten aufgenommen werden, die nicht zu den Top 10 oder 20 gehören. Es hat auch nicht jede dieser Top-Universitäten das Beste aller nationalen Football- oder Soccer-Teams. Aber wie gesagt: Viele Universitäten sind hierzulande oft völlig unbekannt oder liegen nicht so sehr im Zentrum der Begehrlichkeit. Und das ist eigentlich schade, denn die Auswahl und Unterschiedlichkeit ist groß und bietet alles, was auch das Herz eines Sportlers begehrt.

Und wie sieht der Alltag von Studenten aus, die gleichzeitig Athleten sind? Man ist die gesamte Studienzeit zum Beispiel im Fußballteam und vertritt die Schule als Sportler. Bekommt man weder ein Teil- noch ein Vollstipendium, kann man nach zwei Jahren ausscheiden, allerdings wird das nicht gern gesehen.

Auch hier gilt, wie im gesamten angelsächsischen Raum, ein hohes Maß an Fairness und Respekt gegenüber dem Sportcoach und dem Team. Die Zugehörigkeit zu einem Sportteam, das für die Universität, den Staat oder sogar für das Land kämpft, ist mehr als nur eine schnöde Mitgliedschaft. Ich würde sogar behaupten, die Sportler lernen während ihrer aktiven Zeit ein hohes Maß an Würde und Anstand und die dafür notwendige Etikette.

Die Athleten trainieren circa fünf bis sechs Stunden am Tag und verpflichten sich neben den akademischen Anforderungen, an allen anstehenden Wettkämpfen teilzunehmen. Das bedeutet, jeden Tag um fünf oder sechs Uhr morgens aufstehen, gefolgt von einem dreistündigen Training, dann akademischer Alltag bis nachmittags und dann meist wieder zwei bis drei Stunden Training. Auch samstags. Das muss man aushalten können!

Unser älterer Sohn wurde zu Beginn seines Studiums für das Varsity Team der Ruderer akquiriert, weil er groß und sportlich ist. Von heute auf morgen war er Teil eines Sportlerteams, das bei den Olympischen Spielen meist gegen England rudert. Eine große Herausforderung für einen jungen Mann, der in der Schule zwar mit 13 oder 14 Jahren Fußballteamkapitän gewesen war und einige Sportarten sehr gut beherrscht, der jedoch zuvor noch nie Hochleistungssport betrieben hatte. Er hat das Trainingspensum ein Semester lang mitgemacht und das Ruderteam anschließend wieder verlassen. Das war keine leichte Entscheidung, aber seine Argumentation war wohl für alle Beteiligten nachvollziehbar. Er hatte sich ja nicht als Ruderer in Stanford beworben und war dort auch nicht als Athlet aufgenommen worden. Er war nach Stanford gekommen, um die dortigen akademischen Möglichkeiten auszuschöpfen. Und er hatte andere Pläne, er wollte eine Firma gründen, was er im zweiten Studienjahr auch verwirklichte. Der größtmögliche Gewinn und eine für ihn unendlich wertvolle Lektion aber war, dass das gesamte Training darauf abzielt, in den letzten Minuten eines Wettkampfes, in denen das eigene Team zu einer beeindruckenden Einheit verschweißt, alles zu geben, um die gegnerische Partei niederzuringen. Diese Erkenntnis und ihre Umsetzung waren für ihn überaus beeindruckend, und er war dem Team und dem Coach sehr dankbar für die wertvollen Erfahrungen, die er während dieser Zeit hatte machen dürfen. Er achtete und mochte seine Ruderkollegen sehr. Er genoss die Gemeinschaft und den Zusammenhalt, und seine Entscheidung tat ihm leid, war aber aus seiner Sicht unwiderruflich. Auch ich war damals sehr beeindruckt von dieser Lernerfahrung und war dankbar, dass er diese Erfahrung hatte machen dürfen.

## Soziale Kompetenz

Ein schwieriges Kapitel und eine Gratwanderung zwischen den Kulturen. Amerika ist in vielem ganz anders als Europa, was oft vergessen wird. Auf dem gesellschaftlichen »Parkett« wird dies besonders deutlich.

Bei uns lernen die Kinder sehr viel früher gesellschaftliche Rituale und Vergnügungen kennen. Sie gehen früher aus, imitieren früher das Erwachsenenleben, trinken früher Alkohol, gehen in Bars und Clubs, in Tanzschulen, besuchen mit ihren Eltern Opern oder sogar Bälle. Manchmal treffe ich auf Jugendliche, die bereits in wirklich jungen Jahren Partyvollprofis sind, über beeindruckende Netzwerkstrategien verfügen und sich in festen Cliquen und großen Freundes- und Bekanntenkreisen bewegen.

In den USA passiert dieser »Lernprozess« sehr viel später, und die jungen Männer und Frauen, die meist schon mit 18 Jahren die Universitäten besuchen, sind in unseren Augen genauso oft naiv, kindlich und ungeschliffen. Diese »Kinder« haben in ihren letzten beiden Schuljahren um die Aufnahme in eine der begehrten Universitäten gekämpft, sie haben unglaublich hart dafür gearbeitet, sie haben zusätzlich Mathematik- oder sportliche Wettbewerbe gewonnen, sie hatten keine Zeit für »Socialising« und auch kaum Zeit zu »chillen«. Sie haben im engen Verbund ihrer Familie, ihrer Schule oder ihres Sportvereins gelebt. Zudem fördert, unterstützt, strukturiert und organisiert die amerikanische Highschool, anders als die deutsche Schule, oft auch die außerschulischen Aktivitäten der Kinder. Die Kinder sind während ihrer Schulzeit Thea-

terdirektoren oder Kunstkuratoren, sie leiten soziale Hilfs-
dienste oder Forschungsprojekte, sie engagieren sich für die
Umwelt, spielen Schach gegen andere Meister, konkurrieren
landesweit bei »Speech and Debate«-Wettbewerben, spielen im
Schulorchester oder sind mit 16 Jahren ausgebildete Konzert-
pianisten. Sie sind vielleicht Mitglied der »Drama Group« der
Schule und drehen in den Ferien einen Film, oder sie müssen
schlichtweg nach der Schule und während der Ferien arbeiten,
weil Universitäten in den USA viel Geld kosten.

Der Fokus liegt auf Leistung, Wettbewerb und Kreativität.
Da kommt das soziale Netzwerken während der Schulzeit zu
kurz!

Gehen wir von guten familiären Verhältnissen aus, können
Sie beobachten, dass sich amerikanische Kinder nicht bereits
mit zwölf oder 13 Jahren von zu Hause abnabeln, wie dies Kinder tun, die schon früh ausgehen dürfen oder die zu früh auf
sich selbst gestellt sind. Sie werden auch sehen, dass amerikanische Eltern sehr leiden, wenn sie ihre Kinder mit 18 Jahren
in die Universität entlassen. Ich habe oft gesehen, wie schwer
es den Eltern fällt, ihre Kinder der Universität »zu übergeben«,
die ihnen auch vermittelt: »Wir übernehmen jetzt und nehmen
die Zukunft Ihrer Kinder in unsere Hand.« Familien weinen
bitterlich bei der Verabschiedung ihrer Kinder.

Amerikanische Kinder und Jugendliche lernen früh, auf
andere Rücksicht zu nehmen, sie lernen, freundlich, offen
und tolerant zu sein, aber sie lernen relativ spät, wie sie sich
in bestimmten sozialen Situationen verhalten sollten. Sie sind
nicht erfahren, wenn es um das soziale Miteinander, aber auch
um das versierte und geschickte »Gegeneinander« geht. Sie
sind vielleicht deshalb in jüngeren Jahren introvertierter und
weniger wendig. Sie sind hinsichtlich ihrer emotionalen Intelligenz unreifer, auch wenn sie auf anderen Gebieten bereits
Großartiges vollbringen oder vollbracht haben. Universitäten
wie Caltech, MIT, Princeton oder Harvard wählen die künfti-

gen Studenten nach ihrer Intelligenz und nach ihrer Fähigkeit aus, diese Intelligenz in Kompetenzen umzusetzen.

Unsere Söhne und Töchter sind zu Beginn ihres Studiums auch oft älter, sie wohnen nicht auf dem Campus in Dormitories und führen eigentlich ein unabhängiges Erwachsenenleben.

Daher sind Studenten und Studentinnen aus Deutschland oft erst einmal irritiert, wenn es aufgrund dieser gesellschaftlichen Unbedarftheit nicht gleich das große Miteinander gibt und die Partys wie zu Hause gefeiert werden oder der Clubbesuch am Abend zu den üblichen Freizeitvergnügungen zählt. Es braucht ein bisschen Zeit, und die Universitäten helfen, so gut sie können. Im Freshman-Jahr gibt es viele Veranstaltungen, die von der Universität organisiert werden, damit die jungen Leute aufeinander zugehen. Und es gibt natürlich die Fraternities und Sororities, die einen großen Teil der sozialen Aktivitäten auf dem Campus gestalten und mit ihren festen Strukturen den Einzelnen auffangen und in ihre Freundesfamilie integrieren.

Tatsache ist, dass man in den meisten Fällen auf einem Universitätscampus lebt, und damit tut sich ein junger Erwachsener aus Deutschland sicherlich erst einmal schwerer, wenn er, wie bei uns oft üblich, erst nach einem Gap Year, mit 20 oder 21 Jahren, an die Universität geht. Dann ist man bereits zwei Jahre älter als der Schnitt der Studienanfänger und kommt zudem aus dem fortgeschrittenen europäischen »Trainingslager« für soziale Kompetenz. Da kann es schon passieren, dass die amerikanischen Kommilitonen im ersten Augenblick kindisch und unreif wirken.

Aus diesem Grund ist es meiner Ansicht nach klüger, das Studium sofort nach dem IB (International Baccalaureate) oder dem Abitur zu beginnen, wenn man 18 oder 19 Jahre alt ist.

Allerdings möchte ich auch hier darauf hinweisen, dass eine Verallgemeinerung nicht richtig ist, denn wie so oft zählen die

Individualität und der Freiraum, in dem sie sich entwickeln darf.

## Alkohol und Drogen

Auch das ist ein ambivalentes Thema in den Vereinigten Staaten, denn eigentlich dürfen junge Erwachsene bis 21 Jahre überhaupt keinen Alkohol zu sich nehmen, im Gegensatz zu Deutschland, wo Ausgehen und zumindest das Trinken von Wein und Bier ab 16 Jahren legal und üblich sind.

Die gesetzliche Lage in den USA und ihre strenge Ausübung ist auch für die Universitäten kein leichtes Spiel, denn sie müssen zwischen Erziehungsauftrag und kontrolliertem Verständnis agieren.

Deshalb sieht die Wirklichkeit so aus, dass die meisten Universitäten den Verzehr von Alkohol stillschweigend dulden, solange gewisse Regeln eingehalten werden beziehungsweise der Konsum nicht öffentlich ist und über die Stränge schlägt.

Die meisten Universitäten verhalten sich da relativ liberal, aus der Erfahrung heraus, dass das strikte Verbot nur zu noch mehr Heimlichkeiten führt. Oder sie ignorieren das Thema, denn jeder weiß, dass während des Pledging-Prozesses Alkohol getrunken wird, um in eine Fraternity aufgenommen zu werden, und dass viele Amerikaner ihre ersten Alkoholerfahrungen zu Beginn ihrer Universitätszeit machen. Da kann es zu mittelschweren Exzessen kommen, wenn die Erfahrung und das Wissen um die Wirkung von Alkohol völlig fehlen.

Es gibt die landesweite Vereinigung »Mothers against Drinking« (Mütter gegen das Trinken), die ohne Zweifel ihre Berechtigung hat, aber was ist mit dem weitverbreiteten Konsum von Marihuana? Viele Eltern rauchen selbst immer noch ihre Joints, aber das Trinken von Alkohol oder das Rauchen von Zigaretten erregt die Gemüter oft mehr als ein Joint – der, das darf man allerdings nicht außer Acht lassen, in manchen amerikanischen Staaten mittlerweile legal ist.

Dennoch ist die Art und Weise, wie mit dem Thema Alkohol und Drogen umgegangen wird, in meinen Augen ambivalent, denn Alkohol wird verteufelt und Drogen werden oft ignoriert! So kommt es immer wieder vor, dass junge Menschen in US-Colleges und -Universitäten an Drogen sterben. Die Ursache für den plötzlichen Tod ist oftmals der gleichzeitige Missbrauch von Kokain und Alkohol. So ein Unglück schockiert und kann nur eine unmissverständliche Warnung für alle sein, die glauben, dass sie ihrem Körper alles zumuten können.

## Sexualität

In manchen Bereichen sind Amerikaner hochgradig dünnhäutig, in anderen wieder äußerst robust. Die Sexualität der Studenten und Studentinnen amerikanischer Universitäten ist so ein Bereich, der beides beinhaltet, denn eigentlich ist alles ganz normal, und dann gibt es wieder Vorkommnisse, die für uns sehr extrem anmuten.

Bei uns ist der Umgang mit Sexualität viel entspannter als in den USA, das wissen wir alle! Wir Europäer haben auch eine andere Kulturgeschichte, und jeder weiß, dass man die Sitten in Saint-Tropez oder auf Ibiza nur bedingt in den USA ausleben kann. Man denke nur an Frauen ohne Bikinioberteil am Strand.

In den USA kommt es sehr darauf an, wo man sich befindet. Die Küsten sind liberaler, das Landesinnere, vor allem der sogenannte Bible Belt (Bibelgürtel), kann sehr konservativ und zugeknöpft sein. Ich habe bisher beides gesehen: Es gibt immer noch den Druck für junge Frauen, an der Universität oder am College ihren Partner fürs Leben zu finden. Die Ausrichtung ist recht konservativ, man verliebt sich, heiratet nach dem Universitätsabschluss, arbeitet und bekommt Kinder. Die Studentinnen buhlen oft um die attraktivsten Studenten, was dazu führen kann, dass einerseits relativ aggressiv »akquiriert« wird und dass sich andererseits die jungen Männer manchmal zu viel herausnehmen.

Es gibt aber auch starke feministische Strömungen, die zur Folge haben können, dass das Spiel mit Liebe und Sexualität für junge Männer problematischer werden kann. Feministische Gruppen, die relativ resolut auftreten, gehören zum amerikanischen Universitätsalltag, und sie haben einen großen Einfluss auf die Art und Weise, wie in diesem Land mit dem Thema Sexualität unter Studenten und Studentinnen umgegangen wird.

Das führt dazu, dass Sexual Life auf dem Campus ein Riesenthema ist, das nicht nur von den Institutionen selbst, sondern auch von den Medien aufgegriffen wird. Das ganze Thema ist hochgradig sensibel und führt zu einer Reihe von Verunsicherungen, die auch die Universitäten selbst erfassen.

Gerade in letzter Zeit sind die Berichte über genötigte oder vergewaltigte Frauen auf Universitätscampussen lauter geworden, die aber, wie sich mitunter herausstellte, nicht immer wahr sind.

Bestes Beispiel hierfür ist die Studentin an der Columbia-Universität, die nach der vermeintlichen Vergewaltigung durch ihren Freund wochenlang mit einer blauen Matratze über den Campus lief, um gegen das ihrer Meinung nach Geschehene zu protestieren. Ein anderer Fall machte an der Westküste Schlagzeilen, als eine Studentin auf Vergewaltigung klagte, nachdem sie von einem Stanford-Alumni und Silicon-Valley-Milliardär nach Rom eingeladen worden war, um dort ein paar Tage zu verbringen, mit Privatjet, Luxushotel und, und, und.

In beiden Fällen, die landesweit Aufsehen erregten, stellte sich heraus, dass die beteiligten Männer unschuldig waren beziehungsweise im zweiten Fall ein großes Einverständnis der beteiligten Frau bestanden hatte. Bitte verstehen Sie mich nicht falsch, natürlich müssen Vergewaltiger hart bestraft werden, das steht außer Zweifel, aber man darf nicht vergessen, dass dieses öffentliche »Messerwetzen« und Vorverurteilen vor allem in den sozialen Medien auch sehr viel zerstören kann – und zwar die Zukunft eines unschuldigen Menschen! So geschehen, der Student an der Columbia-Universität wurde voreilig und sofort vom Campus verbannt. Grund hierfür ist, dass die betroffenen Universitäten bereits den immensen Publicity-Schaden fürchten, wenn Gerüchte den Umlauf machen. Wenn bei uns Studenten einer Universität sogenannte schmutzige Witze erzählen, wie in der Fraternity auf dem Stanford-Campus geschehen, dann ist das bei uns für die meisten ein Kavaliersdelikt. Unsere Studenten leben oft nicht auf einem Universitätscampus, und ich denke, das Interesse an derartigen Vorfällen ist schlichtweg geringer. Ich frage mich auch, ob wir diese Vorfälle nicht haben oder ob wir nur nichts davon hören? Vielleicht aber ist die Wahrnehmung in den USA und entsprechend auch die Reaktion auf Themen der Sexualität und ihre Ausübung eine andere. Bei einer internen Befragung an einer Universität zu der Frage, wie die Studentin hätte reagieren sollen, als sie zur Reise nach Rom eingeladen wurde, haben die befragten Frauen abhängig von ihrem Alter sehr unterschiedlich geantwortet – und dies verdeutlicht sehr gut die gegenwärtige Haltung unter jungen amerikanischen Frauen, wenn es um das Verständnis zwischen Mann und Frau geht. Ältere Frauen waren der Meinung, dass die junge Studentin sehr genau wusste, worauf sie sich einließ, als sie die Einladung nach Rom annahm. Sie gingen davon aus, dass das großzügige Angebot ihres Liebhabers oder Freundes auch mit sich brachte, dass er von ihr erwartet hat, mit ihm zu schlafen. Hingegen waren junge Frauen zwischen 20 und 30 Jahren der Meinung, dass sie sehr wohl die Wahl gehabt hätte, dem Drängen des Mannes nachzugeben oder sich zu verweigern. Die großzügige

Einladung hätte dem Mann nicht das Recht gegeben, den Beischlaf zu fordern.

Als gesetzliche Auswirkung der beschriebenen Vorkommnisse an Universitäten und ihrer Veröffentlichung gab es eine Änderung im sogenannten Title-IX-Gesetz, die besagt, dass es für eine Vergewaltigung keinen eindeutigen Beweis mehr braucht, sondern dass ein hinreichender Verdacht genügt, um eine Strafverfolgung in Gang zu setzen. Als Frau finde ich das gut, aber für ganz normale junge Männer wird es dadurch nicht gerade einfacher. Manche Studenten sagen, dass sie so vorsichtig geworden sind, dass sie sich lieber nicht mehr mit einer Studentin einlassen.

Auf was ich gerne noch hinweisen möchte, ist, dass es an amerikanischen Universitäten und Colleges Gay oder Lesbian Communities gibt, dass Vertreter für die unterschiedlichsten Minorities jeder Art zu finden sind und dass die Studenten und Studentinnen sehr dazu erzogen werden, allen diesen Gruppen tolerant und rücksichtsvoll zu begegnen. Verstöße dagegen werden nicht akzeptiert und gelten gesellschaftlich als unmöglich.

Zu dieser Entwicklung zählt auch die Einführung sogenannter Gender-WCs für Mitglieder der Universität oder des Colleges, die ihr Geschlecht nicht eindeutig definieren wollen oder können. Das geht so weit, dass diese Studenten bestimmen können, wie sie angesprochen werden wollen: she – he – it. Bis wir an unseren Universitäten auf dieser Toleranz- und Rücksichtsebene ankommen, ist es noch ein langer Weg.

## Ehrlichkeit und Integrität

Beides ist eng miteinander verbunden und gilt als Ehrenkodex für alle Studenten und Studentinnen. Sogenanntes »Cheating« (Mogeln, Schummeln) bei Prüfungen, Hausarbeiten oder Referaten ist absolut verpönt und wird im Falle des Nachweises streng bestraft.

Es gibt an jeder Universität Fachpersonal, das im Falle eines möglichen Betrugs eine Anhörung mit dem Beschuldigten einleitet und nach Rücksprache mit dem jeweiligen Professor des Beschuldigten und anderen ausgewählten Beratern und Entscheidern ein Urteil fällt.

Das kann bedeuten, dass derjenige, dem der Betrug nachgewiesen wurde, zum Beispiel Sozialstunden leisten muss. Es kann aber auch dazu führen, dass der Betroffene für ein Semester von der Universität suspendiert werden kann. Das ist abhängig von der Schwere des Betrugs.

Ich kann daher vom sogenannten Schummeln, was bei uns als Kavaliersdelikt gilt und vor allem in der Schule von vielen sogar perfektioniert wird, nur abraten. Die Gefahr, dass man erwischt und hart bestraft wird, ist einfach zu groß. Auch an amerikanischen Universitäten wird abgeschrieben, aus dem Internet kopiert oder bei Prüfungen nachgeholfen, wenn der Professor dieselben Fragen wiederholt stellt oder dieselben Hausaufgaben auch im anderen Kurs oder Seminar auftauchen.

Aber wie gesagt, bei diesem Thema verstehen amerikanische Universitäten keinen Spaß!

# Gap Year – Raus aus der Komfortzone

Es gibt Abiturienten, die genau wissen, was sie im »ersten Jahr der Freiheit« machen wollen. Aber ist das nicht die Ausnahme?

Die meisten Jugendlichen träumen davon, machen zu können, was sie wollen, nur wissen sie eigentlich nicht wirklich, was! Daraus ergibt sich dann oft eine Abfolge von Praktika, gern auch im umliegenden Ausland, gemischt mit Sprachkursen in London, Paris oder Madrid. Spätestens nach dem dritten Praktikum hängt die Laune durch, weil alles weit weniger aufregend ist als zunächst erhofft.

Das kann daran liegen, dass die Praktika langweilig sind, denn wirklich ernst genommen wird man als Intern oder Praktikant meist erst während des Studiums. Entsprechend bekommt man auch erst dann die wirklich interessanteren Aufgaben und Arbeitsbereiche zugeteilt. Es kann aber auch sein, dass man während der Praktikumszeit herausfindet, was man im späteren Berufsleben nicht machen möchte. Aber auch das ist nicht wirklich erheiternd und motivierend.

Ich empfehle deshalb, dass die künftigen Studenten entweder sofort nach dem Abitur mit dem Studium beginnen oder aber bewusst ihre Komfortzone verlassen und Praktika in Ländern oder in Arbeitsbereichen absolvieren, die normalerweise nicht in ihre Vorstellungswelt, zu ihrem Kulturkreis oder ihrem üblichen Umfeld gehören. Wenn man über den Tellerrand hinausschaut, wird die Welt groß und bunt und den Möglichkeiten sind keine Grenzen gesetzt: als Englischlehrer oder -lehrerin in Asien oder Afrika, als Gaucho auf einer Hazienda in Argentinien, bei Bioprojekten in Asien, auf Tierfarmen in Afrika, als Animateur im Hotel auf Hawaii, als Betreuer im Kinderheim in Ecuador, für Forschungsprojekte in Indien oder in der Antarktis, ein meeresbiologisches Projekt auf den Fidschi-Inseln und vieles andere mehr.

Manchmal erlebe ich, dass Eltern auf solche Vorschläge sehr ängstlich reagieren, weil sie selbst nur in Europa reisen oder weil sie um die Sicherheit und Gesundheit ihres Kindes besorgt sind.

Für den Fall, dass der Sohn oder die Tochter den Schritt in die Welt allein oder mit Freunden nicht wagt, kenne ich Gap-Year-Programme, die vieles von dem beinhalten, was ich zuvor aufgezählt habe: Die Programmteilnehmer bereisen vier Kontinente, sie arbeiten, sind wohltätig und auch als Touristen unterwegs. Sie wohnen und leben keineswegs feudal, erleben ungeahnte Dinge oder machen Erfahrungen, die sie voll und ganz herausfordern und die sie sicherlich in ihrem gewohnten und bequemen Umfeld nie erleben würden.

Vorteil für die Eltern ist, dass die Jugendlichen die gesamte Zeit intensiv betreut, geführt und begleitet werden und dass es sich definitiv nicht um langweilige Praktika handelt, die mehr frustrieren als wirklich begeistern.

Nachteil ist, dass diese Programme teuer sein können und daher für viele Familien nicht infrage kommen. Allerdings bietet der Gap-Year-Markt für alle Geldbeutel und Wünsche ein Angebot. Sei es hochpreisig, mit einem Freiwilligendienst, kostenlos oder sogar mit Stipendium. Jugendbildungsmessen können hier einen guten Überblick verschaffen. Zum Beispiel das Winterline Global Skills Program (www.winterline.com) mit Angeboten wie: Lerne Tauchen, Baue ein Haus, Programmiere einen Computer, Führe Regie, Starte ein Unternehmen.

Das ähnliche, neunmonatige Thinking-beyond-Borders-Programm (www.thinkingbeyondborders.com) bietet ebenfalls spannende Herausforderungen. Das Carpe-Diem-Education-Programm (www.carpediemeducation.org) dauert nur drei Monate, hat Selbstmanagement und Führungsqualitäten im Fokus und bereitet auf das künftige Studium in den USA vor.

Ein anderes Konzept, dessen Programme und Kosten jeder absolvieren und tragen kann, verfolgt »Project Abroad« oder »Work and Travel«. Es gibt Webseiten, die weltweit Voluntierprogramme, Jobs und soziale Tätigkeiten oder eine Kombination aus allen dreien für die Zeit eines Gap Years ausschreiben und anbieten. Zum Beispiel:

* www.projects-abroad.org
* www.globalworkandtravel.com
* www.gviusa.com
* www.gooverseas.com
* gap.rusticpathways.com
* www.globalcitizenyear.org
* www.crossculturalsolutions.org
* www.goabroad.com
* www.volunteerforever.com

Und es gibt Freiwilligendienste, wie zum Beispiel den Verein für internationalen und interkulturellen Austausch (VIA), die staatlich subventioniert sind und Auslandsaufenthalte ermöglichen. Allerdings rate ich sehr, all diese Angebote genau zu prüfen, ob sie auch wirklich halten, was sie versprechen. Ich habe schon einige Male erfahren, dass Overseas-Projekte enttäuschend waren, weil sie anders waren als dargestellt oder überhaupt nicht stattfanden. Ersatzweise wurden dann zwar andere Aufgaben vor Ort angeboten, die die Enttäuschung jedoch nicht mindern konnten.

Diese Zeit »overseas« kann trotz aller Vorbehalte aufregend und immens nachhaltig für die Entwicklung Ihres Kindes sein. Sie kann natürlich auch den Weg in eine der Top-10- oder -20-Universitäten vorbereiten, wenn für die Universität ersichtlich wird, wie, warum und wofür das Gap Year für den jungen Menschen gut war und was ihn zu einem interessanten und geeigneten Bewerber macht

Erfolg ist nicht nur notenabhängig, Erziehung und Entwicklung finden nicht nur zu Hause und hoffentlich auch in der Schule statt und das Abitur ist nicht das Ende der Fahnenstange. Die überzeugende Darstellung einer außerordentlichen Erfahrung außerhalb der gewohnten Umgebung kann für die Entscheidung des Admission Officers ausschlaggebend sein und Ihren Sohn oder Ihre Tochter zu einem wirklich interessanten und begehrenswerten Aufnahmekandidaten machen. Es geht um Mut und Ausdauer, den Willen und die Kraft, die eigenen Grenzen zu testen, um zu erfahren, was den Bewerber so besonders macht.

# Während der Schulzeit in die USA und nach Kanada

Amerikanische Kinder haben es nicht so gut wie unsere Kinder. Sie müssen oft schon während der Schulzeit arbeiten, um Geld für ihre künftige Universität oder ihr College zu verdienen. Sie kellnern in Restaurants, arbeiten als Pool Boys, jobben in Kaufhäusern oder sortieren Regale in Supermärkten. Und das ist auch in besser verdienenden Familien ganz normal.

Haben wir das unseren Kindern auch zugemutet? Ja, zum Teil, nicht immer konsequent!

Es gab mehrwöchige Jobs in Unternehmen, aber auch im Kinderheim, im Hotel, als Hausmeister und in einem Reha-Zentrum. Und zu Hause haben sie gelernt, wer das Mineralwasser nach oben trägt!

Wir sind mit unseren Kindern viel gereist, besonders gern außerhalb Europas, und zwangsläufig waren die SAT-Übungsbücher in den letzten eineinhalb Jahren vor dem Abitur für Frederic und Alexander ein ständiger Begleiter, wenn auch nicht immer so gezielt und strategisch, wie es vielleicht anmutet.

In den USA sind die Eltern ab der neunten Schulklasse damit beschäftigt, den Weg ihres Sprösslings in das College oder die Universität nach allen Regeln der Kunst zu begleiten. Sie sind dabei wesentlich stärker in den Bewerbungsprozess ihrer Kinder involviert, als sich das deutsche Eltern vorstellen können. Zum einen liegt das am Bewerbungsprozess selbst, der lang, vielschichtig und anspruchsvoll und durch viele Fristen, weitläufige Informationen und diverse Voraussetzungen sehr komplex ist. Sich da allein als Schüler durchkämpfen zu müssen, führt leicht und schnell zu Fehlern und Versäumnissen und leider oft dazu, dass die Bewerbung frühzeitig aufgegeben wird oder schließlich misslingt.

Das Studium an einer amerikanischen Universität bedeutet weit mehr, als das in unserem Land und Kulturkreis üblich ist. Der Student und die Studentin bleiben ein Leben lang mit ihrer Universität verbunden, sie profitieren beruflich und privat von einem starken Netzwerk und identifizieren sich bis ins hohe Alter mit den Werten und Idealen »ihres« Colleges oder »ihrer« Universität. Gerade deshalb ist es für die meisten amerikanischen Kinder sehr wichtig, in welche Universität sie aufgenommen werden.

Wenn sich Ihr Sohn oder Ihre Tochter trauen, über den Tellerrand hinaus zu sehen, und wissen wollen, was »da draußen« so los ist, dann empfehlen die Berater der International-Education-Agentur Learnout (www.learnout.de) den Schülern, abhängig von ihrem persönlichen Status quo und der häuslichen Situation, ein Summer Camp während der Sommerferien zu besuchen oder an einem Austauschprogramm teilzunehmen, um dort zu erfahren, wie viel leistungsorientierter, wettbewerbsintensiver und aktiver Jugendliche in den USA leben. Dieser Einstieg gibt den ersten Impuls und kann verschlafene, unmotivierte oder vielleicht auch frustrierte Jugendliche gehörig aufrütteln und ihnen neue Ziele und Horizonte aufzeigen. Und die, die einfach nur neugierig sind oder bereits verstanden haben, welche Chancen da »draußen« auf sie warten, können ihre Talente unter Beweis stellen, können neue Gipfel erklimmen, im wörtlichen wie im übertragenen Sinn, oder wertvolle Leistungsbeweise für spätere Bewerbungsentscheidungen sammeln.

Einen guten Überblick über Austauschprogramme vor, während und nach der Schulzeit bietet Youth for Understanding (www.yfu.de). Das Portal www.schueleraustausch-usa.e2make.com vergleicht die verschiedenen Anbieter in den Kategorien Preise, Leistung, Stipendien, Regionenwahl, Beurteilung und Empfehlung.

Es gibt unendlich viele Sport-Camps, vor allem an der Ostküste, in denen Kinder erleben können, wie Alltag, Sport und Zusammenleben in Amerika funktioniert. Darüber hinaus lernen sie, Herausforderungen anzunehmen, sie erfahren Förderung und Unterstützung, sie werden erzogen. Nein, leider nicht bei den Tischmanieren ..., aber vielleicht genauso wichtig oder sogar wichtiger: wie man als Team zusammenarbeitet und gewinnt, dass man tolerant und offen sein kann, ohne andere auszuschließen, wie man Motivation in Leistung verwandelt.

Berater wissen, welche Camps die Kinder weiterbringen können, weil sie dort in »Young Leadership«, »Strategy« oder »Mathematics and Sciences« gefördert und gefordert werden. Es gibt Sommer-Job-Programme, Nature Camps, Athletic Camps, Sleepover Camps, Pre-College Camps. Die Jugendlichen lernen Theater spielen, fotografieren, Silber schmieden, Computerprogramme schreiben und vieles andere mehr.

Das Programm www.studentsonice.com bietet Expeditionen in die Arktis und Antarktis an und vergibt Stipendien mithilfe einer Stiftung der Partner und Alumnis, wenn Teilnehmer die anfallenden Kosten nicht bezahlen können. Sehr viele Universitäten und Colleges bieten Sommercamps an. Diese Vielfalt finden Sie unter anderem bei thecamplady.com oder suchen Sie im Internet unter: How to find the right summer camp (Wie finde ich das richtige Sommercamp). Unter www.forbes.com/college-summer-programs-for-high-schoolers können Sie eine Einschätzung der Angebote von Sommercamps amerikanischer Universitäten nachlesen. Auch internationale Schulen bieten Sommercamps an, wie zum Beispiel die St. Gilgen International School in Österreich (www.stgis.at), falls Ihre Kinder erst einmal nicht so weit weg wollen.

Die Herausforderungen und die Dynamik der Aktivitäten in diesen Camps darf nicht unterschätzt werden, und doch kommen die Kinder mit glänzenden Augen und einem gewaltigen Entwicklungssprung wieder nach Haus.

Möchte Ihr Sohn oder Ihre Tochter ein Semester oder ein

ganzes Jahr auf einer Highschool verbringen, dann gibt es eine Fülle von Schulen und Internaten, die mit Beratungen (www. learnout.de) kooperieren. Und auch hier gibt es den zeitlich gestaffelten Schüleraustausch, entweder von ausgewählten amerikanischen Schulen für ausländische Schüler und mit der Möglichkeit, sich direkt für ein Stipendium zu bewerben, oder über eine Fülle von Organisationen, die ebenfalls Stipendien vermitteln. Siehe hierzu www.schueleraustausch-portal.de.

Möchte man in Kanada sein Abitur machen, sollte man bereits in der zehnten Klasse an eine Highschool wechseln, um ein Jahr lang die Sprache zu verbessern, bevor man die letzten zwei Jahre für das IB Diploma lernt.

Will man die Schule in den USA abschließen, sollte man bereits in der neunten Klasse starten. Man braucht im dortigen System vier Jahre und zusätzliche Advanced Placement (AP-)Kurse (www.blog.prepscholar.com/what-are-ap-courses-and-why-should-you-take-them). Das sind Kurse auf Universitätsniveau, die in Highschools zusätzlich zum Highschool-Programm angeboten werden und von Universitäten als akademische Leistung anerkannt sind. Es wird stark empfohlen, fünf AP-Kurse zu wählen und in den Examen sehr gut abzuschneiden, denn hier zeigt sich wieder das Auswahlprinzip: Ich muss mich zusätzlich anstrengen, muss Motivation, Interesse, Leidenschaft und natürlich Leistung zeigen und anhand sehr guter Noten beweisen, damit gute Universitäten mich als Bewerber überhaupt beachten. Das ist sehr viel Arbeit, verglichen mit dem Lernpensum an unseren Schulen. Zudem lernen die Jugendlichen in den Ganztagsschulen und Internaten Teamgeist, Disziplin, Verantwortung und Respekt, aber auch kritisches Denken und Selbstreflexion. Ich werde nie unsere Graduation-Feier in der Internationalen Schule vergessen, die wie eine Highschool-Abschlussfeier abgehalten wurde. Alle Schüler saßen im großen Musik- und Theatersaal vor den anwesenden Eltern und Großeltern. Der Direktor der Schule bat alle Abiturienten im Laufe der Zeremonie aufzustehen, sich zu ihren Familien umzudrehen, zuerst den Großeltern und dann den Eltern zu danken und sich jedes Mal vor ihnen zu verbeugen. Mutet altmodisch an? Ich kann Ihnen sagen, alle Eltern und Großeltern hatten Tränen in den Augen, und ihren Kindern wurde spätestens in diesem Moment klar, dass nicht alles im Leben selbstverständlich ist.

Fühlen Sie sich inmitten der Flut von Angeboten im Internet oder auf Bildungsmessen unbehaglich, greifen Sie lieber auf die Hilfe einer Beratungsagentur wie zum Beispiel Learnout zurück, die Sommer-, Semester- und Jahresaufenthalte in den USA und in Kanada organisiert. Auf diese Weise ist die Beratung und die Begleitung während der Zeit im Ausland auf Ihre Tochter oder Ihren Sohn persönlich und individuell zugeschnitten, und Sie können davon ausgehen, dass Ihr Kind akademisch, sportlich, hinsichtlich seiner Interessen und seiner Persönlichkeit herausgefordert wird.

Ich kann nun am Ende dieses Teils nur hoffen, dass ich Ihr Interesse wecken konnte und dass sich einige von Ihnen angesprochen fühlen. »Wo bitte geht´s nach Stanford« steht für eine behutsame Erziehung, die die wahre Herausforderung für Eltern darin sieht, den Spagat zu schaffen zwischen Spielen in der Natur und kompetent Werden in der Technologie. Kinder wachsen nicht im Wald auf, aber sie sollten auch nicht mit zwei Jahren am Tablet spielen. Wir sollten die Natur nicht vernachlässigen, aber die Technologie auch nicht verteufeln. Für unsere Schulen würde ich mir wünschen, dass sie stärker fördern und fordern, dass sie aber auch positiv und konsequent erziehen, dass sie sich dem Wettbewerb und der Zukunft und ihrer Technologie stellen, damit unsere Kinder bestmöglich auf ihre Ausbildung und ihr Leben vorbereitet werden. Wenn sich Ihre Kinder aufmachen wollen, um die Ausbildungsangebote jenseits von Europa zu entdecken und zu erfahren, dann werden sie erleben, dass ihr Kontinent nicht mehr ganz so überlegen ist, wie viele von uns immer noch glauben. Wir dürfen nicht ignorieren, was alles auf unsere Kinder zukommen wird beziehungsweise bereits zugekommen ist. Es wird immer Wissen und Werte geben, die unantastbar sind und durch die Qualität ihrer Interpretation und Weiterentwicklung fortbestehen. Es gibt aber auch Dinge wie künstliche Intelligenz, autonomes Fahren oder virtuelle Realität, die bei uns noch weitgehend unbeachtet sind, auf der anderen Seite der Welt aber bereits in die Arbeitswelt integriert sind.

Jeder muss deshalb für sich selbst entscheiden, wie weit und in welche Richtung sein Horizont gehen wird. Was für den einen uninteressant oder unwichtig, vielleicht sogar unerträglich ist, bedeutet für den anderen die Zukunft der Welt. Wenn Sie einen guten Freund von uns an der Westküste der USA auf Europa ansprechen, schaut er Sie verschmitzt über seine Lesebrille hinweg an und sagt: »Steinzeit!«

# Teil 2

## Dem Wollen mit Können
## gezielt den Weg bereiten

von Albert Wunsch

*»Ein Kind braucht die Ermutigung
wie eine Pflanze Sonne und Wasser.«*

Rudolf Dreikurs

# Faktoren einer behutsamen Erziehung zwischen Unter- und Überforderung

*»Mit einer Kindheit voller Liebe kann man ein
halbes Leben hindurch die kalte Welt aushalten.«*
Jean Paul

Eltern wollen in der Regel das Beste für ihre Kinder. Aber was ist das Beste? Wann muss ich ein Stopp des Kindes akzeptieren oder ignorieren? Wie kann ich altersgemäße Impulse zur Eigeninitiative setzen? Was ist mit Behutsamkeit in der Erziehung gemeint, und wie grenzt sich diese von Ängstlichkeit ab? Der Spagat zwischen Unterforderung und Überforderung ist im Alltag recht schwierig. Dies wird besonders bei der Vorbereitung und Begleitung unserer Kinder auf dem Weg zur Schule deutlich. Da Eltern diese Aufgabe niemand abnimmt, sind sie darauf angewiesen, sich selbst in die Materie einzuarbeiten.

Kein Mensch würde sein Haus ohne ein kräftiges Fundament bauen, erst recht nicht, wenn mit Beben gerechnet werden muss. Auch wenn niemand weiß, was in 15 oder 25 Jahren sein wird, Selbstvertrauen, Zuversicht, Stabilität und Lebensmut werden sicher dazugehören, um in dieser zukünftigen Welt leben oder gar überleben zu können. So sehr wir auch unseren Kindern gute Lebensbedingungen wünschen, sie sollten auch darauf vorbereitet sein, wenn der Boden unter ihren Füßen durch Wirtschaftskrisen, Gewaltattacken, durch persönliche Schicksalsschläge oder ökologische Verwerfungen ins Wanken gerät.

»Wenn das Leben keine Vision hat, nach der man strebt, nach der man sich sehnt, die man verwirklichen möchte, dann gibt es kein Motiv, sich anzustrengen«, schrieb der Psychoanalytiker Erich Fromm (1900–1980). Aber aufgrund welcher Voraussetzungen können Visionen wachsen, die uns ins anstrengende Handeln bringen? Welche Funktion hat dabei die Erziehung durch die Eltern? Auch wenn Kinder und Jugendliche meist etwas leisten wollen, durch welche Dispositionen werden »Durchhängephasen« vermieden bzw. geschaffen und wie ist dann damit umzugehen? Die Psychoanalytikerin Ruth Cohn (1912–2010) brachte dazu vor etlichen Jahren in einem Vortrag in Köln ein: »Zu viel und zu wenig wollen macht ohnmächtig und krank!« Es geht also um das Finden einer lebbaren Balance.

## ›Ich bin bei dir!‹ – Sichere Bindung und Urvertrauen als Basis jeglichen Lernens

Die Bedeutung der frühkindlichen Bindung wurde schon etliche Jahre vorher für den britischen Kinderarzt, Kinderpsychiater und Psychoanalytiker John Bowlby (1907–1990) zu einem eigenen Forschungsansatz. Er wird heute als Pionier der Bindungsforschung und als Begründer der Bindungstheorien bezeichnet. Bowlby wuchs als viertes von sechs Kindern auf und hatte ein eigenes Kindermädchen, das die Familie jedoch verließ, als er drei Jahre alt war. Mit acht Jahren kam er in ein Internat. Eigene Kindheitserlebnisse, seine Lehrtätigkeit mit verhaltensauffälligen Schülern und die klinischen Erfahrungen mit stark zerrütteten frühen Mutterbindungen bei jugendlichen Dieben lenkten seine Aufmerksamkeit auf die Auswirkungen von Beziehungsbrüchen. In seinem Aufsatz »The nature of the child's tie to his mother«[13] belegte er, dass es ein biologisch angelegtes System der Bindung gibt, das für die Entwicklung der emotionalen Beziehung zwischen Mutter und Kind verantwortlich ist. Mit seinem 1969 erschienenen

Buch *Bindung. Eine Analyse der Mutter-Kind-Beziehung* begründete Bowlby die Bindungstheorie. Damit wandte sich die Forschung neben den hindernden auch den fördernden Faktoren in der Mutter-Kind-Beziehung zu. Sein Buch *Frühe Bindung und kindliche Entwicklung* wurde in die Liste der 100 Meisterwerke der Psychotherapie aufgenommen. Bowlbys weitere Forschung konzentrierte sich auf die überlebenssichernde Funktion beziehungsweise Bedeutung einer emotional verankerten Bindung. Fehlt diese, entwickelt sich nach Bowlby eine »Explorations-Angst«, welche die Erkundung der Umwelt und damit jegliches Lernen be- oder verhindert.

Das von Bowlby erforschte Bindungsverhalten fasste Arietta Slade, eine US-amerikanische Psychoanalytikerin, Bindungsforscherin sowie Kinder- und Jugendlichen-Psychotherapeutin, so zusammen:

- Das Kind hat eine angeborene Neigung, sich an seine Bezugsperson zu binden.
- Das Kind wird sein Verhalten und Denken so organisieren, dass diese Bindungsbeziehung, die den Schlüssel zu seinem psychologischen und physischen Überleben bildet, aufrechterhalten bleibt.
- Häufig wird das Kind solche Beziehungen um den hohen Preis eigener Funktionsstörungen aufrechterhalten.
- Die Verzerrungen im Fühlen und Denken aufgrund einer frühen Bindungsstörung entstehen meist als Antworten des Kindes auf die Unfähigkeit der Eltern, seinen Bedürfnissen nach Wohlbefinden, Sicherheit und emotionaler Beruhigung genügend nachzukommen.[14]

Konkrete Bindungsinitiativen wie freudige beziehungsweise ängstliche Kontaktversuche, durch Lächeln beziehungsweise Unsicherheit geprägte Reaktionen, gezielte Augenkontakte oder vorsprachliche Lall-Laute werden beim Wunsch nach

Nähe oder in »Alarmsituationen« aktiviert. Finden sie keine oder eine zu geringe Resonanz, löst dies schnell Unwohlsein, Schmerz, Angst und Stress aus.

In Parallele zu den Ergebnissen der Bindungsforschung setzte sich der deutsch-amerikanische Freud-Schüler, Kinderpsychologe und Psychoanalytiker Erik H. Erikson (1902–1994) mit den Bedingungen der Ausformung der Ich-Entwicklung auseinander. Bekannt wurde er insbesondere durch das von ihm entworfene Stufenmodell der psychosozialen Entwicklung. Im Jahr 1950 führte er das Konzept des »basic trust« in seinem Werk *Kindheit und Gesellschaft* ein. Nach Erikson erwirbt der Säugling im ersten Lebensjahr, während der oralen Phase (in der ein Kind alles in den Mund steckt), ein Grundgefühl dafür, welchen Situationen und Menschen er vertrauen kann und welchen nicht: das »Urvertrauen«. Das heißt auch, dass sich bei ungünstigen – durch Missachtung und Gewalt geprägten – Bedingungen ein »Ur-Misstrauen« entwickelt.

Die zentrale Bedeutung der Eltern bei diesem Entwicklungsprozess wurde durch die Bindungsforschung herausgestellt. So wächst die Gefühlsqualität der optimistischen Zuversicht im Umgang mit der Welt – oder eben auch nicht. In Eriksons Stufenmodell der psychosozialen Entwicklung begünstigt der Erwerb eines soliden Urvertrauens die Bewältigung der späteren Wachstumsschritte. Mangelhafte Erfahrungen dagegen erschweren die weitere Entwicklung und führen später häufig zu spezifischen Verhaltensauffälligkeiten: Der Mangel an echten Vertrauen-Erfahrungen wird dann durch Vertrauensseligkeit überkompensiert; das Kind lässt sich von Fremden auf den Arm nehmen oder folgt Unbekannten.

Nach Erikson bekommt das Kind ein erstes Gefühl von der eigenen Identität, wenn ihm klar wird, dass es in Zugewandtheit und Liebe wahrgenommen wird, wenn es merkt, dass es durchs eigene Handeln etwas bewirkt. So macht es erste Erfahrung im Umgang mit Mama und Papa, weiteren Familienmitgliedern sowie dem immer größer werdenden eigenen Umfeld. Im positiven Fall spürt das Baby: Ich werde verstanden und angenommen! Es lohnt sich, zu leben! Die ersten Lebensjahre entscheiden somit darüber, ob wir der Welt und den Menschen um uns herum tendenziell vertrauen oder eher nicht, ob wir eine positive oder negative Sicht unseres Umfelds entwickeln.

In Ergänzung zu Eriksons »Urvertrauen« und Bowlbys »sicherer Bindung« verdeutlicht der US-amerikanische Psychologe und Psychotherapeut Carl Rogers (1902–1987) recht anschaulich, welche Voraussetzungen für eine förderliche Eltern-Kind-Beziehung besonders wichtig sind:

- Ungeschuldete Liebe: Die Einstellung der Eltern muss sein, das Kind zu lieben, so wie es ist. Darunter versteht man, dass die elterliche Liebe nicht an – besonders an überfordernde – Bedingungen geknüpft werden darf.
- Wertschätzung: Ist entscheidend und zeigt sich durch die Partnerschaftlichkeit der Eltern mit dem Kind und durch die Berücksichtigung der kindlichen Bedürfnisbefriedigung. Hierzu gehört auch, dass die Eltern das Kind ins Aufstellen von Regeln altersangemessen einbeziehen.
- Echtheit und Interesse: Wesentliche Voraussetzung für die Entwicklung eines positiven Selbstkonzeptes. Eltern sollten ein ehrliches Interesse an der Entwicklung des Kindes zeigen und dabei entstehende – positive oder negative – Gefühle zulassen.
- Autonomie: Genießt ein Kind Autonomie oder leidet es unter ständiger Kontrolle? Autonomie bedeutet hier ein Vertrauen in das Kind, um seine freie Entfaltung zu fördern, in Abgrenzung von Bevormundung, Kontrolle, Überprüfung und Zwang.
- Anregung und Unterstützung: Dies zu gewähren ist Aufgabe der Eltern.
- Des Weiteren sind Sicherheit, Geborgenheit und vor allem

Zuverlässigkeit zentrale Voraussetzungen, auf die Kinder in ihrer Entwicklung angewiesen sind.

Diese von Bowlby, Erikson und Rogers verdeutlichten Anhaltspunkte werden somit zur Basis aller Lernaktionen, Bildungsvorgänge und sozialen Kontakte. Erhält ein Kind wenige Chancen zur Entwicklung eines satten Selbstbewusstseins, wird es sich nicht lernend sein Umfeld erobern wollen, keine ausreichende Selbstwirksamkeit, keinen Selbstwert beziehungsweise kein stabiles Ich entwickeln. Stattdessen wachsen Unsicherheit, Selbstzweifel, Angst und Aggression.

So stellte der kanadische Entwicklungspsychologe und Bindungsforscher Gordon Neufeld beim Umgang mit Gewalttätern fest, dass bei fast allen Untersuchten vor beziehungsweise nach der Geburt eine gravierende Störung im Mutter-Kind-Bezug stattgefunden hatte. Durch Intensiv-Interviews mit den Müttern der Delinquenten fand er heraus, dass Vergewaltigungen oder andere traumatische Ereignisse mit dem »Kinds-Zeuger« in Schwangerschaft oder früher Kindheit die sich normalerweise in dieser Zeit entwickelnde Zuneigung beziehungsweise Mutterliebe zum Kind blockierten und sich somit keine sichere Bindung und kein Urvertrauen bilden konnte.

Eine sichere und förderliche Bindung ist die Basis dafür, sich vertrauensvoll, neugierig und aktiv auf das immer größer werdende Umfeld einzulassen. Gelingt diese Phase – möglichst im sicheren Hort des Elternhauses – gut, wird das Kind sich bald immer umfangreicher auch anderen Personen zuwenden. Ob es die Verwandtschaft, Nachbarn oder Betreuungspersonen im Kindergarten sind, alle Kontakte profitieren vom im Mutter- beziehungsweise Eltern-Kind-Kontakt entstandenen Sicherheitspolster.

Was bei einem durch Hektik geprägten Tagesablauf häufig aus dem Blickfeld gerät: Kinder brauchen zur Entwicklung von Urvertrauen innerhalb sicherer Bindungen reichlich Beziehungs-Zeit. Ob nun Schmusen und Knuddeln, das Teilen von Freude, Unsicherheit oder Kummer der Anlass ist, es geht um aktuell gesuchte Nähe und Zuwendung. Und diese lässt sich nicht in einer als »Quality Time« deklarierten abendlichen 15-Minuten-Einheit realisieren. Meist wird der Begriff »Quality Time« genutzt, wenn irgendwie gespürt wird, dass sich der Nachwuchs doch vernachlässigt fühlen könnte. Der Impuls des Soziologen und Philosophen Theodor W. Adorno (1903–1969): »Zeit aber steht für Liebe, nur die Gewalt ist rasch«, regt zur Überprüfung der persönlichen Prioritätensetzung an. Denn er verdeutlicht, dass eine zu knapp bemessene oder nicht auf die Bedürfnisse des Kindes eingehende Zeit im Grunde eine Entwertung offenbart. Hier unterstreiche ich den »genialen Ratschlag« einer befreundeten Mutter von Isabelle Liegl: »In ausreichenden und eingeplanten Zeitabschnitten mehrmals in der Woche nur das zu machen, was ein Kind möchte.« Egal wie verrückt das aus der Sicht von Vätern oder Müttern auch scheinen mag. Die dabei zuteilwerdende »uneingeschränkte Aufmerksamkeit« wirkt dann wie ein Beziehungs-Vorrat in den übrigen Lebensraum hinein.

Unter der Überschrift »Die Bedeutung emotionaler Sicherheit für die Entwicklung des kindlichen Gehirns« resümiert der Neurobiologe Prof. Gerald Hüther: »Sind solche optimalen Entwicklungsbedingungen vorhanden, lernt es neue Situationen und Erlebnisse nicht als Bedrohung, sondern als Herausforderung zu bewerten und die in seinem Gehirn angelegten Verschaltungen auszubauen, weiterzuentwickeln und zu festigen.«[15] Ergänzend stellt die Resilienz-Forschung, die sich mit den psychischen Abwehrkräften von Menschen befasst, heraus, dass sich so innere Stärke und Widerstandskraft entwickeln.[16]

## ›Es geht um dich!‹ – Das Kind mit seinen Anlagen und Interessen im Fokus

Ein Kind tritt mit der Geburt in unsere Welt, vorgeprägt nur durch sein Geschlecht, einige Erbanlagen und erste vorgeburtliche Erfahrungen. Ausgestattet mit einer unermesslichen Ur-Hoffnung auf Angenommen-Werden, ist es wie ein trockener Schwamm bestrebt, alles aus seiner Umgebung aufzusaugen. Denn zum Hineinfinden in die Lebenswirklichkeit außerhalb des Mutterschoßes sind gewaltige Anpassungsleistungen zu erbringen. Ohne die kontinuierliche Hilfe und Unterstützung von Bezugspersonen ist es dazu nicht in der Lage. Um die anstehenden Bedürfnisse des Säuglings und späteren Kleinkindes aufgreifen zu können, ist intensives Hinschauen, Zuhören und Hineinempfinden notwendig. Denn Kinder haben nur wenige laute oder auch ganz stille Signale, um auf sich aufmerksam zu machen. So sucht/braucht der Säugling Sauerstoff, Nahrung, Wärme, Zuwendung und Anregung, Orientierung und Sicherheit, (z. B. vertraute Personen, Räumlichkeiten, Klänge und Zeit-Rhythmen), um sich emotional zurechtzufinden und biologisch zu überleben. Wird aus dem Baby ein Kleinkind, dann braucht es ergänzend Freiräume zur Entwicklung von Neugier und Mut, Mitwirkung bei anstehenden Aufgaben, aber auch Begrenzungen, um Zusammenhänge verstehen zu lernen. So kann es sich im Widerstreit von Anpassung und Abgrenzung oder mit Theodor Litt (1880–1962) durch »verantwortungsbewusstes Führen« und »ehrwürdig-geduldiges Wachsenlassen« zu einer selbstständigen Persönlichkeit entwickeln.

Erziehung kann nicht dem Zufall überlassen werden, sondern erfordert einen »vorausdenkenden Entwurf«, wie der Pädagoge Heinrich Roth (1906–1983) es einmal auf den Punkt brachte. Dieser ständig zu hinterfragende und anzugleichende »Masterplan« hat sich:

- an diesem Kind mit
- diesen speziellen Anlagen in
- dieser zukünftigen gesellschaftlichen Wirklichkeit

zu orientieren. Es geht um die Forderung nach Intersubjektivität: Nicht meine, sondern den Fähigkeiten dieses Kindes entsprechende Interessen sind zu fördern. Nicht das Idealbild von Elternteilen – was ich vielleicht eigentlich werden wollte, was meiner Traumvorstellung von Beruf und Bildung entspricht – ist hier gefragt! Ebenso wenig kann ein zurückliegendes Gesellschafts- oder Berufsverständnis ein Maßstab für jene zukünftige Wirklichkeit sein, auf welche die nachwachsende Generation vorbereitet werden will.

Abbild oder Eigenbild – diese Frage ist immer wieder aufs Neue zu prüfen, da das Wollen und Streben von Eltern dazu tendiert, eigene Vorstellungen an die Stelle der Entwicklungspotenziale der Kinder zu setzen. Ein Orientierungspunkt zwischen Abbild und Eigenbild ist das Vorbild. Da insbesondere Kleinkinder für das Entwickeln des Eigen-Seins viele Anhaltspunkte benötigen, werden die Personen des direkten Umfeldes – ob gewollt oder ungewollt – ständig danach abgescannt, was an Interessantem, Richtungweisendem oder Erfolgversprechendem übernehmbar sein könnte. Dabei erhalten die Beziehung zu diesen Erwachsenen und deren Glaubwürdigkeit im Vor-Leben eine zentrale Bedeutung. So werden Standfestigkeit wie auch Standpunktlosigkeit, Aktivität oder Passivität zum Maßstab für die Selbstwerdung junger Menschen.

Obwohl Kinder und Jugendliche auf vielen Gebieten nach Unabhängigkeit und Selbstständigkeit streben und ihre eigenen Ansichten durchsetzen möchten, suchen sie gerade in den zentralen religiösen, weltanschaulichen und moralischen Fragen die Autorität und den Rat der Erwachsenen. Daher haben sie für Neutralität und Relativismus wenig Verständnis, weil sie eindeutige Auskünfte zum Umgang mit wichtigen Lebenssituationen wollen. Verweigern sich hier Erziehungspersonen, breitet sich schnell Unzufriedenheit, Nihilismus und Zynismus aus. Insoweit ist ein eigenverantwortliches Hineinwachsen in die Gesellschaft ohne Vorbilder nicht möglich. Da hilft auch kein Heraushalten-Wollen aufgrund eigener Unsicherheit, weil mit Standpunktlosigkeit keine Werteerziehung möglich ist. Denn wie sollen junge Menschen aus sich selbst heraus zwischen Gut und Böse unterscheiden können, wenn ihnen niemand dazu unmissverständlich Auskunft gibt? So verwerflich es ist, Kinder zum Abbild eigener Vorstellungen zu machen, so unverantwortlich ist es auch, sich als Vorbild zu entziehen.

»Erziehung ist Vorbild und Liebe, sonst nichts!«, so die Quintessenz der großen Pädagogen Pestalozzi und Fröbel. Liebe steht hier für jegliche Förderung des Kindes und für ein Unterlassen von Wachstum-Hinderlichem. Sie hat das Ziel, Kinder und Jugendliche auf eine möglichst geeignete Weise ins Leben unserer sich ständig entwickelnden Gesellschaft hineinwachsen zu lassen. Dabei haben Väter und Mütter, weitere Familienmitglieder sowie Kindergarten und Schule die Aufgabe, durch viele altersgemäße Lernfelder möglichst optimale Voraussetzungen zur Entwicklung von Fähigkeiten zu einer eigenständigen und verantwortlichen Lebensbewältigung zu schaffen. Daneben haben gleichaltrige Kinder, das weitere soziale Umfeld sowie Erfahrungen im Umgang mit anderen Menschen oder mit Sachzusammenhängen auch eine prägende Wirkung auf den Prozess des Erwachsenwerdens.

Auch wenn es Eltern um die Förderung der Anlagen und Interessen ihrer Kinder geht. Der Kindergarten ist gleichzeitig ein Ort, die vielfältigen Bestrebungen und Zielsetzungen anderer Kinder kennenzulernen. Das provoziert Konflikte und ist gleichzeitig der Nährboden zur Entwicklung von sozialer Kompetenz und Frustrationstoleranz. Hier eine Konkretisierung: »Machen wir eine Kommemist!« Diese Aufforderung eines Dreijährigen brachte eine Erzieherin in arge Bedrängnis.

Was wurde hier gemeint? Kolleginnen wurden ebenso wie auch die ältere Schwester befragt, aber es gab keine Klärung. Erst als die Mutter am Mittag beim Abholen von Markus einbezogen wurde, fand das Herumrätseln ein Ende. Markus wollte am Vormittag in einer Konfliktsituation mit einem anderen Kind einen Kompromiss aushandeln und hatte dazu die Erzieherin um Hilfe gebeten. Somit muss er schon die Vorteile solcher Übereinkünfte kennengelernt und auch schon über ein starkes Selbst verfügt haben. Schade, dass die etwas »unpräzise Wortwahl« in der Situation nicht zum gewünschten Erfolg führte. Was wir jedoch aus dieser banal scheinenden Begebenheit aufgreifen können: Immer dann, wenn mein Wollen das Wollen eines Gegenübers tangiert – und sei es der Anspruch, jetzt dieses Spielzeug alleine haben zu wollen –, ist Aushandeln erforderlich. Im Grunde ein Mini-Lehrstück zum Umgang mit Toleranz im sozialen Kontext eines Kindergartens.

Die Erziehungsinstanzen werden einerseits durch die Gesellschaft geprägt und sind somit ein Teil von ihr, andererseits müssen sie aus einem gewissen Abstand zu dieser Gesellschaft ihrer Erziehungsverantwortung nachkommen, womit sie gleichzeitig wiederum Einfluss auf die Gesellschaft nehmen. Diese Wechselwirkung wird im Handeln der Erziehungsperson konkret. Weder eine bloße Anpassung an spezielle Normen der Gesellschaft noch an die der handelnden Personen werden dem in die Eigenständigkeit zu führenden Kind und Jugendlichen gerecht.

## ›Eine strenge Erziehung schadet nicht!‹ – Um was geht es wirklich?

Als mal wieder ein Journalist innerhalb eines Interviews meinte, dass ich ja eher zu den Vertretern einer strengen Erziehung zu zählen sei, reagierte ich spontan mit einem verwunderten

»Wie kommen Sie darauf?«. »Nun«, meinte er, »das ist doch die Botschaft Ihrer Bücher und Zeitschriften-Beiträge.« Darauf ich: »Lassen wir mal Ihre Einschätzung für einen Moment so stehen und beantworten Sie mir bitte folgende Frage: Ist es streng, wenn ein Mathelehrer erläutert, dass 3 × 3 neun sei, oder ist das klar?« Verwundert meinte er: »Natürlich klar und nicht streng!« Nun frage ich ihn, wie er denn dazu komme, fachliche Aussagen eines Erziehungswissenschaftlers auf der Ebene des kleinen Einmaleins als streng einzustufen? – Pause. – Dann sagte er: »So habe ich dies noch nie gesehen.«

Diese kleine Begebenheit wäre bedeutungsarm, wenn dieser Denkansatz nicht in den Köpfen von Eltern, Kita-Fachkräften, Lehrerkollegien und in vielen Medien genauso vertreten wäre. So ist die Aussage, dass ein durch Verwöhnung und Laschheit geprägter erzieherischer Umgang eine sich selbst potenzierende Form ist, Kinder und Jugendliche in die Unselbstständigkeit zu führen, nicht streng, sondern klar. Wird dies nicht deutlich, werden unsere Kinder selbst mit kleinen Herausforderungen des Lebens nicht zurechtkommen. Die Handelnden schaffen so gezielt die Voraussetzungen für Misslingen und Versagen.

Wenn wir uns die Bandbreite des Wortes »streng« anschauen, ist es zur Beschreibung von Erziehungsvorgängen recht unbrauchbar. So werden einerseits Assoziationen zwischen hart, drakonisch, spartanisch oder unbeugsam ausgelöst und andererseits Zuschreibungen wie klar, gerecht, sachlich, wichtig oder nachdrücklich umrissen. Die fehlende Klarheit und Eindeutigkeit der Verwendung des Begriffs erklärt somit auch die oft fehlende Eindeutigkeit im Umgang mit Kindern und Jugendlichen. Im Gegensatz dazu steht der Leitspruch von Isabelle Liegl: »Im Großen konsequent – im Kleinen großzügig«. Hier heißt es: »Beim Klavierüben gibt's klare Vereinbarungen. Wenn's um Nutella geht, sind auch Zugeständnisse möglich.«

Ergänzend zur Unklarheit des Begriffes kommt hinzu, dass

Eltern und andere Erziehungskräfte, welche ihre Positionen klar verdeutlichen, vom Umfeld häufig als streng oder gar als autoritär abgestempelt werden. Meist leiden sie unter diesen Zuschreibungen. Gleichzeitig dient dies keineswegs der wichtigen Klarheit im Umgang mit Kindern und Jugendlichen. Die Gründe dafür sind vielfältig. So tendieren zum Beispiel Väter oder Mütter mit einem zu schwachen Rückgrat, zu knapper Zeit oder aus eigener Unsicherheit heraus dazu, wegzuschauen oder faule Kompromisse einzugehen, wo Klarheit und Standfestigkeit notwendig wären. Um dieses gespürte Fehlverhalten sich selbst gegenüber zu rechtfertigen, wird das eigentliche Notwendige als streng – und damit als unmöglich – eingestuft. Besonders »modern« oder »cool« sein wollende Eltern verhalten sich so. Anstelle einer Aufarbeitung eigener Unzulänglichkeiten werden lieber klare und konsequente Eltern angegriffen. So tendieren schwache Eltern dazu, ihren Kindern per Nachgeben gefallen zu wollen. Die Erziehungsverantwortung bleibt so auf der Strecke.

So mag es nachvollziehbar sein, dass ein häufig abwesender Vater oder eine alleinerziehende Mutter in Konflikten zum »Nachgeben« tendiert, um die Beziehung zum Kind nicht (auch noch) zu gefährden bzw. zu verlieren. Aber die in die Zukunft weisenden Folgen von Inkonsequenz sind fatal. Und wenn beispielsweise eine Erzieherin oder Lehrkraft vom »Virus des Gefallen-Wollens« befallen ist, werden als unzumutbar empfundene Leistungserwartungen oder klare Hinweise zur Rarität. Auch Meinungsforscher, Richter, Kassenprüfer oder Ordnungskräfte sind beruflich untauglich, wenn sie ihr Handeln von Gunstbeweisen der Betroffenen abhängig machen würden. Handeln sie jedoch klar und konsequent, werden sie wiederum schnell als »hart« deklassiert.

Das Verdeutlichen von Grenzen scheint ein weiteres großes Problem vieler Eltern und anderer Erziehungskräfte zu sein. Weil das Aufzeigen von »Hier ja – dort nein« mit Einschränkungen zu tun hat, wird der Vorgang häufig mit Strenge gleichgesetzt. So höre ich oft, dass den Handelnden der Umgang mit Grenzen sehr schwerfällt. »Dauernd soll ich Grenzen setzen«, sagte eine Erzieherin während einer Fortbildung, »weil ich jedoch oft unsicher bin, vermeide ich klare Aussagen zu häufig.« Aber müssen wir wirklich ständig Gericht spielen und entscheiden, was richtig und falsch ist? Nein, weil circa 90 Prozent schon durch Gesetze, Konventionen oder bewährte Alltagsregeln geklärt sind. Denn dass unser Garten am Zaun aufhört, beim Spielplatzärger kein Kopf eine Schippe abkriegen möchte, ich anderen nicht ins Wort falle, Blumenbeete nicht zertrampelt werden sollen, bei einer Klassenarbeit nicht vom Nachbarn abgeschrieben wird, in einem Geschäft nicht einfach etwas in die Tasche gesteckt werden darf oder laute Musik im öffentlichen Bereich andere Menschen meist stört, ist recht klar. Hier brauchen Eltern also »nur« auf die Einhaltung dieser Regeln zu achten, sind vorhandene Grenzen lediglich zu verdeutlichen. Weil aber zu viele Erwachsene selbst noch nicht so richtig erwachsen sind, lieber Grenzen ignorieren, als sie einzuhalten, zu wenig Standfestigkeit als Erziehungsperson besitzen, wird das Berücksichtigen von Grenzen als zu mühevoll empfunden.

Zur Klarstellung: Begrenzungen um der Grenzen willen oder aus bloßem Gehorsam einzufordern, ist kaum sinnvoll. Nur die Erfahrung, sich im Schutz der eigenen Grenzen – bei gleichzeitiger Akzeptanz der Grenzen anderer – gut entwickeln zu können, lässt innere Akzeptanz wachsen. Daher erfordert der Umgang mit Grenzen Behutsamkeit und Nachvollziehbarkeit. Nur so kann die Einsicht heranreifen, dass ich selbst und andere Menschen gleichermaßen Nutznießer solcher Markierungen sind. Denn wenn Freiheit nach der Maxime gelebt wird, dass ich machen kann, was ich will, dann muss ich mir auch gefallen lassen, dass andere mit mir machen, was sie wollen. Eine wichtige Regel: So viel Freiraum wie möglich, so viel Grenzen wie nötig! Denn: »Grenzenlosigkeit macht irre« und »zu enge Grenzen töten«! Wer jedoch in Unkenntnis über vorhandene Grenzen aufwächst, gerät schnell ins – manchmal verminte – Niemands- oder Nachbarland.

Nicht selten bringen Eltern oder andere Erziehungskräfte einen durch Klarheit und Konsequenz geprägten Umgang mit Kindern fälschlicherweise nicht nur mit Strenge, sondern auch mit Härte in Verbindung. Das ist ein gedanklicher Kurzschluss, denn eine harte Erziehung ist in der Regel der Ausdruck eines autoritären Denkens oder einer faschistischen Ideologie. Gerade in Deutschland sollten wir die Wortkombination »harte Erziehung« nicht leichtfertig verwenden.[17]

Es gibt aber auch eine Härte in der Erziehung, welche das Resultat einer untauglichen Lebensvorbereitung ist. Denn wenn beispielsweise Kinder in dem Irrglauben aufwachsen, der Mittelpunkt der Welt zu sein, Eltern und andere nahe Menschen als persönliche Dienerschaft erleben, die sie von allen Unbilligkeiten des Lebens abschirmen, und dann im realen Leben ohne Vorankündigung eine »volle Breitseite« als Reaktion auf eigene gravierende Mängel erhalten, dann ist das wirklich hart.

Da das Leben keine lustig-lockere Super-Party ist, sollten Kinder und Jugendliche auf die verschiedenen zu erwartenden Hürden und Rückschläge vorbereitet werden. Dieses Training beginnt wenige Tage nach der Geburt und endet wahrscheinlich erst kurz vor unserem Tod. Dabei sind Lerneifer, Durchhaltevermögen, Frustrationstoleranz und die Fähigkeit zum Bedürfnisaufschub besonders wichtig. So wie ein Navi objektive Anhaltspunkte benötigt, um Autofahrern die Richtung auf das angesteuerte Ziel zu weisen, so brauchen auch Kinder und Jugendliche klare Hinweise für ihren Lebensweg, um nicht in ein Terrain zwischen Nirgendwo und Abgrund zu geraten. Diese Lotsenaufgabe haben in erster Linie die Eltern. Zeitversetzt und etwas weniger einflussreich sind ergänzend das Fachpersonal in Kindertageseinrichtungen, Schulen und Ausbildungsstätten gefordert.

Das ist oft auch im doppelten Sinne an-streng-end, weil es die Handelnden immer neu herausfordert und dabei häufig eigene Defizite deutlich werden. Aber mit Strenge hat dies gar nichts zu tun. Stattdessen geht es um Warmherzigkeit und Menschenwürde. Wer die hier erforderliche Klarheit meidet, wird weder emotional als Vater oder Mutter wirksam noch der übernommenen und im Grundgesetz festgeschriebenen Erziehungsverantwortung gerecht. Somit sind Klarheit, Authentizität, Wohlwollen und Konsequenz die besten Wegbereiter für unsere Kinder in ein durch Eigenständigkeit und Selbstverantwortung geprägtes Leben.


## ›Wohlwollend, vorlebend und konsequent!‹ – Eine wichtige Erziehungstrias

»Ja, als Eltern müssen wir konsequent sein!« Wenn diese Mutter sich nicht direkt nach einem Vortrag zu meinem Buch *Die Verwöhnungsfalle,* sondern schriftlich bei mir gemeldet hätte, meine Zustimmung wäre ihr sicher gewesen. Doch ihre Körperhaltung und Stimmlage ließen bei mir alle Warnsirenen schrillen, denn ihre Einlassung klang schroff und wirkte fordernd. In dieser Situation wurde mir klar, weshalb Konsequenz so häufig mit Härte in Verbindung gebracht wird. Das Erlebnis brachte mich dazu, den Begriff Konsequenz nur noch in der vor Jahren innerhalb eines individualpsychologischen Basisseminars kennengelernten Verknüpfung zu benutzen: »Wohlwollend, vorlebend und konsequent.«[18] Ich ergänze diesen »Dreisatz« wie folgt:

- Konsequenz ohne Wohlwollen ist Härte.
- Konsequenz ohne Vorleben ist Lüge.
- Wohlwollen ohne Konsequenz ist Feigheit!

»Wohlwollend« steht hier für einen durch Behutsamkeit, Rücksichtnahme, Zuversicht und Ermutigung geprägten Umgang. »Vorlebend« drückt aus, dass das eigene Tun oder Unterlassen an den gleichen Kriterien zu messen ist wie das der Heranwachsenden; immer bemüht, mindestens einige Orientierung gebende Schritte voraus zu sein. »Konsequenz« schließlich ist gleichbedeutend mit dem Verdeutlichen und Zulassen von Folgen des eigenen Handelns, um so Orientierung zu erhalten. Wird diese Dreieinigkeit einer wirkungsvollen Erziehung umgesetzt, dann kann konsequente Erziehung nicht mehr mit Härte in Verbindung gebracht werden. Dies können nach meiner Einschätzung nur Menschen, welche aus wohlverstandener Liebe handeln.

Außerdem ist es sinnvoll, zwischen natürlichen und logischen Konsequenzen zu unterscheiden. Wenn beispielsweise die fünfjährige Katrin ihr Eis im Hörnchen durch Herumspielerei oder Unachtsamkeit fallen lässt, dann ist dadurch natürlich das Eisschlecken vorzeitig beendet. Das prägt sich ein, am intensivsten, wenn keiner der Umstehenden besonders auf den Vorgang reagiert. Auch bei der 14-jährigen Andrea, die im Winter in unangemessener Kleidung »mal schnell« mit dem Fahrrad zur Freundin fährt und sich dabei kräftig erkältet, ist dies die natürliche Konsequenz ihres falschen Verhaltens. Dann brauchen die Eltern nur noch zuzulassen, dass Andrea die damit zusammenhängenden Beeinträchtigungen beziehungsweise Folgen möglichst alleine zu tragen hat, eine krankheitsbedingte Sonderbehandlung entfällt und nicht erbringbare schulische Lernaufgaben dann nachzuliefern sind. Ein solcher Umgang mit einer selbst verursachten Beeinträchtigung beinhaltet ein immenses Lernpotenzial.

Im Gegensatz dazu sind die logischen Konsequenzen zu sehen. Diese ergeben sich nicht von selbst, sondern aus einer nachvollziehbaren gedanklichen Folgerung. Wenn also Kinder im Kindergarten die Toiletten unter Wasser setzen, das WC-Papier nass an die Wände pappen und die Spiegel mit Zahnpasta verzieren, dann ist es die logische Konsequenz, dass die Kinder – so umfangreich wie möglich – ins Saubermachen einbezogen werden. Und wenn ein Kind mal mit dem Nachthemd und den Pantoffeln aus eigenem Wollen oder Trotz – nach entsprechendem »Vorspiel« zu Hause – im Kindergarten ankommt, ist die logische Konsequenz, dass es ohne die entsprechende Kleidung nicht mit den anderen Kindern im Sandkasten spielen oder erst recht nicht am Tagesausflug teilnehmen kann. Reaktionen wie: »Deiner Mama fehlte heute Morgen sicherlich die Zeit, um dich richtig anzuziehen, komm, wir holen aus unserer Notkiste Ersatzsachen für dich«, gehören in die »No-go-Area«. Sie geben nicht nur dem Kind falsche Handlungsanreize, sondern belegen gleichzeitig fehlendes Rückgrat der so Handelnden.

Da berichtete mir eine Mutter in meiner Beratungspraxis, dass ihr 13-jähriger Sohn nun schon dreimal seine Turnsachen in der Schule vergessen habe. Ich fragte, wo das Problem liege. Sie reagierte etwas entrüstet: »Wissen Sie nicht, dass so ein Beutel mit Schuhen und Kleidung jedes Mal ungefähr 60 Euro kostet?« Ich fragte, wohl ahnend, wie die Antwort ausfallen würde, was sie denn mit den Kosten zu tun habe? »Ja, aber er braucht doch die Sachen für den Sport!« Meine Reaktion: »Wieso haben Sie nicht gleich beim ersten Mal gesagt: »Lieber Sohn, jetzt hast du ein kleines Problem, und es gibt aus meiner Sicht zwei Lösungen. Du nimmst das notwendige Geld aus deiner Spardose, fährst zu den entsprechenden Geschäften und kaufst dir die Sachen neu, oder du nimmst etwas Geld, kaufst eine Tafel Schokolade für den Hausmeister als Dankeschön und fragst ihn, ob er dir wegen deiner Dusseligkeit noch mal den Raum aufschließen würde. Und wenn du dann deine

Sachen hast, bedankst du dich und gibst ihm die Tafel Schokolade. Wie entscheidest du dich?«« Mit größter Wahrscheinlichkeit hätte sich kein zweites oder gar drittes »Vergessen der Turnsachen« ereignet.

Ein konsequenter Umgang vermittelt eine Struktur, welche das Hineinfinden in die Welt der Erwachsenen erleichtert. Kinder und Jugendliche sollten demnach die Folgen ihres Handelns möglichst häufig spüren dürfen und ertragen lernen. Dies ist eine der wichtigsten Voraussetzungen zum Erlernen von Selbstverantwortung. Damit erhalten sie wichtige Anhaltspunkte für neue Entscheidungen zwischen »so ja« beziehungsweise »so auf keinen Fall«. Wenn die negativen Folgen im Kopf gut mit dem Vorzeichen »so nie mehr« abgespeichert wurden, dann wird dies in einer neuen Situation ihre Entscheidung positiv beeinflussen. Das Kind würde lernen, wie – erträumte oder gewünschte – Augenblickssituationen verantwortungsvoll zu händeln wären. Auch Gefühl und Verstand würden in ihren eigenständigen Realitäten und Wirkungen besser genutzt und Momentanes mit Zurückliegendem und Kommendem verknüpft.

Je weicher und harmoniesüchtiger Menschen sind, je schneller werden Konsequenzen als zu hart dargestellt. So werden negative Folgen von Verhaltensweisen ausgeblendet oder von Kindern und Jugendlichen ferngehalten. Aber spätestens dann, wenn dieser Schutzschirm wegfällt, schlägt das Leben mit voller Wucht zu. Wenn beispielsweise Lehrer häufig das Smartphone trotz klarer Regelung auf dem Tisch »übersehen« und sich dann in ähnlicher Unbekümmertheit der Student bei einer Uni-Klausur verhält, führt das in der Konsequenz, wenn es auffällt, zur Benotung »Nicht bestanden«. Und bei einer verpassten Prüfungsanmeldung ist die Folge ein verlorenes Semester.

Um konsequent reagieren zu können, werden Menschen mit einer ausgeprägten Persönlichkeit gebraucht, die eine inhaltlich-argumentative Qualität und eine deutliche Positionierungs- und Auseinandersetzungsbereitschaft im Umgang mit Kindern und Jugendlichen einbringen können und wollen, ob als Eltern, Erzieherinnen oder Lehrkräfte.

Durchgehenlassen oder Bagatellisieren sind ein Zeichen von Schwäche und Standpunktlosigkeit. Sätze wie »Es wird schon nicht so schlimm sein« werden der Situation meist nicht gerecht. Ebenfalls sind Reaktionen im Sinne von »Das muss jeder selber wissen« aufzugeben, da sie im Kern eine pädagogische Bankrotterklärung ausdrücken. Denn wenn alle Menschen überblicken würden, um was es in dieser oder jener Situation geht, sähen viele Verhaltensweisen im Alltag anders aus. Kann jedoch Eigenständigkeit und Selbstverantwortung bei Kindern und Jugendlichen wachsen, findet eine an den Realitäten orientierte Lebensvorbereitung statt. Wenn dennoch zwischen Konsequenz und Härte eine Verbindung konstruiert wird, offenbart sich dies meist als Ablenkungsversuch von selbst erspürten Mängeln.

## ›Das Leben ist kein Zuckerschlecken!‹ – Lernen lernen als Zu-Trauen und Zu-Mutung

»Jeden Morgen erwacht in Afrika eine Gazelle mit dem Wissen, dass sie dem schnellsten Löwen entkommen muss, damit sie nicht getötet wird. Jeden Morgen erwacht in Afrika ein Löwe mit dem Wissen, dass er schneller sein muss als die langsamste Gazelle, damit er nicht verhungert. Ganz gleich ob du Gazelle oder Löwe bist: Bevor die Sonne aufgeht, wärst du besser schon losgerannt.«[19]

Auch wenn wir unsere Kinder und Jugendlichen nicht auf ein Leben in den Savannen der Welt vorbereiten müssen, das Aufwachsen in einer durch Spaß und Verwöhnung geprägten Konsum-Überfluss-Gesellschaft birgt auch existenzielle Risiken, erst recht unter dem Gesichtspunkt der Globalisierung. Dabei geht es zwar nicht um ein wörtliches Fressen oder Gefressenwerden, aber im übertragenen Sinne funktioniert das Bild schon.

Das Training zur Eigenständigkeit sollte schon früh beginnen. Gerade die Kleinkindphase hat eine große Prägewirkung für das weitere Leben. So sollten Kinder ab einem Alter von sieben bis zehn Monaten möglichst mindestens zwei Stunden täglich in einem Laufgitter oder einer abgegrenzten Zimmerecke ihr eigenes Aktions-Terrain erhalten, um selbst ihr Beschäftigungs-Programm zu entwickeln. Als Grundausstattung reichen ein Kochlöffel, ein Ball und ein Stofftier oder ähnliches Knuddelwesen. Später kann noch ein Geräusche machendes und in Bewegung zu bringendes Multi-Spielzeug dazukommen. Gerade diese einfachen Gegenstände regen zu einem fantasiereichen Umgang an. Gleichzeitig werden durch den abgegrenzten Raum Ablenkungen beziehungsweise Störungen stark ausgegrenzt. Solche Phasen sind ein ideales Lernfeld zur kreativen Eigenbeschäftigung. Wird das Kind stattdessen ständig auf dem Arm hin und her getragen, weil es beispielsweise ja noch nicht alleine in der Küche ohne Aufsicht hantieren kann, entwickelt sich aufgrund der dauernden Unterbrechungen eines angefangenen Beschäftigungsvorgangs ein gestörtes Erkundungs- beziehungsweise Spielverhalten. Dieser Umgang mit dem Kind führt dann nicht selten zu einer ausgeprägten Konzentrationslosigkeit beziehungsweise Hyperaktivität. Auf Dauer wächst dann der Anspruch, das Mama und Papa – möglichst lebenslang – für Unterhaltung und Bespaßung zuständig sind. Sie sollten sich dann auf eine Pubertät zwischen depressivem Antriebsmangel und aggressiven Forderungen einstellen.

Die folgende Begebenheit zeigt, wie schon in jungen Jahren erlernt werden kann, sich durch kleine Herausforderungen aufs Leben vorzubreiten Die Kita-Kinder der Mini-Ortschaft

See wollten mir als Gast unbedingt »Das Sanduhren-Spiel« vorführen. Ich war gespannt. Eines der Kleinen holte eine große Sanduhr, stellte sie mitten in den Kreis, drehte das Glas um und schon ging's los. Alle saßen angespannt auf dem Boden und schauten wie gebannt auf die Sanduhr. Kein Laut war zu vernehmen. Als das letzte Sandkorn nach unten rutschte, setzte ein herrlicher Jubel ein: Es war geschafft! »Drei Minuten absolute Stille«, das war die Spielregel. Der Stolz über diese Leistung war sofort spürbar. Die Kita-Leitung berichtete mir anschließend, dass sie so die Kinder auch auf die Schule vorbereiten würden. »Denn dauerndes Brabbeln oder Gestöre ist keinesfalls für eine konzentrierte Aufnahme von Lernimpulsen förderlich. Wir trauen den Kinder dieses Innehalten zu und sie reagieren jedes Mal mit Freude.« Wer sich ausprobiert, lernt sich selbst kennen. Alles, was dabei zwischen Gelingen und Misslingen passiert, wird zum persönlichen Erfahrungsschatz, welcher in neuen Situationen konkrete Anhaltspunkte zur nächsten Nutzung bereitstellt.

Vor einigen Jahren drehte eine pädagogische Kommission in den USA die Fragestellung »Was ist richtige Erziehung?« um und formulierte: »Was muss ich tun, damit mein Kind mit dem Leben nicht zurechtkommt und straffällig wird?« Die Kommission stellte zwölf Regeln auf. Hier ein Auszug:

»Fangen Sie in früher Kindheit an, dem Kind alles zu geben, was es will. Auf diese Weise wird es bald glauben, dass die Welt ihm das Leben schuldig ist. – Geben Sie ihm keinerlei religiöse Erziehung. Lassen Sie es 18 Jahre alt werden und dann ›selbst entscheiden‹. – Vermeiden Sie, das Wort ›Unrecht‹ zu gebrauchen. Das könnte zu einem Schuldkomplex führen. Wenn man es später wegen Autodiebstahls verhaftet, wird es glauben, dass die Gesellschaft gegen es eingestellt ist. – Streiten Sie sich häufig mit Ihrem Partner in Gegenwart Ihrer Kinder. Auf diese Weise vermeiden Sie, dass diese später schockiert sind, wenn die Familie zerbricht. – Wenn Ihr Kind in echte Schwierigkeiten kommt, entschuldigen Sie sich selbst, indem Sie sagen: ›Ich konnte niemals etwas mit dir anfangen.‹ – Stellen Sie sich auf ein Leben voller Kummer ein, Sie haben berechtigte Aussicht darauf.«

Auch wenn Eltern oder andere Erzieher sicherlich nicht wollen, dass die ihnen anvertrauten Kinder lebensunfähig werden, führt ihr Handeln häufig genau zu solch einem Resultat. Sie lassen sich zu stark von dem Gedanken leiten: »Wenn das wahre Leben schon schwer genug ist, dann sollen es wenigstens die Kinder leicht haben.« Auch wenn diese Verhaltensmaxime auf den ersten Blick nachvollziehbar sein mag, führt sie genau ins Gegenteil, weil Nicht-Gekonntes automatisch vielfältige Probleme auslöst beziehungsweise Defizite offenbart.

Im Rückblick auf die Geschichte der Erziehung wird deutlich, dass dies kein Phänomen der Neuzeit ist, auch wenn in unseren Tagen die Zusammenhänge und Auswirkungen viel differenzierter und komplizierter geworden sind. Schon vor über 200 Jahren fragte Rousseau die Menschen seiner Zeit: »Kennt ihr das sicherste Mittel, euer Kind unglücklich zu machen? Gewöhnt es daran, alles zu bekommen! Denn seine Wünsche wachsen unaufhaltsam mit der Leichtigkeit ihrer Erfüllung. Früher oder später zwingt euch die Unmöglichkeit, sie alle zu erfüllen, zur Ablehnung, und diese ungewohnte Ablehnung wird es mehr verwirren als der Verzicht auf das, was es haben wollte. Zuerst möchte es den Spazierstock haben, dann die Uhr, dann den Vogel in der Luft, den funkelnden Stern, alles, was es sieht.«[20]

»Oma, du musst den Kinderwagen mitnehmen, ich kann heute nicht laufen.« Die Großmutter fragte verwundert: »Tessa, was ist passiert? Du hast stabile Beinchen. Mama hat mir nichts Besonderes mitgeteilt. – Oder tut dir was weh?« – »Oma, heute kann ich nicht laufen, komm, wir nehmen den Kinderwagen.« Die zwei Jahre ältere Schwester stand beobachtend daneben. Als die Ansage: »Heute kann ich wirklich nicht

gehen« zum dritten Mal geäußert wurde, kam von der Großmutter: »Ja, Tessa, dann gehen wir heute zum Pferdehof, ohne
dass du es kannst.« So paradox dieser Satz auch war. Tessa
ging mit Anna ohne Gezeter die ca. 1,5 km lange Wegstrecke
zu den Pferden und wieder zurück. Die Großmutter erfuhr
später, dass die Strategie von Tessa bei der anderen Oma stets
erfolgreich war. An diesem Beispiel wird das Wechselspiel von
Zutrauen und Zumutung sehr nachvollziehbar.

Der Volksmund sagt: »In der Regel haben die Götter den
Schweiß vor den Erfolg gesetzt!« Wenn also das Leben – und
erst recht der berufliche Alltag – weder ein großes Spaß-Bad
noch eine Dauer-Party ist, haben Eltern die Aufgabe, die ihnen
anvertrauten Kinder mit den Normalitäten des Lebens vertraut zu machen und sie darüber hinaus auch auf zu erwarten-
de Durststrecken oder Hürden vorzubereiten. Denn wenn ein
Kind keine Selbstständigkeit und Eigenverantwortung erlernt,
wird es diese auch als Erwachsener vermeiden. Wer in dauern-
der Bedürfnisbefriedigung aufwächst, wird schon leichten
Mangel als Katastrophe empfinden. Wer in einem Treibhaus
der Verwöhnung weder Konflikte noch Durststrecken erfahren darf, wird vor normalen Alltagsanstrengungen kapitulieren und auf wirkliche Herausforderungen mit Unvermögen
und Panik reagieren.

Viele berufliche Probleme werden dadurch ausgelöst. Und
wenn in Partnerschaften unterschiedliche Auffassungen oder
Temperamente aufeinandertreffen, führt das bei Ungeübten
schnell zum Rückzug bis hin zur Aufgabe der Beziehung. Je
mehr Kinder nicht zu einem Leben in Eigenständigkeit und
Selbstverantwortung ermutigt und befähigt werden, je umfangreicher sollte sich eine Gesellschaft auf jugendliche »Hart-
zer«, auf Beziehungsbrüche, die innere Kündigung von Ar-
beitsverhältnissen und ein Ansteigen von Depressionen und
Aggressionen einstellen. Somit haben Eltern die Chance und
die Pflicht, Kinder und Jugendliche auf das zukünftige Leben

in Eigenständigkeit und Selbstverantwortung vorzubereiten. Das erfordert Mut und vollzieht sich oft im wahren Wortsinn als Zu-Mutung, weil eine ins Leben führende Erziehung kein Billigprodukt ist.

# Was ist eine Leistung und wer definiert den Leistungsanspruch?

*»Groß träumen, klein beginnen, langsam gehen,*
*möglichst mit guten Gefährten«*
aus Asien

Besonders bei Kfz-Motoren scheint eine große Übereinkunft zu existieren, auf eine hohe Leistung zu setzen. »Schneller ist besser«, heißt die Devise. Und viele – meist männliche – Besitzer solcher Fahrzeuge weisen auf deren PS-Stärke mit einem Stolz hin, als ging es um sie selbst. Aber der Ausflug in die Welt der starken Motoren belegt auch: Wenn sie zu hochgezüchtet beziehungsweise überfordert werden, reduziert dies deren Lebensdauer gewaltig.

Auf das Leistungsverhalten von Jugendlichen und Erwachsenen bezogen ist immer häufiger feststellbar, dass sich fast alle möglichst viel leisten, aber immer weniger dafür auch eine Leistung erbringen wollen. Der Leitsatz »Fördern und fordern« passt nicht in diese Haltung, auch wenn er *der* Schlüssel auf dem Weg zum Erfolg ist. Damit aber Leistungs-Handeln nicht verpufft, sondern gezielt eingesetzt wird, benötigen all jene engagierten jungen Menschen, die aus sich heraus zur Erbringung von Leistung bereit sind, eine Unterstützung bei der Klärung, was eine vertretbare Leistung ist, wer sie auf welcher Grundlage zu erbringen hat und wie diese zu wertschätzen ist.

## ›Leistung macht stolz, Leistung macht kaputt!‹ – Was ist eine Leistung und wer überprüft sie?

Es ist das stille Ziel der meisten Menschen, sich aus der Masse möglichst positiv abzuheben, um einen anerkannten Platz in der Gemeinschaft einzunehmen. Diese Erkenntnis ist ein zentrales Ergebnis der Forschungen des Arztes, Psychoanalytikers und Begründers der Individualpsychologie Alfred Adler (1870–1937). So ist das Erbringen von Leistung die bewährteste und anerkannteste Form, sich positiv hervorzutun. Das wiederum setzt Wollen und adäquates Können voraus.

Im Gegenzug versuchen manche Menschen, die auf der positiven Seite keine Erfolge verbuchen können, sich mit Gewalttaten hervorzutun, frei nach der Devise: »Wenn ich schon keine positive Anerkennung erhalte, dann soll mein Handeln wenigstens eine negative Beachtung hervorrufen.« Andere tauchen in Krankheit oder Depression ab, um ihre Versagensängste zu kaschieren beziehungsweise nicht mehr gefordert zu werden. Das hat den »Vorteil«, Beachtung und Zuwendung durch Bedauern und Rücksicht zu erreichen.

Völlig entgegengerichtete Erfahrungen können regelmäßig gemacht werden, wenn Musikschulen ihr jährliches Vorspielen im Konzertsaal, Sportvereine ihr breites Angebot zwischen Tanz-Akrobatik, Taekwondo und Rhönrad präsentieren, die Feuerwehrjugend mit »Wasser marsch« schnelles Löschen beweist, Pfadfindergruppen wie Steinzeitmenschen Feuer entfachen oder Schülergruppen von ihrem sozialen Engagement und den damit verbundenen Erfahrungen in Altenheimen und Flüchtlingsunterkünften berichten. Strahlende Augen und zufriedene Gesichter zeigen, dass sie selbst mit ihrem Erfolg sehr zufrieden sind. Der Applaus der Eltern, weiterer Verwandten und sonstwie Interessierten wirkt dann noch einmal als kräftiger Verstärker. Denn wenn etwas geklappt hat, ein sinnvolles Tun zu wichtigen neuen Erfahrungen führte, fühlt sich das verflixt gut an. Zum ersten Mal ist es das Allerbeste überhaupt. Kinder und Jugendliche wollen und brauchen altersgemäße Herausforderungen und Erfolge zur Vorbereitung auf das Leben als Erwachsene. Sonst sind sie den Emsigen beziehungsweise Besseren ausgeliefert.

Das Abschaffen von Schulnoten oder die Durchführung von Sportwettbewerben, bei denen alle eine Sieger-Urkunde erhalten, sind dazu ungeeignet. Sich mit anderen vergleichen und messen können, gibt wichtige Anhaltspunkte für Verbesserungsbedarfe und trägt zur Entwicklung eines realistischen Selbstbildes bei. Auch die meist nicht leicht zu verarbeitende Erfahrung, dass andere mehr können, gehört dazu. Je umfangreicher also Kinder und Jugendliche auf diese Realitäten vorbereitet werden, umso größer ist ihre Chance, im Erwachsenenleben nicht unterzugehen. Dazu gehört auch, dass die erbrachten schulischen und beruflichen Leistungen in einem nationalen beziehungsweise internationalen Vergleich Bestand haben.

Dazu eine Konkretisierung: »Ungleichheit beim Schulabschluss – Ein Abitur aus Bremen gilt woanders als Hauptschulabschluss«, schrieb die *WirtschaftsWoche* am 27. Juli 2016. Mit der Veröffentlichung der aktuellen PISA-Ergebnisse im Dezember 2016 konnte erneut festgestellt werden, dass beispielsweise Niedersachsen einerseits den schlechtesten Abi-Schnitt hat, andererseits hier der Trend zu guten Noten besonders auffällt.[21] Der Lehrerverband kritisiert erneut diese »Inflation guter Noten«, die beispielsweise dazu führte, »dass sich in Berlin die 1.0-Schnitte in kurzer Zeit vervierzehnfachten«. Didaktik-Professor Klein bezeichet dies als »Notendumping«[22].

Doch Phänomene wie »Abi light« für alle sind kontraproduktiv. Sie gaukeln den zu gut Bewerteten Können vor, diskreditieren gleichzeitig echte Lernleistungen sowie das internationale Ansehen Deutschlands. Unabhängig vom Vergleich verschiedener Schulformen beziehungsweise Bundesländer:

Häufig sind Top-Noten im Abi nicht der Ausdruck von Top-Leistungen. »Die Schüler freut's, Lehrer und Eltern betrachten die Entwicklung mit einer ordentlichen Portion Skepsis.« Hochschulen und Ausbildungsstätten beklagen die zu geringen Leistungen von Schulabgängern. Vor einer »Inflation der Einser-Abis« warnt der deutsche Philologenverband schon seit Einführung des Zentralabiturs.[23] Eine Zwei im Studienabschluss führt dann schnell zu Verzweiflungstränen und Herzattacken.

Dies sind die Folgen weichgekochter Lehrpläne in Verbindung mit anspruchslos-netten Benotungsverfahren. Dabei wird offensichtlich, dass ein durch Gleichmacherei geprägtes Schulsystem panisch bemüht ist, möglichst alle zum Abitur mit möglichst guten Noten zu hieven. Dem liegt die Befürchtung zugrunde, dass Kinder und Jugendliche mit einer realistischen beziehungsweise ernst zu nehmenden Beurteilung überfordert sein könnten oder dies dem Ansehen der Schule schaden würde. Da die Bildung Ländersache ist, gibt es hier beträchtliche Handlungsbedarfe. So trifft Michael Winterhoff den Nerv der Zeit, wenn er mit seinem Buch (2015) *Mythos Überforderung. Was wir gewinnen, wenn wir uns erwachsen verhalten* dazu auffordert, diese Scheinwelt zu überwinden. Denn wenn gleiche Leistungen sehr unterschiedlich bewertet und zusätzlich tendenziell überbewertet werden, schadet dies besonders jenen Jugendlichen, welche objektiv gute oder sehr gute Leistungen erbringen.

Das Wort Leistung taucht auch oft im Umfeld des »Systems Schule« auf. Aber es geht hier nicht nur um Wettbewerb und gute Noten, sondern auch um die Entwicklung der Persönlichkeit. Stattdessen sind die Jahre bis zum Abitur – nach der Euphorie der ersten Wochen in der Grundschule – eher durch Lustlosigkeit und Versagensängste geprägt. Damit die hier erworbenen Kenntnisse von den Kindern und Jugendlichen als positive Lern-Leistung »verbucht« werden können, sind viele begleitende Hilfen notwendig. Denn es wäre doch fatal, wenn anstelle von Selbstwirksamkeit und Lebensmut in der Schule Lethargie und Frust wachsen würden.

Damit die Schule umfassender als positiv besetzter Lern-Ort erfahrbar wird – das mag manche Eltern überraschen –, ist auch ein starkes Engagement in den schulischen Mitwirkungsorganen erforderlich. Denn hier kann gleichermaßen Einfluss auf »abtauchende« Eltern, begrenzt fähige oder überlastete Lehrkräfte und Fehlentwicklungen im sozialen Miteinander einer Klasse genommen werden. Ergänzend ermöglicht ein regelmäßiges Hospitieren von Eltern im Unterricht intensive Einblicke in den Lernalltag, eröffnet ganz neue – oft nicht vorstellbare – Einschätzungen der Kinder und verdeutlicht gleichzeitig die Notwendigkeit, dass Bildungsprozesse nur effektiv gelingen können, wenn Eltern und Lehrkräfte zum Wohl der Kinder an einem Strang ziehen. Denn Schule ist der Ort, wo Kenntnisse, eigenständiges Denken und kompetentes Handeln erlernt werden sollen. Nur wenn dies in einem abgestimmten Erziehungs-Konzept stattfindet, kann Bildung wachsen. Zur Gewährleistung gehören:

- eine angemessene Ausstattung,
- fähige Lehrkräfte,
- engagierte Eltern sowie
- lernbereite Schülerinnen und Schüler.

Mangelt es nur in einem Bereich, wird sofort der Lernerfolg erheblich reduziert und das so wichtige Persönlichkeits-Wachstum behindert. Und bevor wegen mangelhafter Lern-Leistungen selbst finanzierte Nachhilfe-Maßnahmen für die Söhne und Töchter gestartet werden, sollten Eltern, Schüler und Lehrkräfte gemeinsam adäquatere Lösungen entwickeln. Wenn es sein muss, sollte ein Schulwechsel nicht ausgeschlossen werden.

Mit »Leistung« wird in Arbeitsprozessen meist das Ergebnis einer zielgerichteten Anstrengung von Menschen bezeichnet. Dabei erhalten die Faktoren Produktivität und Nutzen eine starke Beachtung. So kann ein Arbeitsvorgang sehr produktiv, aber wenig nützlich sein und umgekehrt. Zeit, Können, Kraft, zum Einsatz kommende Rohstoffe und Hilfsmittel, alles geht in die Kosten-Nutzen-Rechnung von Aufwand und Ertrag ein. Dabei geht es um das Schaffen oder den Erhalt von Notwendigkeiten des Lebens. Mit anderen Worten: Nur wer etwas leistet, trägt zum eigenen oder fremden Lebensunterhalt bei. Ohne das Erbringen von Leistung, ob in Produktionsabläufen, im Dienstleistungssektor oder im zwischenmenschlich-sozialen Bereich, ist gesellschaftliches Leben nicht möglich. Demnach kann sich – von diesem Grundsatz ausgehend – nur derjenige etwas leisten, der vorher auch eine Leistung erbracht hat.[24] Wollen sich also Menschen in ihrem Leben möglichst vieles leisten, müssen sie – wenn Sozialleistungs-Erschleichung, Wirtschafts-Betrug, Diebstahl und glückhafte Zugewinne ausgenommen werden – auch überproportional Leistung erbringen. Jeder Einzelne entscheidet somit selbst, wie viel Kraft, Zeit und Können er zum (Über-)Leben einbringen muss.

Unsere Gesellschaft tendiert stark dazu, intellektuellen Leistungen eine besondere Hochachtung zu zollen. Viele handwerklich Tätige belegen jedoch, dass Kraft, Interesse und Geschick, kurz: praktische Fähigkeiten, den beruflichen Erfolg in diesen Arbeitsfeldern weit mehr prägen als Reflexionen über rostende Heizungen, undichte Dächer oder ruckende Motoren. Ob überwiegend praktische oder theoretische Kenntnisse die Basis für berufliches Handeln sind: Unsere Gesellschaft braucht beides.

So wichtig das Erbringen von Leistung für den Einzelnen und die Gesellschaft auch ist, auch Eltern stehen in der Gefahr, im Erbringen von möglichst viel Leistung einen Wert an sich zu sehen. Um nicht in diese Gefahr zu geraten, ist zu klären, welchen Sinn und Wert die angestrebte Leistung hat und ob das Erbringen dieser Leistung für die je anders vorgeprägten Kinder und Jugendlichen eine Überforderung sein könnte. Ergänzend ist immer aufs Neue zu prüfen, ob diese Leistung zu diesem Zeitpunkt beziehungsweise in der Situation angemessen ist.

Andererseits brauchen Kinder und Jugendliche eine stabile Begleitung, besonders wenn Elf- bis 14-Jährige einen Mangel an Lust und Laune als Begründung für ein Aus eigentlich bejahter und zu fördernder bzw. notwendiger Vorhaben zu nutzen suchen. Ob das Üben mit Musik-Instrumenten, Pauken für die Schulfächer, Sportverein-Training, Zimmerordnung oder die Mitwirkung im Haushalt, alle nach Anstrengung bzw. elterlicher Einmischung riechenden Tätigkeiten sollten möglichst geräuschlos – wenigstens aus der Sicht des Nachwuchses – in ein »Ohne-mich-Areal« geschoben werden.

Aber nicht selten ist es auch wirklich zu viel. So werden im schulischen und beruflichen Bereich Überforderungen immer offensichtlicher. Häufig sind dies die Folgen eines zu geringen Anstrengungstrainings in Verbindung mit einem unterentwickelten Sozialverhalten in den jüngeren Jahren sowie überzogener elterlicher Erwartungen, weil Eltern zu wenig genau auf ihr Kind schauen, wie meine Co-Autorin sehr einfühlsam verdeutlichte. Ergänzend scheinen sich immer mehr Schulen durch den Einsatz überforderter bzw. begrenzt einsatzfähiger Lehrkräfte, zu große Klassen, überdimensionierte »gesichtslose« Schulen und einen zu lebensfernen Unterricht zu Brutstätten der Erschöpfung zu entwickeln. »In der Summe ist dieser Druck auf unsere Kinder unerträglich, denn die Gesellschaft hat sich dem Prinzip Leistung völlig unterworfen«, so der Kinder- und Jugendpsychiater Prof. Dr. Michael Schulte-Markwort vom Universitätsklinikum Hamburg-Eppendorf.

In seinem Buch *Superkids. Warum der Erziehungsehrgeiz unsere Familien unglücklich macht* (2016) bringt Schulte-Markwort die

Zusammenhänge auf den Punkt: »Unsere Kinder leben in einem engen Korsett und nach festem Zeitplan. Dafür sorgen ihre ehrgeizigen Eltern, die eigentlich nur ihr Bestes wollen. Sie machen Wind um die Zukunft der Jungen und Mädchen und vergessen dabei, dass diese den Wirbel ertragen müssen.« Das Statement des Erziehungswissenschaftlers Prof. Dr. Michael Winkler wirkt da als mahnender und möglichst schnell umzusetzender Appell: »Schüler können nicht schulgeeignet, aber Schulen können schülergeeignet gemacht werden.«

Um die Balance zwischen sinnvollen Herausforderungen und überzogenen Erwartungen zu finden, benötigen wir einen intensiven und durch Achtsamkeit geprägten Umgang aller Beteiligten. Das heißt: Hinschauen und hinhorchen, wie es unseren Kindern wirklich geht, sich als Eltern regelmäßig mit den Lehrkräften austauschen, Unnötiges lassen, Wichtiges fördern und besonders bei Durststrecken für einen adäquaten körperlichen und emotionalen Ausgleich sorgen. Das erfordert jedoch von allen Beteiligten reichlich Zuwendungs-Zeit. Aber wenn Kinder nach mühevoller Anstrengung bedeutsame Ziele erreicht haben, wird die gemeinsam erlebte Freude zum in die Zukunft weisenden Motivationsfaktor. Auf die Eltern bezogen wird dann deutlich, wie wichtig ihnen ihre Kinder wirklich sind, und beim schulischen Lernen wird offenkundig, ob die Lehrkräfte Fächer oder Schüler unterrichten.

Wir benötigen ergänzend ein neues Verständnis von Leistung als »sinnhaftes Erbringen von Anstrengung«. Wenn zu viele in einer Gesellschaft danach streben, sich möglichst viel leisten zu können, geraten auch Kinder und Jugendliche schnell in einen durch Unzufriedenheit und Überbelastung geprägten Verhaltensstrudel. Mit baldigem Ausgebrannt-Sein ist zu rechnen.[25] Denn auch bei Kindern und Jugendlichen spielt der Lifestyle in Schul-Alltag und Freizeit-Szene in den Bereichen Mode, Ausgehverhalten und digitale Medien eine beträchtliche Rolle, besonders wenn die Eltern recht gehobene Ansprüche vorleben.

Im Kern geht es um die vom Psychoanalytiker Erich Fromm schon im Jahre 1976 aufgeworfene Frage von »Haben« oder »Sein«. Danach trachten »Haben-Menschen« nach materiellen Gütern, Ruhm und Macht, während sich »Sein-Menschen« von Konsumzwängen abgrenzen und eine gesunde Balance zwischen Fordern und Fördern, zwischen »dieses Wichtige ja und jenes Nebensächliche nein« anstreben, um zu innerer Zufriedenheit zu gelangen. Diese Gegensätze werden seit etlichen Jahren auch im Rahmen der Sinus-Milieu-Studien systematisch zu erfassen gesucht.

Die von Fromm umrissenen »seelischen Grundlagen einer neuen Gesellschaft« zielen darauf ab, einen Kurswechsel von »immer mehr haben wollen« zu einem »behutsamen Sein-Streben« zu erreichen. Das macht erforderlich, zwischen einem »überfüllten« und einem »erfüllten« Leben unterscheiden zu können. Wird dieser Appell aufgegriffen, dann können sich Menschen mit Ich-Stärke »leisten«, auch auf Luxusgüter, Statussymbole und Machtgehabe zu verzichten. – »Denn eine Gesellschaft hat nur dann eine Zukunft, wenn nicht Konten, sondern Persönlichkeiten wachsen.«[26]


## ›Nur wer sich bewegt, bewegt etwas!‹ – Die Entwicklung zur Eigenständigkeit als Lebenselixier

»Wusstet ihr, dass die Kinder in Europa dazu gezwungen werden, den ganzen Tag im Klassenzimmer zu sitzen? Und wenn sie herumspringen, aufgeregt sind oder zu viel Lärm machen, verabreicht man ihnen Drogen, um sie ruhigzustellen. Ihre Hauptübungen sind Fernsehen und Videospiele, und das meiste von ihrem Essen ist künstlich und voll von gefährlichen Chemikalien.« Der Gedankenaustausch einiger afrikanischer Kindern löst Entsetzen aus: »Das ist ja furchtbar! Wir sollten Spenden für sie sammeln!« Auch wenn dieser in Facebook gefundene Text den Kindern von einem europäischen Cartoonisten in den Mund gelegt wurde, der Unterricht in unseren Schulen erinnert nicht selten daran, dass Schülerinnen und Schüler – wie noch vor etlichen Jahren bei Hühnern auf Stangen üblich – brav nebeneinander auf Stühlen sitzend mit Lernstoff gefüttert werden, um unter Vermeidung von Bewegungen möglichst viele Eier zu legen, sorry, möglichst gute Noten zu schreiben.

»Der Mensch ist von Geburt an auf Bewegung ›programmiert‹. Das ist Teil unseres genetischen Codes. Wir brauchen Bewegung für eine gesunde Entwicklung: vom weichen Schwingen im Bauch der Mutter bis hin zum Toben und Spielen in Kindheit und Jugend. Mit dem Beginn der Ausbildung in der Schule über Lehre oder Studium und später dann im Beruf wird unser Alltag primär durch stundenlanges Sitzen dominiert. Im Fahrzeug, am Schreibtisch, am Arbeitsplatz und sogar daheim in der Freizeit. Die Folgen dieses Bewegungsmangels sind allgegenwärtig – der moderne Mensch wird geplagt von Rückenschmerzen, Übergewicht und Herz-Kreislauf-Erkrankungen.« Mit diesem Text wirbt der Hersteller eines als Swopper bezeichneten Bürostuhls, welcher konstruktionsbedingt eine ständige Bewegung notwendig macht. Gingen vor 50 Jahren Berufstätige im Durchschnitt noch 20 Kilometer am Tag zu Fuß, so legt der »moderne Mensch« nur noch rund zwei Kilometer am Tag zurück – wenn überhaupt. Der Körper reagiert darauf mit Verspannungen und Schmerzen, auf Dauer macht diese Bewegungslosigkeit uns alle krank.

Aber es geht nicht nur um körperliche Aktivitäten, sondern auch um den Erhalt einer mentalen Beweglichkeit. Jedes Wachstum entsteht durch Anstrengung, durch ein gekonntes Meistern von Aufgaben oder Problemen. Dies belegen die Daten im Wirtschaftsteil der Zeitungen. Auch im Bereich des Sports ist dies offensichtlich. Dann, wenn es fast nicht mehr geht, wenn es anfängt, wehzutun, verbessert sich unsere Kondition, werden Leistungsgrenzen überschritten. Und da der Lebensalltag eine gute körperliche Verfassung erfordert, wächst auch die Einsicht, den Körper regelmäßig zu fordern. Die vielen Fitnessstudios belegen diesen Trend. Doch auch im Bereich der Aneignung von Wissen, sozialer Kompetenzen, technischer Fertigkeiten oder geistiger Fitness ist Beweglichkeit fundamental. Fehlt hier ein solches Training, werden Hürden als angeborene Begrenzungen oder als Willkürakte der Umwelt erlebt. »Offensichtliches Unvermögen muss man eben akzeptieren, und vor Anforderungen sind unsere Kinder natürlich zu schützen«, so ein häufiger Denkansatz. Solche Reaktionen verfestigen jedoch nur die oft zugrunde liegende Bequemlichkeit und Trägheit. Leicht wird die eigene Gewohnheit, Herausforderungen lieber zu vermeiden, zum Handlungsmuster für den Umgang mit Kindern und Jugendlichen.

Besonders Kinder benötigen viel Freiraum zur Entwicklung von selbst inszenierten Aktivitäten und schöpferischen Ideen. Dieser ist auch der Nährboden zu Entstehung von kreativer Langeweile, welcher als »Humus fürs Hirn« bezeichnet werden kann. Da ist der Hinweis »learning by doing« schon fast als Zauberformel anzusehen. Denn wer nicht von Kindesbeinen erfahren hat, dass Anstrengung, Zielstrebigkeit, Zuverlässigkeit und Selbstverantwortung zum Leben dazugehören, wer nicht wirkungsvoll gelernt hat, dass ohne Selbstakzeptanz, Impulskontrolle, Bedürfnisaufschub, Frustrationstoleranz und eine gute Portion Konfliktmanagement ein friedvolles Zusammenleben schwierig oder unmöglich ist, ob innerhalb von Partnerschaft und Familie oder im beruflichen Umfeld, der wird schnell zum Problemfall!

Ob es um die Entwicklung und Förderung körperlicher oder geistiger Aktivitäten geht: »Kinder brauchen Aufgaben, an denen sie wachsen«, so Gerald Hüther. Frühes Greifen, Krabbeln, Tippeln, Gehen, Trinken, Essen, Sprechen, Treppensteigen, Anziehen, Klettern, Fahrradfahren sind dazu ein ideales Übungsfeld. Wichtig dabei ist, dies nicht per Drill oder Dauertraining zu versuchen, sondern durch ein förderndes Aufgreifen der kindlichen Welterkundungs-Initiativen. So wie Kinder in einem solchen Umfeld eine große Eigenständigkeit erlangen, so wird ihnen – leider ähnlich »erfolgreich« – durch ängstliche oder verwöhnende Bezugspersonen die Unselbstständigkeit – bis hin zur Hilflosigkeit – beigebracht.

Wird der natürliche Bewegungsdrang von Kindern, welcher Eltern und Großeltern auch schon mal außer Puste geraten lässt, nicht ständig reglementiert oder begrenzt, können sie sich prächtig entwickeln. Aber selbst wenn Eltern nicht offensiv als Stopper oder Verbieter wirken, in einer durch – teils subtile – Leichtmacher geprägten Wohlstandsgesellschaft geraten zu viele Aktionsmöglichkeiten von Kindern ins Aus. Wer sich jedoch wenig bewegt, fordert seinen Körper nicht und lässt ihn energiereduziert im Stand-by-Modus verkümmern. Dies führt schnell zu Übergewicht und unterschiedlichsten Erkrankungen. Zu viele Pfunde wiederum reduzieren den Elan, sich zu bewegen. Ein Teufelskreis, welcher meist durch die Aufnahme von zu vielem und/oder falschem Essen massiv gefördert wird.

Dieser Vorgang wird bei zu vielen Kindern ergänzend durch einen inhaltlich und zeitlich kaum oder gar nicht geregelten Umgang mit Computerspielen und Smartphone-Konsum verstärkt. Ob Kinder oder Erwachsene: »Deutschland nimmt zu und entwickelt sich zu einem Volk der Dicken«, so eine Info der BARMER GEK. Fettleibigkeit (Adipositas) ist in allen Weltregionen auf dem Vormarsch, insbesondere in den Industrienationen. Die Ursachen liegen in einer ungeregelten, falschen, zu zucker- und fetthaltigen Ernährung bei gleichzeitigem Bewegungsmangel. Die krankhafte Fettleibigkeit hat von 2006 bis 2014 in Deutschland um 14 Prozent zugenommen. »Man kann auf dem Sofa nicht abnehmen«, so ein Kurz-Resümee der Gesundheitskasse.[27] Mittlerweile liegt »Deutschland auf Platz 4 der Top 10 der überernährtesten Länder der Welt«.

Im Gegensatz zu diesem degenerierenden Trend fördert Bewegung in Kombination mit Sauerstoff – möglichst mit anderen – die Fettverbrennung, das Muskeltraining sowie den Abbau von Stresshormonen und wirkt sich positiv auf das Selbstwertgefühl beziehungsweise das daraus resultierende Selbstvertrauen aus.

Lernvorgänge, ob eher geistiger oder funktionaler Art, werden unbeschwerter als Gesamterfahrung erlebt. Jede körperliche Anstrengung trainiert den Bewegungsapparat, regt die Hirntätigkeit an, fördert den Stoffwechsel und lässt einen kräftigen Appetit – eine wichtige Voraussetzung für ein gesundes Essverhalten – entstehen. Besonders Kinder brauchen Zeit zum Toben mit Gleichaltrigen und reichlich Gelegenheit zum kreativen Ausprobieren und nicht stattdessen spezielle therapeutische Fördermaßnahmen.[28] Die Zusammenhänge zwischen Essen, Bewegung, Motivation und Leistung sollten vor diesem Hintergrund viel genauer beachtet werden. Denn Körper, Geist und Seele bilden eine Einheit. Je ausgewogener diese Erkenntnis das Tagewerk prägt, umso gesünder, zufriedener und erfolgreicher leben wir. »Den Schlaf des Geistes weckt der Schmerz«, sagt der Volksmund. Auf die diagnostizierte mangelhafte körperliche und geistige Beweglichkeit bezogen, scheint der Schmerz durch diverse Konsum-Narkotika so überlagert zu werden, dass zu viele Kinder und Jugendliche mit ihren Eltern in einer adipösen Erstarrung weiterschlafen.[29]

Es ist daher sinnvoll, den natürlichen Bewegungsdrang von Kindern so umfangreich wie möglich zu erhalten und zu fördern. Regelmäßiges Schwimmen, Trampolinspringen, mit dem Nachwuchs Joggen, eine möglichst frühzeitige Anmeldung bei einem Sportverein, Teilnahme an Wettkämpfen, beim Sponsoren-Lauf durch Geldspenden der ganzen Großfamilie die Laufstrecke »verlängern«, ein Ausflug in einen Kletterpark oder Hochseilgarten,[30] herausfordernde Wanderungen, Kanu-fahrten und Fahrradrouten, all diese Unternehmungen halten Ihre Kinder fit und sind eine gute Vorgabe, wenn mit der Pu-bertät wahrscheinlich die Hormone lauthals verkünden, dass jegliche Bewegung eigentlich schädlich für den Körper und Sport Mord sei.

Kinder brauchen zu ihrer Entwicklung vielfältige Aktions-räume. Ein recht einfach umsetzbarer sollte für den nächsten Urlaub in den Blick genommen werden. Denn: Auch »Reisen bewegt« – vordergründig Menschen von A nach B, im tieferen Sinne werden durch neue Erkenntnisse bisherige Auffassun-gen hinterfragt. Andere Kulturen, politische Systeme, ökolo-gische Zusammenhänge, berufliche Implikationen, familiäre Alltäglichkeiten und neue Kontakte stellen nicht selten unser bisheriges Weltbild auf den Kopf. So merkte Mark Twain tref-fend an: »Reisen ist tödlich für Vorurteile.« Je offener Eltern für Neues sind, je intensiver werden sich auch Kinder für das Leben außerhalb der familiären Wände interessieren. Eine Karriere vom Stubenhocker zum Weltbürger wird selten und schwierig sein. Reisen in andere Länder erweitern den Blick-winkel und lassen anstelle von Ängstlichkeit vor Unbekann-tem die Neugier und Begeisterung für Neues wachsen.

Was häufig zu wenig berücksichtigt wird: Kinder können sehr aktiv in die Reiseplanung einbezogen werden. Das fängt bei den Zielen an, geht weiter über die Art der Unterkunft zwi-schen Campingplatz, Jugendherberge, Bauernhof bis hin zu Clubreisen mit Kinderanimation. Auch das Tagesprogramm kann mit Kindern gut vorbereitet werden. Hier ein Beispiel, in dem Eltern nach etlichen Ponyhof-Urlauben eine Städtetour durch Deutschland machen wollten, was den sechs- und neun-jährigen Kinder gar nicht gefiel. Aber durch ein gutes Planen von Kinder- und Erwachsenen-Tagen konnten beide Seiten viele ihrer Ideen verwirklichen. Und bezogen auf die Besich-tigung des Reichstags berichtete der Sechsjährige stolz im

Kindergarten: »Ich habe in den Ferien Frau Merkel in Berlin besucht!«

Ja – Reisen bildet, wenn die Eindrücke der Kinder nicht per Fotobuch oder Video als nette Souvenirs abgelegt, sondern als Gestaltungsimpulse für den familiären Lebensalltag aufgegriffen werden. Das erfordert von Eltern eine eher selten angewandte, aber äußert wirksame Art der Fortbewegung: Das »In-sich-Gehen«. Dann dient jede Reise als Erkundung neuer Lebenswelten, der geistigen und körperlichen Fitness und ist ein wichtiger Impuls für ein friedvolles kulturelles und ökonomisches Miteinander. Gleichzeitig erfahren Kinder auf diese Weise, wie das Leben in anderen Städten, Ländern oder Kontinenten funktioniert. Eine ideale Voraussetzung, um einige Jahre später im Ausland eine Schule oder Hochschule besuchen zu wollen. Diese Aspekte fasste der englische Philosoph, Sozialforscher und Staatsmann Francis Bacon (1561–1626) so zusammen: »Reisen ist in der Jugend ein Teil der Erziehung, im Alter ein Teil der Erfahrung« – und beides dient fundamental einer Erweiterung des eigenen Blickfelds.

## ›Viel leicht macht's schwer!‹ – Fordern und fördern als Training zur Eigenverantwortung

»Wir machen den Weg frei!« – so der verlockende Werbeslogan eines Bankenverbundes. An diesem Motto scheinen sich auch zu viele Mütter und Väter zu orientieren, wenn der Nachwuchs im Hotel Eltern in einem All-inclusive-Versorgungsmodus aufwächst. Bedankt sich der Kunde in der Bank noch für eine gute Beratung und günstige Konditionen, so reagieren die meisten Söhne und Töchter auf dieses Rundum-Sorglos-Paket nicht mit Freude oder Dankbarkeit, sondern entwickeln stattdessen eine durch Selbstverständlichkeit geprägte Erwartungshaltung. Gleichzeitig werden sie so von wichtigen Lebensvollzügen ferngehalten. Denn sie erfahren so nicht, dass Geld vor dem Ausgeben erst zu erwerben ist, Nahrungsmittel erst eingekauft und anzurichten sind und die Wohnung nicht von alleine sauber und gemütlich wird. Ein Leben im Schlaraffenland mit Tischlein-deck-dich-Effekt verhindert somit wichtige Erfahrungen, die im alltäglichen Miteinander wichtig sind.

Auch wenn Kleinkinder zum Start ins Leben ein behütetes Aufwachsen in sicheren Bindungen benötigen, so ist es dennoch wichtig, dass sie mit jedem neuen Lebensabschnitt immer deutlicher spüren, dass Geben und Nehmen, Anstrengung und Erfolg, Freude und Leid zum Leben dazugehören. Fehlen diese Grunderfahrungen, ist mit schnell einsetzender Überforderung oder gar schroffer Abwehr zu rechnen, wenn Kinder intensiver gefordert werden, sei es im Haushalt, in der Schule oder im Umgang mit einer Krankheit. Denn je früher erfahren wird, dass es – außer der elterlichen Zuwendung und Liebe – nichts im Leben umsonst gibt, je realistischer und selbstbewusster werden unsere Kinder auf die vielfältigen Herausforderungen des Lebens reagieren. Gleichzeitig wird so der »Schock vor den Realitäten des Lebens« vermieden. Abträglich wäre es, wenn anstelle des Leitsatzes »fördern und fordern« Eltern ihre Kinder bis zum Abitur »durch-pampern«, über nicht Hinnehmbares hinwegsehen und auf positive Kleinigkeiten mit überschwänglichem Lob reagieren würden.

Folgender Denkansatz verdeutlicht den Prozess des Erwachsenwerdens sehr anschaulich: Mit jedem Geburtstag wird die emotional-soziale Umsorgungs-Nabelschnur um ein Einundzwanzigstel gekappt. Mit anderen Worten. Mit dem 21. Geburtstag sind dann die elterlichen Präge- und Verselbstständigungs-Initiativen weitgehend abgeschlossen. Dazu sollte ein Kind von Geburt an zur Mitwirkung eingeladen, angeleitet und herausgefordert werden. Ob beim Durchdrücken der Ärmchen in den Pullover, der Farbauswahl von Kleidung, beim Schuh-Anziehen, dem Zusammenpacken der Kita-Utensilien, bei Haushaltstätigkeiten oder bei der Mitsorge für jüngere Geschwister, all diese kleinen und immer größer werdenden Aufgaben und Verantwortungs-Übertragungen verdeutlichen, wie das Leben funktioniert. Gleichzeitig erfährt das Kind, dass es sich einbringen kann. So erhält es Wertschätzung und schafft sich einen anerkannten Platz in der Gemeinschaft. Strahlende Augen über das Erreichte sind die sichtbare Mitteilung an Papa oder Mama.

Wünscht sich beispielsweise ein Kind einen Hasen oder Goldhamster, so wäre probeweise die eigenverantwortliche Pflege fürs Trinken, Essen und Gehege Säubern zu üben. Verläuft diese Phase gut, ist der zukünftige Umgang klar zu regeln: Pro Tag beziehungsweise Woche sind folgende Pflegeleistungen zu erbringen, spätestens vor Beginn des Abendessens. Für den Fall, dass die Verpflegung oder Reinigung mal vergessen wird und Mama oder Papa als Notfall-Versorger einspringen müssen, überlegt sich das Kind eine Sanktion, um die Versorgungs-Wichtigkeit für das Tier zu unterstreichen und das Erinnern zu verbessern. Egal ob dies ein zusätzlicher Küchendienst, das Säubern des Bades oder eine reduzierte Medien-Zeit ist, wichtig ist, dass so die Eigenverantwortung gefördert wird. Gibt's häufig Ärger wegen mangelhafter Versorgung des Tieres oder der Umsetzung der selbst gewählten Konsequenzen, wird das Tier an verantwortlicher handelnde Kinder übergeben. Erst nach dieser Vereinbarung, welche möglichst schriftlich abgefasst wird (das unterstreicht die Bedeutung und bereitet auf das Leben vor), geht es zur Zoohandlung, damit sich Sina ihren Hasen oder Tim den Goldhamster als Familienzuwachs kaufen kann.[31]

Ähnlich kann man bei den schon etwas Älteren vorgehen, wenn es darum geht, eine neue Beschäftigung in den Bereichen Musik, Sport, Reiten, Ballett, Judo, Pfadfinder etc. aufzunehmen. Kinder und Eltern sollten miteinander klären, dass eine Anmeldung für mindestens ein halbes Jahr erfolgt und sie nicht einfach aus Lust und Laune beendet werden kann. Auch hier sind, falls sich die Betroffenen nicht an diese Vereinbarung halten, vorher vom Kind entsprechende Konsequenzen bei Nichterfüllung zu benennen und »gegen das Vergessen« schriftlich festzuhalten.

Ein weiteres Einübungsfeld zur Eigenverantwortung bietet das Thema Mode/Kleidung. Wenn die liebe Tochter meint, nur in den neuesten Tops und Jeans das Haus verlassen zu können oder der Sohn nur in superteuren Turnschuhen seine Füße bewegen kann, geraten Eltern schnell in nervige Dauerdiskussionen. Da jedoch ein ständiges Herumlamentieren äußerst unsinnig ist, hier ein alternativer Handlungsansatz aus meiner Beratungs-Praxis, welcher zigfach aufgegriffen wurde und immer funktionierte: Die Eltern von Marvin (14) und Carmen (12) waren es satt: Ständig wurden neue Ansprüche zu Mode und Kleidung formuliert. »Papa, mit den Klamotten werden wir schon am Schultor gemobbt. Und wenn wir von den anderen ausgegrenzt werden, können wir auch nicht gut lernen.« Das saß. Denn wer möchte schon seine Kinder als Ausgegrenzte sehen? Aber wie konnten die Eltern aus diesem Dilemma rauskommen, denn ständig neues Geld auszugeben, war für sie keine Option? So wurde folgende Vorgehensweise entwickelt: Die Eltern setzten sich mit Marvin und Carmen zusammen, um ihnen Folgendes zu unterbreiten: Sie sagten, dass sie einerseits nachvollziehen können, dass Kleidung und Aussehen eine große Bedeutung in ihrem Alter haben, andererseits aber auch nicht jeder Trend mitzumachen sei. Außerdem würden die Ausgaben immer größer. Aber sie hätten eine Lösung, indem sie die Entscheidung in ihre Hand legen würden. Sie würden für die beiden je ein eigenes Kleidergeld-Konto anlegen und monatlich mit dem Betrag auffüllen, der auch in den zurückliegenden Jahren durchschnittlich für den Kleidungsbereich angefallen wäre. Dazu müsse vorab Folgendes vereinbart werden:

Über alle Ausgaben und Einnahmen wird Buch geführt. Zur Grundausstattung von Carmen und Marvin gehört genügend Unterwäsche (besonders bei Jungs wichtig) und eine Kleidungsauswahl, mit der sich die Eltern gut mit dem Nachwuchs in der Öffentlichkeit zeigen können, damit nicht beispielsweise bei den Großeltern anlässlich ihrer Goldenen Hochzeit wegen des Outfits der Enkel eine Herz-Attacke einsetzt. Neues Geld gibt es zum Beginn des Monats. Das Ganze wird erst einmal für ein Jahr als Experiment durchgeführt. Diese Vereinbarung wird schriftlich festgehalten und unterschrieben.

Achtung: Nicht in Ohnmacht fallen, wenn Ihre Kinder sich von den ersten Monatsbeträgen ein superteures Prestigeteil kaufen. Nehmen Sie's staunend zur Kenntnis und enthalten Sie sich jeden Kommentars in Richtung: »Wie willst du denn jetzt in den kommenden Wochen klarkommen?« Denn es gibt kein besseres nonverbales Korrektiv als eine leere Kasse bei großen Wünschen. Schon nach kurzer Zeit werden eigene Begehrlichkeiten und das vorhandene Budget eine umsetzbare Relation ansteuern. Ein schöner Nebeneffekt: Jungs »freuen« sich an Festen über Unterwäsche oder Socken, und die Mädels über ein simples Sport-Shirt als Geschenk, weil ja so das Kleidungs-Budget geschont wird. Und wie im wirklichen Leben erfolgen regelmäßig angekündigte und nicht angekündigte Kassenprüfungen. Und als Marvin zwei Jahre später für ein Jahr in Texas (USA) die Schule besuchte, berichtete er nach seiner Rückkehr mit Stolz, dass er das gesamte – nicht üppige – in bar mitgenommene Taschen- und Kleidergeld auf die Bank gebracht hatte und sich dank seiner sparsamen Abbuchungen zum Abschluss ein Mountainbike kaufen konnte. Vorher hatte er mit der Fluggesellschaft ausgehandelt, das Rad anstelle des zweiten Koffers mitnehmen zu können. Realer kann eine Lebensvorbereitung kaum erfolgen.

Häufig geraten Kinder und Jugendliche in einen Druck, ihre Kaufabsichten bzw. Konsumwünsche möglichst zeitnah umsetzen zu wollen. Auch wenn dabei das eigene Taschengeld zum Einsatz kommen soll, kann es aus unterschiedlichsten Aspekten sinnvoll sein, diese Absicht nicht im Schnellverfahren umzusetzen. Werden hier die Folgen der Entscheidung kaum überblickt, geht es da ums Erlernen, sich vom »Jetzt-sofort-haben-Wollen« abzugrenzen; ob es um billigen Schnickschnack, Computerspiele, teure Smartphones oder Hobby-Gegenstände geht. Besonders bedeutsam ist dies, wenn es sich dabei um größere Beträge handelt. Dann ist es sinnvoll, mit dem Kind oder Jugendlichen einen Zeitaufschub zu vereinbaren. Der kann einige Tage oder auch ein Jahr sein. Die so entstehende Bedenkzeit wird klären, ob es eine spontan-sinnarme Idee oder ein grundlegendes Interesse war. Im Umfeld meiner Beratungspraxis wurden so viele Schnell-Konsum-Wünsche nach einer Nacht des »Drüber-Schlafens« oder Wochen später gar nicht mehr bzw. überlegter umgesetzt. Auch die Anschaffung eines teuren Rennrades wurde so um ein Jahr verschoben und anschließend mit den Eltern und erweiterter Umsicht – bei gleichzeitigem Abschluss einer separaten Fahrradversicherung – verwirklicht, was sich nach dem ersten Diebstahl im Fahrradkeller der Schule als äußert nützlich erwies. So werden Entscheidungen selbstständig und dennoch nicht alleine getroffen. Gleichzeitig lernen die Kinder oder Jugendlichen dabei einen wertvollen Lebensgrundsatz in Abgrenzung von einer »Jetzt-sofort-Mentalität« kennen und nutzen.

Werden unseren Kindern beziehungsweise Jugendlichen solche Erfahrungen nicht ermöglicht, sind sie schnell überfordert, wenn sie auf sich selbst gestellt sind. Von meinen Studenten weiß ich, dass sie folgendes Dauerproblem beim eigenständigen Wohnen haben: »Der Kühlschrank wird nicht von alleine voll, der Mülleimer nicht von alleine leer und die schmutzige Wäsche nicht von alleine sauber.« Kein Wunder, wenn dies bisher im Hotel Eltern alles für sie geregelt wurde. Auf so viel Leichtmacherei folgt die ernüchternde Erkenntnis, besser viel früher an diese Dinge herangeführt worden zu sein, denn: »Viel leicht macht's dann schwer!«

Kinder, welche jedoch altersgemäß in unterschiedlichste Hausarbeiten einbezogen wurden, erste Erfahrungen im Umgang mit übernommenen Aufgaben machen konnten und somit ein herausforderndes Trainingsfeld hatten, starten mit einer soliden Mitgift ins Leben. So wie sich Rettungskräfte aller Art auf ihre schwierige Arbeit im Routinetraining beziehungsweise in besonderen Katastrophenübungen auf reale Einsätze vorbereiten, so benötigt auch unser Nachwuchs viele Einübungsfelder, um den sich in Schule, Studium, Berufsausbildung, Arbeitswelt, Partnerschaft, Familie und Freizeit ergebenden Herausforderungen gekonnt gerecht werden zu können. Wer jedoch in einer Atmosphäre des leichten Seins aufwächst, weil die notwendige Vorbereitung versäumt wurde, wird es im Leben schwer haben. Statt dem Nachwuchs Kraft, Eigenständigkeit, Selbstverantwortung und Durchhaltevermögen beizubringen, setzen zu viele Eltern auf ein Unterforderungskonzept. Das eigene – zwischen Unsicherheit und Bequemlichkeit pendelnde – Unvermögen wird so zur Handlungsmaxime. Eine der Tierwelt abgeschaute Erkenntnis trifft auch auf den Umgang mit Kindern zu: »Wenn du die Katze mit Leckereien fütterst, hört sie auf, Mäuse zu fangen. Ein Hund, der verwöhnt wird, hält keine Wacht«, so der japanischer Zen-Meister Kōdō Sawaki.

## ›Ich will Entdecker werden!‹ – Welche Akzeptanz und Förderung erhalten die Neigungen des Nachwuchses?

»Unbekanntes faszinierte mich schon von Kindesbeinen an. Eine Höhle im Wald, das Verlies einer Burg, Uropas Koffer mit Utensilien der Flucht aus Ostdeutschland. Später untersuchte ich Toaster, zerlegte einen ausrangierten Staubsauger oder ›reparierte‹ eine Wanduhr zum Totalschaden. Meist gab's Ärger: ›Sei nicht so neugierig‹. – ›Steck deine Nase nicht ungefragt in fremde Sachen‹«, so die Rückerinnerung eines 39-jährigen Ingenieurs an seine Zeit als Acht- bis14-Jähriger. Ob Kolumbus mit solchen Kindheits-Erfahrungen den Wagemut und Optimismus gehabt hätte, eine völlig neue Seeroute in Richtung Indien zu versuchen? – Auch wenn zerlegte Staubsauger oder kaputt-reparierte Wanduhren nicht automatisch zu einem Nobelpreis führen, Neugier ist eine der größten Voraussetzungen, etwas zu entdecken, in Unbekanntes vordringen zu wollen. Und wenn ein Kind oder Jugendlicher ständig an Stopp- oder Verbotsschilder gerät, wird jedes Lerninteresse maximal behindert. Sicher ist hier und da eine behutsame Lenkung der deutlich werdenden Interessen notwendig. Dabei können aber weder das stringente elterliche Ordnungsverständnis noch eine tief sitzende eigene Ängstlichkeit der Maßstab sein. Und Umlenkmanöver wie: »Franz wünschte sich so sehnlich einen Chemie-Instrumentier-Kasten, aber Papa kaufte ihm eine Gitarre, weil die nicht so gefährlich sei«, sind kontraproduktiv.

Die meisten Erwachsenen werden sich daran erinnern können, dass sie selbst einmal Polizist, Model, Lockführer, Pilot, Krankenschwester oder Feuerwehr-Chef werden wollten. Solche Berufsideen von Kindern markieren eine wichtige Phase des Hineinwachsen-Wollens in die Welt der Erwachsenen und belegen zudem ein stark ausgeprägtes momentanes Interesse. Diese Aussagen nicht – dem Alter des Kindes entsprechend – ernst zu nehmen, offenbart nicht nur Dummheit, sondern löst auch tief gehende Zweifel im Kind aus. Das Ziel der elfjährigen Sarah, später die Arztpraxis des Opas übernehmen zu wollen, wird das Umfeld wohl begeistern, selbst wenn dieses Vorhaben keine Umsetzung finden sollte. Aber es drückt die Wichtigkeit der Beziehung zum Großvater und ein starkes Interesse an Heilungs- beziehungsweise Helferfunktionen aus.

Egal ob als Kind, Jugendlicher oder Erwachsener, alle haben ein Recht darauf, dass ihre Interessensbekundungen erst genommen und aufgegriffen werden. Wobei dies keinesfalls automatisch heißen kann, dass diese dann auch so umgesetzt werden. Aber es ist für die Gefühle des anderen wichtig, Interesse und Wertschätzung anstelle von Ignoranz, Desinteresse oder Ablehnung zu spüren. Dass dies auch zu Konfrontationen mit eigenen Wertvorstellungen führen kann, wird an folgendem Beispiel deutlich: Luis war ein interessierter Elfjähriger, der die Idee hatte, seinen Kettcar mit einem Motor antreiben zu wollen. Dazu benötigte er, so sein Bekunden, eine Autobatterie und einen Scheibenwischermotor. Beides wollte er sich auf einem Auto-Schrottplatz beschaffen. Doch um dort hinzukommen, brauchte er seine Mutter. Diese reagierte nicht gerade begeistert auf die Umbaupläne mit ungewissem Ausgang bei einem fast neuen Groß-Kettcar. Und Schrottplätze gehörten keinesfalls zu ihren Lieblingsorten. Aber da es ja um ein wichtiges Vorhaben des Sohnes ging, fuhren beide los und erstanden die Teile für wenig Geld. Später fiel der Mutter ihre Mitwirkung schon etwas weniger schwer, als sie mit ihrem Sohn Blinker und Außenspiegel vom Autofriedhof holte. Und als der etwas ältere Sohn Ben einen alten Staubsauger und anderen »Unrat« zum Bau einer Geisterbahn per Sperrmüll beschaffen wollte, konnte die Mutter den Sohn schon fast fachmännisch beraten, welche Teile für welche Vorhaben besser geeignet seien. Als eine gute Freundin meinte: »Das könnte ich nicht, das ginge mir zu weit«, erwiderte die Mutter von Luis und Ben nur: »Ja, mir waren diese Fahrten zwischen Sperrmüll und Schrottplatz ein Gräuel, aber da ich die Interessen der beiden einfach ernst nehmen wollte, habe ich meine Abneigung überwunden. Der Kettcar mit Motor, Blinker und Spiegel funktionierte wirklich, und die Geisterbahn wurde für Klein und Groß zum Anziehungspunkt unseres Spielkellers.« Und als ein Jahr später die Söhne Öllämpchen als Weihnachtsgeschenk für die Großeltern herstellten und dazu

Sekuritglas-Splitter benötigten, fuhr das Auto mit einer recht entspannten Fahrerin und zwei Söhnen auf der Rückbank schon fast von alleine zum nächsten Schrottplatz.

Wenn es nicht mehr um Hobby-Interessen, sondern um Berufswünsche unserer Kinder geht, wird das Thema noch heikler. Besonders wenn unsere Söhne und Töchter ganz eigene berufliche Vorstellungen haben, ist Akzeptanz zu wenig. Dann ist ein Mittragen von Vorhaben oder Entscheidungen der eigenen Kinder erforderlich. So hatte der Sachgebietsleiter eines Finanzamtes einige Probleme damit, als die Tochter ihr Lehramtsstudium abbrach, um mit einem Freund eine Schaf-zucht in der Normandie zu betreiben. Auch der Patentanwalt tat sich schwer, die Entscheidung des Sohnes für ein Regiestudium finanzieren zu sollen, weil er darin eine brotlose Zukunft sah. Und als Beate, die schon seit ihrer Kindheit etliche Musikinstrumente gekonnt spielte, sonntags häufig den Organisten in der Pfarrkirche vertrat und dann anstelle eines Musikstudiums eine Entscheidung für Mathe traf, konnten das – bei dieser offensichtlichen musikalischen Begabung – weder die Eltern noch das weitere Umfeld nachvollziehen.

Beistand sein, vorsichtig einen »Plan B« andenken, trotzdem die momentane Entscheidung stützen und Zuspruch für offensichtliche Interessen aussprechen, diese elterlichen Reaktionen werden gerade in solchen Umbruchszeiten von den Kindern und Jugendlichen erwartet und gebraucht. Bei all dem haben die Eltern zu berücksichtigen, dass ihre nun ins Berufsleben beziehungsweise in die Eigenständigkeit startenden Töchter und Söhne ihr eigenes Leben und nicht elterliche Vorstellungen verwirklichen wollen. Und wenn dann doch irgendwann eine Umentscheidung ansteht, sollte auch diese ohne Häme im Sinne von »Ich habe es dir doch immer schon gesagt!« begleitet werden. Dazu ein passender Gedanke von Johann Wolfgang von Goethe: »Zwei Dinge sollen Kinder von ihren Eltern bekommen: Wurzeln und Flügel.«

## ›Papa hat große Pläne!‹ – Geht es um den eigenen Status oder um eine Förderung der Anlagen der Kinder?

»Heute wird Jule, unsere Frau Dr. in spe, eingeschult!« Diese per Zeitungsanzeige in die Welt gesetzte Prophezeiung erhielt ich von einem Kollegen für meine Kuriositäten-Sammlung im Umgang mit Kindern. Ich dachte nur: Großartig! Mein Kind: ein Konglomerat aus Einstein und Mozart. Nur die Festplatte im Kopf muss noch entsprechend programmiert werden. Da dieses Denken kein Einzelfall zu sein scheint, griffen etliche Nachrichtenmagazine das Thema auf, so auch der *Spiegel* vom 2.10.2015 unter der Überschrift: »Operation Wunderkind. Wie Eltern den Erfolg ihrer Töchter und Söhne erzwingen«. Ob die Initiative stärker von Vätern oder Müttern ausgeht: Die heutigen Bedingungen einer überbordenden Konsumgesellschaft führen beziehungsweise ver-führen Eltern häufig dazu, ihre Kinder – wenn auch meist gut gemeint – in unangemessener Weise zu verplanen.

»Was wäre, wenn all die Dinge, die du deinem Kind bietest, ihm nicht zum Vorteil gereichen, sondern seine Chancen eher mindern?« Was passiert, wenn ein Zuviel an eigentlich guten Dingen, wie Spielzeug, Musikinstrumenten, Lernübungsutensilien oder Wahlmöglichkeiten, einen gegenteiligen Effekt bewirken und für das Kind nachteilig sind? Erziehungsberater und Bestseller-Autor Kim John Payne schreibt in seinem Buch (2010) *Simplicity Parenting*, dass genau dies die Gefahr moderner Erziehung ist. Bei vielen Kindern führt das zu Ängstlichkeit, zur »Aufmerksamkeits-Defizit-Hyperaktivitäts-Störung« (ADHS) oder zu tyrannischen Verhaltensweisen. Andere schwimmen regungslos im Überfluss dahin, manche ertrinken dabei. In einem Interview mit dem IMFC (Institut für Ehe und Familie Canada) verdeutlicht Payne das Problem: »Eltern fühlen sich durch den tiefen Wunsch motiviert, alles für ihre Kinder zu tun, und tappen deshalb leicht in die Falle, ›zu viel‹ zu geben. Dabei sahen sich die Eltern bis vor wenigen Jahrzehnten noch vor der Herausforderung, ihren Kindern ›genug‹ zu geben.«

Fast alle Eltern haben die Hoffnung, das unendliche Potenzial ihres Kindes zu entfesseln. So kaufen sie haufenweise pädagogisches Spielzeug und Bücher, melden ihr Kind zu allen möglichen Kursen – Ballett, Sport, Theater, Musik – an, damit es möglichst viele Lernfelder kennenlernt. Parallel dazu bringen sich auch die Großeltern und Geschwister der Eltern – welche sich bei Scheidungskindern schnell vervielfachen – sowie weitere Bezugspersonen ins Geschehen ein. Die Folge ist häufig, dass damit »so viele Stimulanzien geschaffen werden, dass diese die Entwicklung des Kindes stören, seine Aufmerksamkeit beeinträchtigen, seine Belastbarkeit vermindern und an seinem Selbstwertgefühl nagen«. Daher geht es darum, gezielt die Informationen und Reize für Kinder einzudämmen, weil ein Zuviel an Spielzeug, Kleidung, Hobbys, Wahlmöglichkeiten, Medienkonsum, Informationen etc. meist zu einer gravierenden Überforderung führt, ob sich diese als Aufmerksamkeitsreduzierung, Kreativitätsverlust oder als mangelhafte Selbstbeschäftigungsfähigkeit äußert. Payne benennt vier Säulen für ein »zu früh bzw. zu viel« im Leben von Kindern: zu viel (Spiel-)Zeug, zu viele Wahlmöglichkeiten, zu viel Information und zu viel Tempo.[32]

Die Botschaft ist kurz und klar: Weniger ist mehr! Auch der Präsident des deutschen Lehrerverbandes Josef Kraus fordert mit seinem Buchtitel *Helikopter-Eltern* (2013) auf: Schluss mit Förderwahn und Verwöhnung. So erfahren Kinder ohne spezielle Beeinträchtigungen die beste Förderung nicht bei einem Lerntrainer oder Spezialtherapeuten, sondern in der Teilhabe am täglichen Leben, ob beim Einkauf für die Familie, der Zubereitung von Mahlzeiten, dem Putzen der Wohnung, der Vorbereitung der Geburtstagsfeier, den täglichen Schularbeiten oder beim Kofferpacken für den Urlaub. Ergänzend ist viel selbst gestaltete Zeit im Umgang mit Gleichaltrigen zur Entwicklung von Selbstwirksamkeit – einem Schlüsselbegriff innerhalb der Resilienz-Forschung – und einem starken Ich förderlich.

Wenn Eltern ein zweisprachiges Aufwachsen ihrer Kinder in Erwägung ziehen, geschieht dies meist mit dem Ziel, bessere berufliche Chancen zu ermöglichen. Dann werden meist international konzipierte Kindergärten mit Angeboten in englischer Sprache gesucht – manchmal ergänzt durch Angebote in Chinesisch. Wird eine solche Idee umgesetzt, handelt es sich um eine »sukzessive Zweisprachigkeit«. Hier ist ein vorsichtiges Abwägen aller Vor- und Nachteile wichtig und notwendig, weil durch die gewollte Zweisprachigkeit die Entwicklung der Muttersprache gestört werden kann. Wichtig ist, dass Kinder nicht als zu optimierende Objekte elterlicher Vorstellungen betrachtet werden. Davon grenzen sich »simultan bilinguale« Lebensbedingungen ab. Hier wachsen Kinder – oft ab der Geburt – mit zwei Sprachen auf, meist weil die Eltern unterschiedliche Muttersprachen haben. In der Regel geschieht dies ganz selbstverständlich und meist problemlos, allerdings nur unter der Voraussetzung, dass jede Sprache sehr oft gehört und regelmäßig angewendet wird. Aber auch hier sind einige Auffälligkeiten und Konsequenzen im Blick zu behalten, um beispielsweise eine »Halbsprachigkeit« – das heißt, beide Sprachen werden mangelhaft erlernt – zu vermeiden (siehe hierzu die Ausführungen von Isabelle Liegl, Seite 83).

»Sprachgenie oder Rechengott: Eltern tun oft alles, um die Begabungen ihrer Kinder zu fördern«, schreibt der Göttinger Hirnforscher Gerald Hüther. Spezielle Kurse sind dabei meist nicht die beste Wahl, weil sich der Nachwuchs unter Druck gesetzt fühlt. Oft reicht es, wenn das Kind zu eigenen Erfahrungen in seiner alltäglichen Lebenswelt ermutigt wird, inklusive Fehlern. Der Hinweis von Gerald Hüther »Jedes Kind ist auf einem bestimmten Gebiet hochbegabt« wirkt da sehr geerdet. Und er verdeutlicht ergänzend: »Leider nehmen Eltern nur die Fähigkeiten wahr, die sie für wertvoll halten, und übersehen dadurch, welche Schätze in ihren Kindern schlummern.«[33]

Unter der Überschrift »Wie wir das Leben unserer Kinder zerstören, ohne es zu merken« formulierte die Bloggerin Tracy Gillett bei der Huffington Post Canada einen deutlichen Appell »gegen das Zuviel«.[34] Denn wenn Eltern nicht mehr die Entwicklungspotenziale ihrer Kinder fördern, sondern stattdessen ein »Ideal-Kind« – häufig als Projektion eigener Wünsche – anstreben, dann fehlt der Boden zur Entwicklung von Selbstständigkeit und Eigenverantwortung. Khalil Gibran, ein libanesisch-amerikanischer Dichter (1883–1931), unterstreicht und mahnt: »Eure Kinder sind nicht eure Kinder!« In seiner Schrift *Der Prophet* konkretisiert er dies als Appell: »Sie kommen durch euch, doch nicht aus euch, und sind sie auch bei euch, gehören sie euch doch nicht. Ihr dürft ihnen eure Liebe geben, doch nicht eure Gedanken. Denn sie haben ihre eigenen Gedanken. Ihren Körpern dürft ihr eine Wohnstatt bereiten, doch nicht ihren Seelen, denn ihre Seelen wohnen im Haus der Zukunft, und das bleibt euch verschlossen, selbst in euren Träumen. Ihr dürft danach streben, ihnen ähnlich zu werden, doch versucht nicht, sie euch ähnlich zu machen.«[35]

## ›Und wenn's ganz anders kommt!‹ – In jungen Jahren eine Entscheidung fürs Leben treffen ist recht schwierig!

Der Andrang an die Hochschulen ist so groß wie nie, aber: »Nur wenige halten durch.«[36] Liegt es an einer falschen Studienwahl? Mangelt es den Studierenden an fachlichen Vorkenntnissen, Interesse und Leistungsbereitschaft? Versagen die Hochschulen darin, die ihnen anvertrauten Menschen auch zu einem Abschluss zu führen? Oder wird »nur« zwischen Studienrichtungen gewechselt, was ja kein richtiger Abbruch ist? Was auch in welcher Mischung zutreffen mag, es ist eine ungeheure Verschwendung von Talenten und Ressourcen – und für die Betroffenen oft ein Drama. Die vollen Hörsäle, Bibliotheken und Mensen dürfen also nicht darüber hinwegtäuschen, dass vielen Studierenden kein Abschluss vergönnt ist.[37]

Selbst wenn die Entscheidung für ein Studium zu Beginn klar formuliert sein mag, ob – oder wie lange – sie Bestand hat, hängt von vielen Faktoren ab. Sind die Eltern eher Unterstützer, Zweifler, Besserwisser, Druckmacher oder halten sie sich – vielleicht per Dauerüberweisung – lieber aus inhaltlichen Überlegungen raus? Welchen Einfluss haben andere Familienmitglieder, Freunde, Finanzen, Leistungsgrenzen? Ist die Hochschule eher eine anonyme Bildungsfabrik oder ein wohlwollend-fördernder Lernort?

Haben Kinder oder Jugendliche den Wunsch, nach dem Abitur im Ausland ein Studium zu absolvieren, vielleicht sogar an einer sehr renommierten Uni, dann sind die zu erbringenden Voraussetzungen auf jeden Fall wesentlich umfangreicher, die Rahmenbedingungen fremder, das Anforderungs- bzw. Leistungsniveau höher, die Anpassungsnotwendigkeiten umfangreicher und die Auswirkungen von Fehlentscheidungen oder fehlendem Durchhaltevermögen um ein Vielfaches größer.

Wie kann sich also ein junger Mensch zum Ende der Schulzeit für einen Lebensberuf entscheiden? Die elterlichen Einflüsse sind unabhängig von den bisher genannten Kriterien auch hier durchaus prägend. Schließlich erfahren Kinder im täglichen Miteinander recht viel über die Berufstätigkeit der Eltern. Häufig tendieren daher die Studienentscheidungen in diese Richtung. Manchmal sind die Erfahrungen im Zusammenhang der elterlichen Berufstätigkeiten auch die Basis dafür, genau das Gegenteil zu wollen. Ob aber eher eine Anlehnung oder eine Abgrenzung stattfindet, auf Dauer werden sich – so ist zu hoffen – die eigenen Neigungen, Fähigkeiten, Interessen und Möglichkeiten durchsetzen. Und wie aus einer »klaren Studienwahl« nach einiger Zeit eine ganz andere – von innen herangereifte – Entscheidung wachsen kann, wird am folgenden Beispiel deutlich:

Kaum jemand anders hat die Praxis der Gesprächsführung nachhaltiger beeinflusst als Carl Ransom Rogers (1902– 1987). Er wuchs als viertes von sechs Kindern in einem calvinistisch-pietistisch geprägten Elternhaus auf. Rogers bezeichnete seine Aufwachsbedingungen »als streng und kompromisslos religiös«. Im Alter von zwölf Jahren kaufte sein Vater eine Farm, um so die jugendlichen Kinder vor den Versuchungen des Kleinstadtlebens zu bewahren. Dieses Leben war wohl der Grund, dass sich Rogers für ein Studium im Fachbereich Agrarwissenschaft entschied. Bald aber wechselte er zur Theologie. Auf einer internationalen christlichen Studentenkonferenz in China, an der Rogers 1922 teilnahm, emanzipierte er sich von der engen Lebenswelt seiner Eltern, obwohl ihm dies sehr schwerfiel. Rückblickend bezeichnete Rogers diese sechsmonatige Reise als den Zeitpunkt, zu dem er »ein unabhängiger Mensch« wurde.[38] Ab 1924 besuchte er das liberale Union Theological Seminary. Dort fand ein von Studenten selbstständig geführtes Seminar statt, das für Rogers »zutiefst befriedigend und klärend« verlief und ihm half, seine eigene Lebensauffassung zu finden. Dabei wurde ihm klar, dass er nicht in einem Bereich arbeiten konnte, in dem verlangt wird, »an eine bestimmte religiöse Doktrin zu glauben«.[39] Er wechselte daher zum Teacher's College, an dem er sein Studium 1928 mit dem Master abschloss und schließlich 1931 promoviert wurde. Sein besonderes Interesse galt dort dem Fachbereich Erziehungsberatung.

Vor dem Hintergrund seiner strengen, kontrollierenden und engen Aufwachsbedingungen ist es wohl kaum ein Zufall, dass er sich zu einem sehr bekannten Psychologen und Psychotherapeuten entwickelte, dessen herausragende Leistung in der Entwicklung der non-direktiven Gesprächsführung und im Ausbau der Humanistischen Psychologie bestand. Der von Rogers geschaffene »non-direktive« Ansatz ist heute international ein fester Bestandteil der therapeutischen Gesprächsführung.

Ging es bei Carl Rogers um einen zweifachen Wechsel der Studienrichtung, so belegen die folgenden Beispiele von prominenten Studienabbrechern, wie auch ohne Hochschulabschluss eine Berufskarriere zu Spitzenleistungen führen kann: Als Primus unter dieser Promi-Spezies kann Bill Gates angesehen werden. Er schrieb sich zwar 1973 in Harvard für ein Jurastudium ein (sein Vater war ein wohlhabender Rechtsanwalt), brach dieses 1975 aber ab und gründete in direktem Anschluss das Unternehmen Microsoft. So wurde er zu einem der erfolgreichsten und wohlhabendsten Männer der Welt!

Michael Dell, Chef des erfolgreichen Computerherstellers DELL, wurde sogar noch schneller reich als Bill Gates. Statt in die Fußstapfen des Vaters zu treten, der Arzt war, handelte er lieber mit Rechnern. Auch der sehr erfolgreiche Steve Jobs studierte 1972 nur ein Semester, brach sein Studium offiziell ab, begann seine Karriere bei Atari und gründete 1976 die Apple Computer Company. Ähnlich kurz verlief die Studienphase bei Mark Zuckerberg, dem Begründer der inzwischen bekanntesten Social-Network-Plattform. Er brach 2006 sein Informatik- und Psychologie-Studium ab, nachdem er zwei Jahre zuvor »facebook« gegründet hatte, und wurde zum jüngsten lebenden »Selfmade-Milliardär« der Welt.

Als Steven Spielberg am Film Department der University of Southern California nicht angenommen wurde, brach er sein Studium ab und versuchte sich aus dem Stand heraus als eigenständiger Regisseur. Im Jahr 2002, also nach 30 Jahren und zwei Oscars, hat der Star-Regisseur den Uni-Abschluss »einfach so« nachgeholt. »Vom Finanz-Guru zum Rock-Star«, so könnte der Weg von Sir Mick Jagger beschrieben werden. Er schmiss sein BWL-Studium hin, um sich anstelle von Zahlungsbilanzen lieber Musiknoten zu widmen. Mit seinem Schulfreund Keith Richards gründete er die Rolling Stones. 1995 wurde Mick Jagger zum Ehrenpräsidenten der University of London ernannt und 2003 von Prinz Charles für seine »Verdienste um die populäre Musik« zum Ritter geschlagen.

Ähnlich wenig stringente und trotzdem prominente Berufswege gibt es aber auch in Kontinental-Europa. Alle eint das abgebrochene oder hingeschmissene Studium, ob es sich um den Designer Wolfgang Joop, den ehemaligen Telekomvorstand René Obermann, den international bekannten Bergsteiger Reinhold Messner, den Regisseur Roland Emmerich, den Top-Moderator Günther Jauch oder den Musiker und Sänger Herbert Grönemeyer handelt. Alles Lebensläufe, welche wohl kaum mit »Versagern« in Verbindung gebracht werden. Das Phänomen des Studienabbruchs scheint weder neu noch ungewöhnlich zu sein: Wer weiß schon, dass der begnadete Künstler Vincent van Gogh zunächst Theologie studierte, in der Abschlussprüfung zum Laienprediger als ungeeignet durchfiel, um dann mit seiner faszinierenden Bildersprache – wenn auch nicht zu Lebzeiten – die Menschen zu beeindrucken. Auch Lew Nikolajewitsch Tolstoi brach sein Studium ab, wurde Gutsbesitzer und durch die Romane *Krieg und Frieden* und *Anna Karenina* zu einem der erfolgreichsten russischen Schriftsteller. Und abschließend einige kaum bekannte Fakten zu Charles Darwin. Als Sohn des Arztes Robert Darwin studierte er zunächst Medizin, wechselte dann wegen Langeweile zur Theologie, doch sein besonderes Interesse galt der Botanik. So wurde Darwin schließlich Naturwissenschaftler und Begründer der Evolutionstheorie.

## ›Ein Einkommen fürs Auskommen?‹ – Geht es um die berufliche Kariere oder um ein zufriedenes Leben?

Lieber ein Studium in den Sand gesetzt als unglücklich werden! So lassen sich die Erkenntnisse des letzten Abschnittes mit den keineswegs gradlinigen Karrieren am ehesten zusammenfassen. Denn ein Beruf ist zu wichtig, um ihn auf der Basis von außen kommender unangemessener Erwartungen oder eigener unausgereifter Überlegungen zu absolvieren. Was die ökonomische Basis eines Berufes angeht, führt der saloppe Spruch »Geld ist nicht alles, aber ohne Geld ist alles nichts« mitten ins Klärungsspektrum. Soll das Einkommen so sein, um im Leben zufriedenstellend zurechtzukommen, oder geht es um einen durch Geld und Luxusgüter geprägten Lebensstil? Ähnlich brisant ist die Frage, welchen Stellenwert eine berufliche Karriere erhält? Und weil der Karriere-Begriff in der Berufswelt sehr schillernd ist, schließlich bewegt er sich zwischen viel Geld, Macht, Ansehen oder Ruhm, wäre auch zu klären, was denn vom Einzelnen bevorzugt wird. Dazu verdeutlicht die Geschäftsführerin des Deutschen Zentrums für Hochschul- und Wissenschaftsforschung (DZHW) Monika Jungbauer: »Wer seine Entscheidung für ein Studienfach rein an vermuteten Karriereperspektiven ausrichtet, scheitert häufig an den Anforderungen.«[40] Dabei stellt sich auch die Frage, wie jenseits der Berufswelt Kariere möglich ist und welche Bedeutung dabei eine innere Zufriedenheit bzw. Erfüllung erhält.

Dass häufig von Jung und Alt zu viel gewollt oder erhofft wird, scheint symptomatisch zu sein. Der Gedanke »Es muss doch mehr als alles geben« prägt dann das Geschehen. Wie wir uns auch entscheiden: Jede bewusst oder unbewusst vorgenommene berufliche Weichenstellung beziehungsweise Aufgabenübernahme hat ihren Preis und wirkt sich automatisch auf alle Lebensbereiche wie Partnerschaft, Ehe, Familie,

Kinderzahl, Freundeskreise und persönliche Hobbys beziehungsweise Freizeitinteressen aus. Denn alle diese – wenn auch unterschiedlich vorgenommenen – persönlichen Schwerpunktsetzungen haben eines gemeinsam: Sie benötigen Fähigkeiten, Sorgfalt, Kraft und Zeit.

Eltern haben hier die Aufgabe, durch vorsichtiges Fragen auf diese Zusammenhänge hinzuweisen. Im Gegenzug sollten Befürchtungen, dieses Berufsziel dann besser nicht anstreben zu sollen, eine Relativierung erhalten. Besonders Töchter machen sich – oft aus dem Bauch heraus – recht viele Gedanken, mit welchem Studien- oder Berufsabschluss sie später einmal die meisten Optionen haben. Denn auch sie wissen, dass der von Politik und Medien proklamierten (angeblichen) Vereinbarkeit von Beruf und Familie in der Realität schnell Grenzen gesetzt sind. Hier wird offenbar, dass dies kein Frauenthema sein darf, sondern eine größere gesellschaftliche Solidarität im Umgang mit Beruf und Familie erforderlich macht. Denn keine moderne Gesellschaft kann es sich leisten, Frauen mit ihren Kindern im Regen stehen zu lassen.

Um das Blickfeld von Jugendlichen und Eltern bei der wichtigen und meist lebensprägenden Entscheidung zur Studienrichtung und damit Berufsentscheidung zu erweitern, sollte auch die – äußerst selten gestellte – Frage »Was macht eine Tätigkeit zum Beruf?« eine Klärung erfahren. Wird dies zugelassen, dann prallen oft persönliche Bedürfnisse, politische Programmatiken, Arbeitsmarktinteressen, finanzielle Implikationen, Konsumansprüche und lautstark eingebrachte Gender-Mainstream-Ideologien aufeinander. Welchen Einfluss die zu treffende Entscheidung auf eine später angestrebte Familiengründung und damit auf die Erziehungs- und Bildungsqualität der Kinder hat, wird dabei zu wenig berücksichtigt. Die Frage junger Menschen, wer dann von den Ehe- oder Lebens-Partnern in welchem Umfang für das familiäre Auskommen beziehungsweise finanzielle Einkommen zu sorgen hat, wird häufig bei der Berufsentscheidung von Töchtern zu einem nicht unwichtigen Kriterium. Aber es kann nicht sein, dass trotz aller Emanzipationserfolge Frauen die Hauptlast für das familiäre Zusammenleben tragen.

Ob Männer oder Frauen: Zwischen persönlichen Interessen und von außen kommenden Erwartungen beziehungsweise Notwendigkeiten, zwischen Familienarbeit und Berufstätigkeit, zwischen idealen Vorstellungen vom Leben und alltäglich zu meisternden Herausforderungen einen lebbaren Konsens finden, ist eine der größten Herausforderungen unserer Zeit. Bleiben dabei wichtige Bedürfnisse der Kinder auf der Strecke, beraubt sich die Generation der Erwachsenen wertvoller Sinn-Erfahrungen und gefährdet gleichzeitig die eigene Zukunft. Dass »Zitat des Tages« der 47-jährigen MDR-Moderatorin Katrin Huß anlässlich der Beendigung ihrer TV-Karriere ruft zu einem Perspektivwechsel auf: »Auch ein Hamsterrad sieht von innen wie eine Karriere-Leiter aus.«[41]

Männer und Frauen, Chefs und Mitarbeiter, Politiker, Medienvertreter, alle gesellschaftlichen Gruppierungen sind aufgerufen, ihren Teil dazu beizutragen, dass Familienarbeit und Kindererziehung nicht in einen kaum überbrückbaren Gegensatz zur beruflichen Erwerbsarbeit geschoben wird, meist zulasten von Frauen und den Kindern. Stattdessen muss ein gut lebbares Mit- oder wenigstens Nebeneinander von familiären Notwendigkeiten und betrieblichen Ansprüchen ermöglicht werden. Dass eine private Glücksmaximierung der Eltern nicht zum Unglück ihrer Kinder führen dürfe, verdeutlicht die englische Entwicklungspsychologin Penelope Leach in ihrem Buch *Children First* (1995): »Zuerst die Kinder, war früher eine Selbstverständlichkeit, aber vieles deutet darauf hin, dass die Berufswelt die Kinder langsam, aber stetig auf den Rücksitz schiebt.«[42]

Damit es dazu nicht kommt, können auch die Eltern als zukünftige Großeltern beitragen, quasi in einem »Mini-Generationen-Vertrag«. Denn ein beherztes »Wir schaffen das« wird die Nachwuchs-Planungsphase der eigenen Söhne und Töchter positiv beflügeln können. Damit eine solche Aussage nicht zur gut gemeinten Floskel verkommt, hier einige Bespiele aus meiner Beratungs-Praxis: Da gaben »optionale Großeltern« die Zusage, zeitlich und finanziell den angedachten Kinderwunsch stützen zu wollen. Großeltern-Paare entschieden sich, den jungen Eltern etliche kinderfreie Wochenenden pro Jahr zu schenken, um sich als Paar nicht zu verlieren. Und andere Senioren-Paare, deren Kinder bzw. Enkelkinder für regelmäßige Kontakte zu weit entfernt wohnten, übernahmen in ihrer Nachbarschaft die Funktion von Ersatz-Großeltern, um dann diesen Paaren an Abenden oder Wochenenden Lufthol-Phasen zu ermöglichen.

Denn »eine Gesellschaft offenbart sich nirgendwo deutlicher als in der Art und Weise, wie sie mit ihren Kindern umgeht. Unser Erfolg muss am Glück und Wohlergehen unserer Kinder gemessen werden, die in einer jeden Gesellschaft zugleich die verwundbarsten und wunderbarsten Bürger und deren größter Reichtum sind«,[43] verdeutlichte der langjährige Präsident der Republik Südafrika Nelson Mandela.

## ›Was führt eher zum Erfolg‹ – Eine ausgeprägte Begabung oder Zielstrebigkeit?

Ein Reporter fragte einen international anerkannten Geiger: »Wieso wurde aus Ihnen ein weltbekannter Star und aus Ihrem Schulfreund, mit dem Sie sich die Funktion der ersten Geige im Schulorchester teilten, ein Geigenlehrer? Waren Sie in Ihrer Jugend doch schon unterschiedlich qualifiziert?« »Nein«, antwortete der Star-Geiger, »ich fand meinen Freund sogar etwas besser, aber als erste Erklärung – neben einer Portion Glück – fällt mir ein, dass ich spitze werden wollte und sicher einige

Tausend Stunden mehr ins Üben investierte.« Das Resümee: Talent ohne Dranbleiben kann schnell in der Mittelmäßigkeit enden, während eine mittlere Begabung durch Üben und Wollen zum Super-Erfolg führen kann.

Die Forschungsergebnisse von K. Anders Ericsson, Professor für Psychologie an der Florida State University, weisen genau in diese Richtung: »Talent wird völlig überschätzt, besondere Fähigkeiten werden durch jahrelanges Üben erarbeitet.« Die Botschaft seines Buches (2016): *Top. Die neue Wissenschaft vom bewussten Lernen* lautet: »Es gibt kein Naturtalent. Wir entscheiden selbst über unser Leistungspotenzial. Mit Motivation und Lernbereitschaft können wir Höchstleistungen erzielen – unabhängig davon, ob wir Konzertpianistin werden oder nur so gut Klavier spielen wollen, dass wir selbst Spaß daran haben.« Mozart gilt als der Prototyp des Wunderkindes, als der »geborene« Musiker, ein Ausnahmetalent. Ebenso wird Albert Einstein als Physiker gesehen oder Lionel Messi als Fußballer. Doch bei genauerem Hinsehen wird deutlich: Mozart, Einstein und Messi haben sich ihre Virtuosität hart erarbeitet. Herausragende Leistungen sind nicht angeboren. Ericssons Fazit: »Jeder kann Weltklasse sein, wenn er bereit ist, die Grenzen seiner Fähigkeiten beharrlich auszuweiten und bewusst zu lernen«, so die Kurzinfo zu seinem Buch.

Ericsson beschreibt die Methode der Leistungssteigerung konkret so: »Normalerweise kann man eine Sache schon ziemlich gut, wenn man 10 000 Stunden geübt hat. Meine untersuchten Experten (Ärzte, Musiker, Golfer, Schachspieler) haben maximal vier bis fünf Stunden am Tag bewusst gelernt. Trainiert man täglich länger, ergibt sich keine nennenswerte Leistungsverbesserung. Wichtig ist, dass man kleinste Lernaufgaben immer wieder angeht, gezielt Feedback und Fehlerkorrekturen erhält. Und natürlich kann man dann nicht einfach aufhören. Um Meisterschaft auf Dauer zu stellen, ist permanentes bewusstes Lernen wichtig, um das Gelernte nicht wieder zu ›verlernen‹.« Ericsson fordert dazu auf, sich »die enorme Anpassungsfähigkeit des Gehirns und des Körpers zunutze zu machen, um neue Fähigkeiten auszubilden«. Um einen selbst erlangten schulischen Wissensstand vorm Vergessen zu bewahren, müsste dieser täglich durch Training lebendig gehalten werden.

Auch die Forschungsergebnisse der amerikanischen Psychologie-Professorin Angela Lee Duckworth von der University of Pennsylvania belegen die Kraft des »Dran-Bleibens«, unabhängig vom Umfang einer emotionalen bzw. kognitiven Intelligenz. In ihrem Buch: *Grit: The Power of Passion and Perseverance* (2016) beschreibt sie sehr anschaulich die herausragende Bedeutung von »Leidenschaft und Ausdauer« für jegliche Lernprozesse, unterstützt durch Beharrlichkeit, Widerstandsfähigkeit und Gewissenhaftigkeit, angetrieben vom Bedürfnis nach Leistung. Ihr Fazit: Es liegt nicht an der Begabung, denn »unsere Daten zeigen sehr deutlich, dass es viele talentierte Menschen gibt, die einfach nicht ihren Verpflichtungen folgen«.[44]

Werfen wir einen Blick auf deutsche Kinder und Jugendliche, scheinen die Begriffe Üben, Dranbleiben und Durchhalten eher Relikte aus Urgroßvaters Tugendkiste als täglich geübte Praxis zu sein. So kumulieren in Schulen, Hochschulen und betrieblicher Ausbildung Nichtwissen und Desinteresse. Als Folge wirkt allzu oft der »Dreisatz«:

- antriebslos
- ausbildungslos
- arbeitslos!

Und was besonders erschreckend ist: Zu viele - zwischen Selbstbezogenheit und Gleichgültigkeit - dahindümpelnde Zeitgenossen - ob als Politiker, Medienvertreter, Lehrkräfte oder Eltern - bleiben tatenlos!

Wo liegen die Gründe für diese Situation? Ist dies der zu zahlende Tribut eines stets am »locker-spaßigen Sein« orientierten Zeitgeistes? Oder kommt der Nachwuchs mit ungenügenden Dispositionen auf die Welt? Mangelt es an einer förderlichen Erziehung? In meiner täglichen Beratungspraxis beobachte ich seit Jahren: Viele Eltern wollen sich das »Dranbleiben« selbst nicht antun, und in Schulen wird das Einüben wichtiger Inhalte weitgehend einem Vergällungs-Prozess unterzogen. Doch! Bezogen auf den Sportunterricht »üben« Schülerinnen und Schüler noch eifrig, wie Anstrengungen durch Entschuldigungen oder Fehlen zu vermeiden sind. Das sportliche Leistungsniveau nimmt jedenfalls von Jahr zu Jahr rapide ab.

So weist Nicola Dubacher vom DLRG-Landesverband Niedersachsen beispielsweise auf einen deutlichen Anstieg der Nichtschwimmer unter Grundschulkindern hin. Betrug ihr Anteil 2004 noch 33 Prozent, so lag dieser im Sommer 2014 schon bei 50 Prozent. Zwei Zwischenüberschriften eines Artikels vom 17.7.2015 lassen aufhorchen: »Kinder bleiben vom Schwimmunterricht fern« und »Je später der Schwimmunterricht, desto eher die Atteste«.[45] Eine gestandene Lehrerin nach dem Wandertag: »Weil es mit dem Durchhalten haperte, schafften nur wenige die fünf Kilometer Strecke.« So fehlt Vereinen der Nachwuchs beim Training, der aber zu wichtigen Spielen oder Wettkämpfen unbedingt antreten möchte. Die Lebensweisheit »Früh übt sich, wer ein Meister werden will« gerät ins Abseits.

Mit der Überschrift »Musizieren tut auch der Mathe-Note gut« wird deutlich, dass jegliches Üben den emotionalen und rationalen Bereich gleichermaßen fördert. So belegen Studien, dass Schüler mit einer Stunde mehr Musik und einer Stunde weniger Mathematik in der Woche ein besseres Mathe-Abitur geschrieben hatten, als die reinen Mathematiker.[46] Professor Eckart Altenmüller, Arzt, Musiker und Neurophysiologe, ergänzt: »Musik macht Freude, sie ›bewegt uns‹ im wahrsten Sinn. Die dabei angeregten Gefühle aktivieren das tief im Gehirn liegende limbische System, welches den gesamten Menschen aktiviert. Kurz: Musik ist neuronal gesehen eine hochvernetzte Angelegenheit mit vielfältigen positiven Auswirkungen.«[47]

Ob es nun um das Üben und Dranbleiben – auch bei aktuellen »Durchhängern« – im Sport, bei Texten, Musik oder Mathe geht, eine klare Zielsetzung, Durchhaltevermögen, Frustrationstoleranz und Selbstdisziplin sind die besten Voraussetzungen zu schulischen und später damit auch beruflichen oder privaten Erfolgen. Der deutsche Volksmund bringt diese Erkenntnis in die Lebensweisheit: »Ohne Fleiß (und Schweiß) kein Preis!« Der US-amerikanische Physiker und Pionier der Elektrifizierung Thomas Alva Edison (1847–1931), der auch die Glühbirne erfand, meinte recht lakonisch: »Eine Superleistung ist meist zu einem Prozent Inspiration und zu 99 Prozent Transpiration.«

## ›Dranbleiben ist alles!‹ – Der Kick zum ›Weiter so‹ durch die Allround-Erfolgsformel X + 1 + 0 + 1

Es gibt zwei Grundmotive, welche Menschen in Bewegung bringen: Zum einen das Erreichen-Wollen attraktiver Ziele, zum anderen das Vermeiden-Wollen druck- oder angstauslösender Situationen. Diese Handlungsansätze könnten salopp mit »Nix wie hin« beziehungsweise »Nix wie weg« umrissen werden. Wüstenwanderer mit zur Neige gegangenem Wasservorrat werden ihre letzten Kräfte in Erwartung eines Brunnens mobilisieren. Katastrophen oder andere bedrohliche Situationen werden auch beim lethargischsten Zeitgenossen zu einem rasanten Fluchtverhalten führen. Auf satte oder zu satte Wohlstandsjugendliche bezogen heißt das: Wer schon wegen »innerer Überfüllung« verschlossen ist, wird kaum noch erstrebenswerte Ziele sehen beziehungsweise sich auf diese hinbewegen. Die Konsequenz in Richtung Aktivität ist, Übersatte gezielt dem Mangel zuzuführen. Denn dieser macht erfinderisch, regt die Fantasie an, setzt neue Energie frei.

Dass ein erheblicher Anteil unserer Söhne und Töchter das Dranbleiben und Durchhalten nicht ausreichend erlernen, belegen viele Untersuchungen. Hochschullehrer, Ausbildungsverantwortliche und Chefs sehen daher verstärkt Probleme mit begrenzt belastbaren Jugendlichen. Auch die Eltern bemerken, meist erst mit dem Einsetzen der Pubertät, dass wohl doch in der Kindheit zu wenige Herausforderungssituationen zugelassen oder geschaffen wurden. Ein zu starkes Ausblenden des Grundsatzes »Fördern und Fordern in guter Begleitung« hat einen hohen Preis.

»Was müssen wir tun, um beruflich oder privat ins Abseits zu geraten?« Mit dieser Frage starte ich häufig Hochschul-Vorlesungen, Fachkräfte-Workshops oder Eltern-Seminare. Die erste Reaktion ist Verwunderung über die Fragestellung. Aber nach einigen Grübeleien kommt häufig ein eher unsicheres: »Vielleicht NICHTS?« Ja, fürs Misslingen und Versagen brauchen wir nur NICHTS zu tun. Die Folgen werden bald überdeutlich sein. »Ab in die Mucki-Bude« wäre eine gute Metapher für die Aufforderung, die eigene körperliche und emotionale Belastungs- und Durchhaltefähigkeit durch spezielle Trainings zu optimieren. Denn wer als Kind oder Jugendlicher den Erfolg will, sollte nicht an der Bushaltestelle auf diesen warten.

»Draußen scheint die Sonne, aber Ihr Kind sitzt mal wieder vor der Glotze oder zockt an der Spielekonsole« – Schularbeiten, aufräumen, Zahnspange tragen, sinnvolle Texte lesen, im Haushalt mithelfen – täglich gibt es da Gezeter. »Ach, sie sind doch noch so klein«, denken manche Eltern und drücken ein Auge zu, wenn sich die Kinder bei Anstrengungen verweigern oder danebenbenehmen.« Das spätere Leben ist doch hart genug. Wer sich jedoch als Vater und Mutter so verhält, outet sich als Trainer zur Unfähigkeit der eigenen Kinder. Denn »Ich-mag-nicht-Allüren« entwickeln sich schnell zum Krebsgeschwulst, welches sich im weiteren Leben bitter rächen wird. »Dass mangelnde Bewegung träge und dick macht, ist allgemein bekannt. Wer sich aber so gut wie nie an der frischen Luft bewegt, verliert auf Dauer auch den Kontakt zur Natur und zum eigenen Körpergefühl.« So die Kernaussagen des *Focus*-Artikels »Welche Faulenzer-Attitüden Sie Ihrem Kind nicht durchgehen lassen sollten«.[48] Sind Ihre Kinder oder Jugendlichen in eine solche Situation geraten, ist Gegensteuern angesagt. Denn Faulenzer und Versager werden nicht als solche geboren, sondern vom Umfeld durch falsche Nachsicht dazu gemacht.

»Kinder müssen immer wieder gelobt werden, um sie zu motivieren«, so das Lieblingscredo vieler Mütter – und manchmal auch Väter –, wenn sie an den Umgang mit dem Nachwuchs denken. So hat meine Co-Autorin mit der Überschrift »Loben und lachen« die Wichtigkeit dieser Grundhaltung unterstrichen. Dazu – ohne damit die nachvollziehbaren Beispiele von Isabelle Liegl infrage zu stellen – eine Gegenposition: »Dauerndes Lob wirkt behindernd auf die Entwicklung von Eigenständigkeit und Selbstverantwortung.«

Humor dagegen ist immer gut, nicht nur im Umgang mit den Kindern, sondern auch bezogen auf eigene Schwächen. Und gemeinsam geteilte Freude ist das Schönste im Miteinander überhaupt. Um aus diesem – zum Teil scheinbaren – Widerspruch zum »Lob in pro und kontra« herauszukommen, ist es sinnvoll, sich die Bedingungen des Lobens etwas genauer anzuschauen. So hat Lob den »Nachteil«, dass es ernsthaft nur nach einem erfolgreichen Handeln einsetzbar ist: »Das ist aber toll, jetzt hast du dennoch weiter Cello geübt, obwohl es dir heute so schwerfiel.« Führt eine Tätigkeit nicht zum erhofften Erfolg, ergibt sich zwangsläufig auch kein Raum für Lob. Nicht selten setzt dann ein Tadel ein, welcher meist nur Negatives auslöst.

Eine »Ermutigung« dagegen, den Begriff hat Alfred Adler geprägt, kann bei einer positiv oder negativ akzentuierten Zwischenbilanz ansetzen. So kann auch gezielt auf »Noch-nicht-Können« reagiert werden. Angemessene Hinweise, wie der momentane Stand auszubauen wäre, sind: »Okay, du hast dich von einer Fünf in Mathe auf eine solide Vier hochgearbeitet. Wenn du so weitermachst und du ergänzend noch etwas Unterstützung bekommst, müsste das bald mit einer Drei klappen.« Die Kernbotschaft lautet: »Um dies zu erreichen, ist jenes wichtig.« Würden Sohn oder Tochter bei der Note Vier gelobt, eine weitere Anstrengung würde ein kleines Wunder sein. Das Fazit: »Jede Ermutigung stabilisiert das Wollen, fördert das Können und löst einen deutlichen Erfolgsschub aus.« Wenn dann etwas überproportional Tolles von Kindern erbracht wird, ist das Lob sicher eine wertvolle »Sahnehäubchen-Reaktion«.

Wird Lob zu häufig oder unangemessen eingesetzt, verpufft seine Wirkung. Auch wird so das eigene Erfolgsstreben gestört. Denn wenn Kinder auf die Welt kommen, ist ihr Entdecker-Geist und Ausprobier-Durst fast unerschöpflich, auch ohne elterliche Reaktionen. Ängstliche und »anstelle«-handelnde Eltern stehen dann in der Gefahr, diese Aktivitäten nicht zulassen zu wollen (können). Eine ganz unscheinbare Form des Stoppens ist ein ständiges »Oh wie toll« bei Alltäglichem. So wird der ursprünglichen Eigenmotivation die Luft genommen. Gleichzeitig wächst eine Abhängigkeit von solchen Umfeld-Reaktionen. Dann werden Kinder bald fürs »eigenständige Atmen« gelobt werden wollen. Stattdessen sind die Interessen und Fähigkeiten von Kindern zu nutzen, um sie nicht in eine mögliche Verharrung und Verweigerung geraten zu lassen. Ob Klettern, Skaten, Radfahren, Rudern, Fußball, Geräteturnen, Ballett oder Musizieren, wichtig ist, dass Ihre Kinder sich nicht in einen Kokon der Inaktivität zurückziehen. Denn ein Leben im Schlaraffenland-Modus würde dazu führen, diese Wohlfühlzone mit Trotz, Widerspruch und vielleicht sogar mit Angriffsattacken zu verteidigen.

Auch bei der »Dranbleib-Formel« »X plus 1« – sie wurde vom individualpsychologisch arbeitenden Personal-Coach Karlheinz Wolfgang entwickelt – geht es um die Optimierung vorhandener Ressourcen sowie um einen produktiven Umgang mit unterentwickelten Potenzialen. Konkret heißt das: Wenn ein Kind das Ziel X erreicht hat, sagt das »plus 1«, was als Nächstes anzusteuern ist. Damit wird zum Ausdruck gebracht, dass wir uns nicht – ob jung oder älter – vorschnell auf Erfolgen ausruhen sollten. Dieser Grundsatz wird in der Lebensweisheit »Wer rastet, der rostet« auf den Punkt gebracht. Um aber dieses X-plus-1-Modell vom häufig üblichen »schneller, höher, weiter« – und damit meist auch »unzufriedener« – abzugrenzen, bietet sich der Zwischenschritt »plus 0« an, um so Raum für eine Lufthol-Phase zu schaffen. Das Geleistete kommt dann im personalen Sein an, das Ich wird stabilisiert, die Selbstwirksamkeit als vergrößert wahrgenommen und dadurch reichlich Zufriedenheit und Erfolgsgefühl erzeugen. Das wiederum löst nicht nur bei Kindern oder Jugendlichen, sondern auch bei den Eltern eine starke Eigen-Ermutigung aus. Falls Sie es schaffen, dass diese simpel wirkende Formel Eingang in das Leben Ihrer Kinder – und in das eigene – findet, werden so reichlich Kräfte in die Erweiterung der eigenen Potenziale investiert, um so persönliche Begabungen und Interessen in der Verbindung mit Verschnaufpausen geschickt zur jeweiligen Zielerreichung zu nutzen.

# Durch welche Einflüsse wird der Leistungswille massiv reduziert?

*Zwischen ›Falschem, Zuviel und Zuwenig‹ den rechten Kurs zu finden ist für Eltern immer wieder eine Herausforderung!*

Es ist ein Phänomen von Wohlstandsgesellschaften, viel mehr Mittel verfügbar zu haben, als zum Leben gebraucht werden. So geraten auch unsere Kinder und Jugendlichen in diesen durch Übersättigung und Verwöhnung geprägten Überfluss. Um darin möglichst nicht unterzugehen, benötigen diese vielfältige Orientierungshilfen. Grenzen sich Eltern von diesem Trend ab, bietet dies eine gute Orientierung für die Entwicklung eigener Handlungsweisen. Betätigen Eltern sich jedoch selbst ständig als willige Konsumenten, wird halt dieses Verhalten von den Kindern aufgesogen und als normal betrachtet. Orientieren sich Erwachsene an der Maxime eines »jetzt und sofort«, wird auch dieses Muster in großer Selbstverständlichkeit als Leitlinie dienen. Dann fehlen dem Nachwuchs die Anhaltspunkte, um sich in der glitzernden Warenwelt zurechtzufinden. Jede »jetzt und sofort«-Umsetzung von Vorhaben oder aktuellen Bedürfnissen drückt automatisch das grundlegend Anstehende aus dem Blickfeld, entwöhnt uns vom Warten-Können. Der Überfluss hindert uns so daran, das für uns nachhaltig Wichtige anzustreben. Alle diese Tendenzen wirken massiv auf die Familie als Keimzelle der Gesellschaft ein und werden dort häufig sogar verstärkt. Dann wird ein anstrengungsloses Leben als Selbstverständlichkeit betrachtet.

## ›Satte Bäuche mögen keine Leistung!‹ –
## Zu den Risiken der Spaß- und Konsumgesellschaft

»Jung, gebildet, arbeitsscheu? Die Generation Y erobert die Welt« – so titelte die *FAZ* vom 19. September 2013 in der Rubrik »Beruf und Chance«. Ausgangspunkt war eine Titelstory in der Zeitschrift *Time*, in der es um eine junge Frau ging, die bewundernd auf ihr Smartphone blickt, um ein Foto von sich selbst zu schießen. »Faul, narzisstisch und mit großer Anspruchshaltung«, nennt das Magazin diese »Me Me Me Generation«, der es offenbar nur um sich selbst gehe. Jason Dorsey – ein Kenner der Generation Y – schreibt, dass die Millennials ein übersteigertes Selbstbewusstsein haben. Das heißt zum Beispiel: Sie haben den Anspruch, einmal Vorstandsvorsitzender zu werden, aber nicht unbedingt die Bereitschaft, die nötigen Anstrengungen zu investieren. Dorsey sieht in der Generation »ein um drei bis fünf Jahre verzögertes Erwachsenwerden«, das sich darin zeige, dass sie länger studieren und später Familien gründen. So seien viele Millennials von wohlmeinenden Eltern verwöhnt worden, die wollten, dass ihre Kinder es einmal leichter haben. Das erkläre die hohen Erwartungshaltungen der Jungen. Sein Fazit: »Die Generation Ich-ich-ich ackert nur am Smartphone.«[49]

Besonders den nach 1980 geborenen Kindern wird zu viel auf dem Silbertablett serviert. Ihnen wird zu wenig zugemutet, und sie bekommen selten die Konsequenzen ihres Verhaltens zu spüren. Bei Streitigkeiten stehen die Eltern fast automatisch auf der Seite des Nachwuchses. Bei eindeutigen Regelverstößen lassen sie anstelle von Konsequenzen Nachsicht walten, und »eine Faulheits-Fünf in Mathe löst im Zweifel keine Auseinandersetzung um klare Lernziel-Vereinbarungen, sondern eine elterlich finanzierte Nachhilfe«[50] oder das Einschalten eines Anwalts wegen einer als ungerecht angesehenen Benotung aus. Mit Geld werden viel zu viele Wünsche erfüllt, oft als Folge eines schlechten Gewissens der Eltern, weil man die Kinder zu viel sich selbst überlässt. Die *Rheinische Post* titelte: »Satte Bäuche mögen keine Leistung!« So wuchsen und wachsen anstelle von Selbstwirksamkeit und Eigenverantwortung deutliche Anspruchshaltungen bei gleichzeitiger Anstrengungsverweigerung. Alle wollen sich viel leisten, aber nur wenige wollen dafür auch Leistung erbringen.

Das Phänomen ist nicht neu. Schon im Jahre 1988 griff die Diplom-Psychologin und Therapeutin Jirina Prekop mit dem Buch *Der kleine Tyrann: Welchen Halt brauchen Kinder?* das Thema auf, und etliche Jahre später (2008) machte das Buch des Kinder- und Jugendpsychiaters sowie Psychotherapeuten Dr. Michael Winterhoff *Warum unsere Kinder Tyrannen werden. Oder: Die Abschaffung der Kindheit* in den Medien Furore.

»Diese Mühe habe ich dir erspart, ich tu es gerne!« – »Ich mach das schon für dich!« Was steckt hinter solchen Sätzen von Eltern und anderen Erwachsenen? Drücken sie nicht einfach Zuvorkommen und Hilfsbereitschaft aus? Sind sie nicht die mutige Gegenoffensive zum egoistischen »In-sich-selbst-Stehen«? Solche Gesten beleben doch erst das menschliche Miteinander, reduzieren die häufig feststellbare Kälte. Schließlich bereitet Helfen ja Freude.

Auch wenn all diese Motive nachvollziehbar und lauter wirken, um Klarheit zu erhalten, müssen wir den Blick auf die Motive und Folgen eines solchen Stellvertreter-Handelns richten. Denn immer wird durch ein Handeln für andere – unabhängig vom jeweiligen Anlass – ein Kind oder Jugendlicher mühelos ein Ziel erreichen. So werden Kinder auf Dauer in die Unfähigkeit geführt. Die Bereitschaft und Fähigkeit zu eigenständigen Handlungen wird dann immer schwerer möglich. So führen all diese »Hilfeleistungen« schrittweise in eine immer größere Abhängigkeit. Denn: »Jedes Zuviel an Fürsorge verhindert Selbstsorge.«

Eine der Ursachen für diese Negativbilanz: In vielen Elternhäusern findet ein Aufwachsen im Konjunktiv statt, das Erziehungsverhalten orientiert sich zu stark an der Möglichkeitsform. »Würdest du bitte das Zimmer aufräumen?« »Wäre es dir möglich, nach der Schule noch beim Supermarkt einige Dinge einzukaufen?« »Es wäre schön, wenn du pünktlich zum Essen kommst.« »Ich fände es gut, wenn du mit mir Oma und Opa besuchen würdest.« »Wirst du das neue Gericht auch mögen?« »Wir könnten ja mal schauen, ob du Spaß am Klavierspielen hast?« Der Grund für dieses ängstliche oder positionslose Herumtaktieren liegt in der Vermeidung klarer Zielaussagen und Vereinbarungen. Aber gerade durch butterweiche Formulierungen wird ein Nein oder offensiver Protest erst ausgelöst. Ergebnislose Dauerdiskussionen, in denen Eltern mit Engelszungen den Kindern ihre Position zu verdeutlichen suchen, sind die Folgen.

Kinder und Jugendliche brauchen ordnende Strukturen und klare altersadäquate Grenzen. In diesem Rahmen können und sollen sie immer noch reichliche Entscheidungsmöglichkeiten haben. Um dies umzusetzen, braucht es Eindeutigkeit, Konsequenz und Autorität, die sich aus Verantwortung speist und liebevoll vorgelebt wird. Sind diese Voraussetzungen Mangelware, wachsen immer mehr junge Menschen mit einer geradezu narzisstischen Eigenliebe heran, die glauben, der Nabel der Welt zu sein. Wenn jedoch Erwachsene im Umgang mit Kindern und Jugendlichen ständig Herausforderungen vereiteln und ihnen die Probleme stehlen, dann wird die nachwachsende Generation nicht in Mündigkeit ihre Verantwortung zur Teilhabe entwickeln können. Stattdessen werden wir eine Gesellschaft von »Ichlingen« haben, die den eigenen Mangel gar nicht bemerken und selbstbewusst-trotzig die Anforderungen des realen Lebens ignorieren. So ist jede leicht gemachte Annehmlichkeit ein Training zur Unfähigkeit und führt zu einem Dahinschweben auf »Wolke sieben«. Stattdessen sind nicht Anspruchshaltungen, sondern lebensbejahende Kräfte in junge Menschen einzupflanzen. Je erfolgreicher dies von Kindesbeinen an erfolgte, je besser sind die Voraussetzungen, auch die nicht einfache Pubertäts-Phase mit den werdenden Jugendlichen meistern zu können.

## ›Dauernd unter Strom und trotzdem ohne Energie‹! –Smartphone & Co. als Leistungskiller

Viele Schulen arbeiten heute mit den digitalen Medien im Unterricht und Kinder nutzen ihr Smartphone oder Tablet zur Recherche. Aber: Kaum aus der Schule, dem Kino oder der Dusche, sofort muss aufs Handy oder Smartphone geschaut werden. Wo befindet sich das Hightech-Teil beim Essen oder bei den Hausaufgaben, wenn es nach den Kindern ginge? Am liebsten in direktem Blickkontakt. Sie wollen sich mit Sohn oder Tochter beim Abholen nach der Fete im Auto etwas unterhalten? Keine Chance, weil Ohrstöpsel plus Multi-Gerät jegliche Kommunikation vereiteln. Ständig wird in der digitalen Welt herumgeschweift, aber für analoge beziehungsweise reale Aktivitäten fehlt der Elan. Dieses Situations-Blitzlicht verdeutlicht einen erheblichen Regelungsbedarf.

Immer mehr Kinder und Jugendliche sind laut Experten gefährdet, eine Internetsucht zu entwickeln. Jedes fünfte Kind ist pro Tag länger als vier Stunden online. Der Trend zeigt steil nach oben. So sind bereits bei vielen Kindern und Jugendlichen deutliche Zeichen einer Abhängigkeit erkennbar.[51]

Im Rahmen einer DAK-Studie mit mehr als 1000 Eltern von Zwölf- bis 17-Jährigen zur Internetnutzung wurde deutlich, dass etwa die Hälfte der befragten Eltern ihren Kindern keine zeitlichen Vorgaben für die Internetnutzung machen, obwohl dies viele als wichtig ansehen. Und so verbringen 54 Prozent der Zwölf- bis 17-Jährigen an Werktagen mehr als zwei Stunden im Internet, jedes fünfte Kind bereits mehr als vier Stunden. An den Wochenenden schnellt die Nutzungsdauer nach oben, da verbringt bereits jedes fünfte Kind mehr als sechs Stunden pro Tag im Netz. In der Regel jedoch nicht, um anstehende Schularbeiten zu erledigen, sondern um zwischen Sinnarmem und Schädigendem »hin und her« zu surfen. Ruhelos und gereizt starren sie aufs Display oder suchen den nächsten Kick. Und wenn Eltern hier doch mal regelnd eingreifen wollen, schalten die Kinder auf schroffe Abwehr. Wird eine Einschränkung der Online-Nutzung umgesetzt, zeigen sie deutliche Entzugserscheinungen. So zittern nach fünf bis sechs Stunden Medienabstinenz die Hände von Kindern wie bei Drogensüchtigen. Dies berichteten mir übereinstimmend die Verantwortlichen für smartphonefreie Klassenfahrten und Ferienfreizeiten. Die gute Nachricht: Am zweiten Tag waren die »Entzugserscheinungen« meist vorbei und die restlichen Tage waren dann sehr entspannt.

Dass der Tag nur 24 Stunden hat, ist den meisten Menschen irgendwie bewusst. Aber weniger klar scheint zu sein, dass jeder Mensch auch nur eine bestimmte Menge an Konzentrationsfähigkeit, Motivation und Kraft pro Tag hat. Diese wird, ähnlich den vielen kleinen Zeitfressern, durch schädigende oder unsinnige Tätigkeiten wirkungsvoll reduziert. Tauchen Kinder und Jugendliche für vier bis fünf Stunden täglich in virtuelle Sphären, fehlt ihnen neben der Zeit auch die dort verbrauchte Energie. Lassen Eltern es zu, dass der Nachwuchs nach 20 Uhr bis tief in die Nacht medial unterwegs ist, wird der Lernstoff des Tages durch die vielen, kaum zu verarbeitenden medialen Inputs überlagert und kann am nächsten Tag nicht genutzt werden. Lehrer berichten, dass montags viele Kinder nicht »beschulbar« seien, weil sie mit leeren Augen und zugemüllten Köpfen nur anwesend scheinen.

Immer mehr Schüler und Studierende haben erhebliche Probleme, konzentriert und kontinuierlich Arbeitsvorhaben zu realisieren, weil sich ihre Aufmerksamkeit zu stark aufs

Smartphone konzentriert. So haben psychologische Beratungsstellen Hochkonjunktur, weil mangels Selbstdisziplin wichtige Prüfungsleistungen nicht zeitgerecht erbracht werden. Das »Schieberitis-Phänomen« gefährdet beziehungsweise vereitelt immer mehr Abschlüsse.

Das führte beispielsweise in der Zentral-Bibliothek Amsterdam dazu, vor Klausuren smartphonefreie Lernräume einzuführen, in denen auch keine Gespräche erlaubt sind. Eine Aufsicht sorgt fürs Einhalten der Regeln. Die Türen bleiben für 45 Minuten geschlossen. Auf dem Lehrerpult steht eine große Uhr, welche nach einer Dreiviertelstunde klingelt. Dann gibt es 15 Minuten Pause. Anschließen ist wieder Stille und Konzentration angesagt. Die Studierenden erfahren durch die fehlende Ablenkung eine Art »Lern-Flow«, so das Fazit des Aufsichtspersonals. Spätnachmittags gehen sie zufrieden nach Hause und haben sich den Feierabend – dann mit Smartphone und Co. – verdient.[52] Dazu merkte der Hirnforscher und Psychologe Ernst Pöppel recht spitzfindig an: »Selber denken ist eine echte Alternative. Dann fühlt man sich abends auch nicht so leer.«[53]

Moderne Medien zu verteufeln, ist genauso unsinnig, wie sie zu vergöttern. Der verantwortliche Umgang entscheidet darüber, ob eine Handlung verwerflich oder förderlich, schlecht oder gut ist, dem Zusammenleben dient oder dieses zerstört. Aber diverse Geräte einschalten und mit unterschiedlichsten Programmen umgehen können, ist kein Beleg für Medienkompetenz. So empfiehlt das Internationale Zentralinstitut für Jugend- und Bildungsfernsehen, ab einem Alter von elf Jahren die Zeit auf maximal eine Stunde am Tag für die zweckfreie Nutzung von Computer oder Spielekonsole zu begrenzen, ab 14 Jahren auf 1,5 Stunden.

Doch wieso ignorieren die Eltern den Medien-Umgang ihrer Kinder so weitgehend? Ist es die Grundhaltung: »Da halte ich mich raus, das ist halt heute so«? Handelt es sich um Konfliktvermeidungs-Strategien? Das Problem vieler Eltern scheint zu sein, dass sie selbst den sinnvollen Umgang mit diesen Geräten nicht gelernt haben und die offensichtlichen Gefahren nicht erkennen (wollen). Denn auch Erwachsene haben jede Menge Probleme, zum rechten Zeitpunkt den Ausschalter zu betätigen. Außerdem benötigen Eltern ein kräftiges Rückgrat, um die anstehenden Regelungsbedarfe umsetzen zu können.

Kein vernünftiger Mensch käme auf die Idee, Kinder das Fahrradfahren auf Autobahnen oder Jugendliche den Umgang mit gefährlichen Substanzen im Chemielabor ganz allein auf sich gestellt erlernen zu lassen. Aber beim Smartphone wird zu häufig auf Ignoranz geschaltet. Liam Gallagher, der frühere Sänger der legendären Popgruppe Oasis, sagte in der *SZ* vom 5. November 2016: »Die Leute machen sich Sorgen wegen Drogen, aber die schlimmste Droge sind diese Handys, die machen uns als Menschen kaputt.«

Daher sollten Kinder erste Erfahrungen im Umgang mit einem Smartphone unter Anleitung der Eltern vornehmen, um sich als Jugendliche möglichst vorbereitet und sicher in den virtuellen Welten von WhatsApp, Instagram, Snapchat, YouTube, Netflix, Facebook, Google & Co. zurechtzufinden. Dabei wäre als Erstes der große Unterschied zwischen zweckarmem »Herumdaddeln« und gezielter sinnvoller Nutzung zu berücksichtigen. Ergänzend sind auch Hilfen notwendig, wie gut nutzbare und seriöse Seiten zu finden sind. Die zweite Lektion würde sich darauf beziehen, dass auch eine sinnvolle Nutzung eine zeitliche Kontingentierung – je nach Alter differierend – benötigt. Denn selbst das Sinnvollste bedarf bei einem »ständig« bzw. »zu viel« einer verbindlichen Regelung. Dann wird es beim Vorliegen einer soliden Medienkompetenz selbstverständlich sein, im Alltag zu nutzende Daten aufs Smartphone oder Tablet zu holen, ob es sich nun um die Recherche für Hausaufgaben, den Busplan, das Kinoprogramm, ein Backrezept, die Fahrstrecke zur Preisverleihung von »Jugend forscht«

oder die Nutzung von Musikstreaming-Diensten handelt. Und zum Thema Audio-Nutzung sind Kinder und Jugendliche anzuleiten, keine Ohrstöpsel zu nutzen, wenn dadurch die Verkehrstauglichkeit und normale Sozialkontakte gestört werden.

Dazu müssten sich aber die meisten Eltern selbst in diese Sphären einarbeiten und parallel dazu bei den Kindern – oft auch bei sich selbst – ein Training zur Persönlichkeits-Stabilisierung einleiten, damit so möglichst viele Selbstkontrollkräfte entwickelt werden. Denn, so der Medienexperte Prof. Josef Röll innerhalb eines Vortrags mit dem Titel »Ich poste, also bin ich! Identitätsbildung bei Jugendlichen« in Neuss: »Das Web ist – besonders jenseits empfehlbarer Nutzungen – gerade für die Menschen interessant, denen es im realen Leben an stabilen Beziehungen mangelt. Daher suchen Kinder und Jugendliche in der virtuellen Welt nach Anerkennung! So wird das Smartphone zur Antwort auf die innere Einsamkeit!«[54]

Kinder und Jugendliche benötigen keine abtauchenden Väter und Mütter, sondern wohlwollende Anleitung, Begleitung und Rückmeldungen, ob diese nun korrigierend oder verstärkend sind. Und je mehr Gefahren im Umgang mit diesen Medien – zwischen Cyber-Mobbing, Nackt-Fotos, per Web eingeleiteten Sexualkontakten, Gewaltverherrlichung, Pornografie, Pädophilie und Internet-Sucht – existieren, je umfangreicher sind Einübungsfelder und Schutzmaßnahmen vorzunehmen.[55]

Damit diese und weitere Probleme vermieden werden können, hier einige Eckpunkte für Eltern zum Einsatz dieser Medien, ob fürs Kinder-Handy oder Jugend-Smartphone und Tablet, die mit Sohn oder Tochter – möglichst vor dem Erwerb – zu klären und schriftlich festzuhalten sind:

• Die Einsatzzeiten über Tag werden kontingentiert. Führen echte Sozialkontakte und Draußen-Spielzeiten ein Schattendasein, kommt das Gerät für einige Stunden ins Aus.

- In der Zeit von 20.00/22.00 Uhr bis nach dem Frühstück haben Handys & Co. Nachtruhe. Dazu kommen die Geräte in eine Ablage in der Garderobe. (Hier sollten Eltern – möglichst vom Kleinkindalter an – als gutes Vorbild vorangehen.)
- Falls sich ein PC oder Tablet im Kinderzimmer befindet – was keinesfalls empfehlenswert ist –, wird das WLAN-System ebenfalls in der Nacht ausgeschaltet oder das Netzwerkkabel zum Smartphone gelegt.
- Bei Mahlzeiten, Familienfesten und bei Hausaufgaben (als Ablenkmedium) erhalten Handys & Co. einen Platzverweis.
- Mit den Kindern wird gemeinsam ein Passwort für das Gerät festgelegt und geklärt, welche Aktionen, Seiten oder Nutzungsbereiche tabu sind. Ergänzend werden geeignete Selektions-Filter zum Schutz der Jugendlichen eingerichtet, und es wird geregelt, in welchen Abständen mit dem Jugendlichen die Nutzungs-Chronik durchgeschaut wird.
- Danach steht die Klärung von Konsequenzen an, was denn von Sohn oder Tochter eingebracht wird, wenn die Regel verletzt wurde. Erst dann kommt das Gerät zum Einsatz.

Hier ein im Web gefundener Praxis-Tipp der besonderen Art, wenn die Regeln noch nicht geschaffen oder missachtet wurden: »Liebes Kind, diese Woche gibt es jeden Tag ein neues WLAN-Passwort. Es wird grundsätzlich erst dann eingeschaltet, wenn die Schularbeiten fertig sind. Heute steht zusätzlich an: Zimmer aufräumen, abspülen, den Müll rausbringen. Herzlichst deine Mama und Papa.«

Existiert ein gutes Miteinander zwischen Eltern und Kindern, führen solche Regelungen zu spürbaren Entspannungen. Das Kind wurde nicht mit Verboten zugeschüttet, sondern stattdessen die eigene Mündigkeit gefördert. Gibt es einen Nachregelungsbedarf, setzen sich die Beteiligten zusammen und klären diesen. So wächst in Freiheit und Verantwortung die Fähigkeit des Kompetenzerwerbs, weit über den Einsatz von Handy, Smartphone & Co. hinaus. Und wenn der Nachwuchs zu vehement unter Verweis auf Alter, angebliche Freiheits- oder echte Eigentumsrechte jegliche elterliche Regelungen zu boykottieren versucht, dann wird – wenn auch der Not gehorchend – die »Verhandlungsbereitschaft« recht schnell wachsen, wenn mal eine Zeit keine WLAN- bzw. Netzwerkverbindungen im eigenen Zimmer existiert oder das ach so geliebte Hightech-Teil in Schutz-Verwahrung genommen wird.

Unsere Zukunft ist digital. Um die damit verbundenen Chancen nutzen zu können, ist es unverzichtbar, besonders im Hinblick auf unsere Kinder und Jugendlichen, die damit verbundenen Gefahren konsequent auszugrenzen. Eine notwendige Voraussetzung dazu ist, diese genau in ihren Auswirkungen zu kennen, um so gezielt gegensteuern zu können. So trägt die Erwachsenen-Generation die Verantwortung dafür, dass »digitale Dienstleister« nicht zum »tyrannischen Beherrscher« werden. Sich »modern gebarende« und durch Ignoranz geprägte Eltern fördern stattdessen durch »Laufenlassen und Wegsehen« Negatives. Und je deutlicher und anspruchsvoller sich Jugendliche eigene berufliche Ziele setzen, um so gekonnter und nachhaltiger haben Eltern die sicherlich nicht leichte Aufgabe, ihre Kinder so zu fördern, dass die konkreten Gefahren erkannt und möglichst gebannt werden, um so die Potenziale digitaler Medien zu nutzen. Parallel dazu hat die Schule den grundlegenden – leider in weiten Bereichen jedoch unterentwickelten – Auftrag, durch den Unterricht die Kinder und Jugendlichen sowohl technisch wie ethisch auf den Umgang mit PC und Internet vorzubereiten und beim täglichen Einsatz zu begleiten.

»Echte Medien-Kompetenz, die wir uns alle von Herzen wünschen, beginnt mit Medien-Abstinenz – nicht im Sinne der Bewahrpädagogik, nein, im Sinne der Fähigkeitsbildung, die es braucht, um Medien sinnvoll zu nutzen«, so der Medienexperte Uwe Buermann. Sie wird konkret, wenn wir mit Gefühl, Verstand und in Verantwortung den Ausschalt-Button etwas schneller als den Einschalt-Button betätigen können. Denn wer ständig online ist, kann durch die Vernetzung mit der halben Welt den Zugang zu sich selbst verlieren und sich wichtige Schul- oder Studienabschlüsse verbauen.

## ›Die Regel 3 = 3!‹ – Eine Formel zur gezielten Vereitelung von Lebenserfolg

Regelmäßig veröffentlichte Untersuchungen belegen, dass deutsche Kinder zu verwöhnt sind. Wird hier von 81 Prozent ausgegangen, sind es dort 76 Prozent. Allgemein werden verwöhnte Kinder als »frech und leistungsverweigernd«, kurz: als unerzogen bezeichnet. Bei einer differenzierten Sicht solcher Zahlen wird deutlich: Erstens, je weniger Kinder in der Familie, desto größer die Gefahr, in Verwöhnungsfallen zu geraten. Zweitens fördert der Wohlstand die Bereitschaft zur Verwöhnung, weil die Konsumindustrie abhängige Nutzer zur eigenen Funktion benötigt. Und drittens sind Scheidungskinder überproportional betroffen, weil die Eltern – je zerstrittener, umso mehr – ihre Zuwendung häufig durch Verwöhnung realisieren. All das ist der Nährboden für eine Leichtmach-Erziehung.

Auch wenn der Auslöser für eine gezielte Auseinandersetzung mit dem Thema Verwöhnung die Beobachtung bei einer Tauffeier war, dass fast alle Kinder im Alter zwischen ein und drei Jahren in der Kirche eine Nuckelpulle mit Getränken in Mund oder Hand hatten. Auch Schüler oder Studierende haben die Trinkflasche in der Regel in Sichtweite zur Zwischendurch-Nutzung platziert. So bleibt die Frage: Können diese keine Dreiviertelstunde ohne Anschluss an eine Getränke-Pipeline überleben? Denn wer das nicht schafft, wird auch erhebliche Probleme haben, wenn im Leben Durststrecken im übertragenen Sinne auf unsere Söhne und Töchter zukommen.

Sprachgeschichtlich kommt das Wort »Verwöhnen« vom mittelalterlichen »verwenen«. Dies bedeutet, an etwas in übler Weise gewöhnen. Das mittelhochdeutsche »wenen« bedeutet »gewöhnen«, zu schlechten Gewohnheiten veranlassen. Bezogen auf Kinder werden auch Begriffe wie verziehen, verzärteln, verweichlichen und übertriebenes Umsorgen gebraucht. Werden Menschen auf verwöhnte Kinder angesprochen, wird dies immer mit negativen Kommentaren quittiert. Zur Falle wird der Vorgang deshalb, weil sich die Verwöhnung oft als liebevolle Zuwendung tarnt und weil in der Situation gern – oft im Affekt – der Verstand ausgeschaltet wird. Die Verwöhnung steht damit unter einem negativen Vorzeichen. Davon ist abzugrenzen, »die situationsbezogene Sonder-Zuwendung« und »sich und anderen etwas Gutes tun«. Dabei steht nicht eine »Leichtmach-Aktion«, sondern die Zuwendung gegenüber nahen Menschen oder mir selbst in einer besonderen Situation im Zentrum.

Um die Zusammenhänge und Abläufe in der Praxis zu verdeutlichen, habe ich aufgrund meiner jahrzehntelangen Auseinandersetzung mit dem Thema die Verwöhn-Regel 3 = 3 entwickelt. Hier die drei wichtigsten Auslöse-Faktoren:

- Falsches Helfen: Eltern, Erzieherinnen und Lehrkräfte übernehmen die vom Kind selbst zu erlernenden Funktionen.
- Fehlende Begrenzung: Eltern, Erzieherinnen und Lehrkräfte kapitulieren vor den Aktionen von Kindern oder verwechseln »Verständnis haben« mit »Durchgehen lassen«.
- Ausbleibende Herausforderungen: Eltern, Erzieherinnen und Lehrkräfte verhindern die Entwicklung von Eigenverantwortung und Lebensmut.

Die drei Folgen sind:
1. Die Betroffenen lernen zu erwerbende Fähigkeiten nicht.
2. Damit sind sie abhängig von Menschen, die diese beherrschen und einbringen.

3. Wird diese Leistung aus dem Umfeld nicht mehr als Selbstverständlichkeit erbracht, setzt eine ausgeprägte Forderungs- beziehungsweise Anspruchshaltung ein.[56]

Ein Zwischenfazit: Verwöhnung unterminiert den Lebensmut und verhindert letztlich ein erfolgreiches Zusammenleben.

In »Watte packen« oder »reales Leben«? Die Probleme zwischen Inkonsequenz und Überbehütung haben sich in den letzten Jahren kräftig verstärkt. »Helikopter-Eltern« werden diese dauernd über ihren Kindern kreisenden, sich ständig sorgenden Mütter und Väter genannt. Sie spannen einen aus Unterforderung und Ängstlichkeit zusammengewobenen Schutzschirm über ihre Kinder, der diese von der Lebenswirklichkeit ausgrenzt. Der dänische Familientherapeut Jesper Juul, der als Verfechter einer entspannten Erziehung gilt, beschreibt in einem *Spiegel*-Interview die Folgen von Überbehütung recht drastisch mit: »Verwahrlosung, Ignoranz und Desinteresse.« Aber einen noch größeren Schaden in den Kinderseelen richtet jener Narzissmus an, der den Nachwuchs glücklich und erfolgreich sehen will, um sich selbst als kompetent zu erleben. »In Dänemark nennen wir sie Curling-Eltern, weil sie wie beim Eisstockschießen alle Hindernisse vor ihrem Kind aus dem Weg räumen«, sagt Juul. »Sie ersparen ihren Söhnen und Töchtern sogar den Anblick eigener Trauer, etwa beim Tod der Großeltern. Solche Kinder wissen nichts über andere Menschen und nichts über sich selbst. Sie wissen nicht, was es heißt, traurig oder frustriert zu sein, sie kennen deshalb kein Mitgefühl.«[57] So können keinesfalls Einfühlungsvermögen, Adaptionsfähigkeit und Frustrationstoleranz als Ausdruck der überall geforderten sozialen Kompetenz entwickelt werden.

Das Phänomen der Verwöhnung ist in allen Wohlstandsgesellschaften zu beobachten. So berichtete ein nigerianischer Professor von seiner Arbeit an der Duquesne University in

Pittsburgh (USA): »Die Studenten können/wollen gar nicht mehr in Vorlesungen mitschreiben oder bei Diskussionen mitdenken. Sie kommen in die Seminare zum ›Material-Shopping‹. Alles soll einfach auf den PC gebracht werden, um es für Prüfungen kurzzeitig reproduzieren zu können. Im Grunde sind es Kinder.« Aber diese Jugendlichen sind nicht von Außerirdischen mit diesem gefährlichen Virus infiziert worden, sondern sind das Resultat von unsicheren, konfliktscheuen oder zu bequemen Eltern und anderen am Erziehungsgeschehen Beteiligten, auch wenn diese es meist gut meinen. Die wirksamste Gegenstrategie ist, uns selbst und unsere Kinder resistent gegen den Verwöhn-Erreger zu machen und stattdessen das Streben nach sinnvollen Erfolgen zu entfachen.

Julie Lythcott-Haims war Dekanin an der renommierten Stanford University in Kalifornien und ist Autorin des Bestsellers *How to Raise an Adult*. In ihrem Buch räumt sie mit den »over-parenting«-Erziehungspraktiken auf, die Kinder in einer allzu behüteten Welt erfahren. Die Amerikanerin fordert, junge Menschen nicht so viel zu »bemuttern«, sondern ihnen stärkeren Einblick in Hintergründe und Zusammenhänge zu geben. Ihr Beobachtung: »Wir nehmen unseren Kindern viel zu viele praktische Dinge ab und verhindern dadurch, dass sie selbstständig werden.« Hier ihre Forderungen: 18-Jährige müssen in der Lage sein, sich mit Fremden zu unterhalten, sich selber helfen, Aufgaben und Arbeiten erledigen sowie Fristen einhalten können, fähig sein, im Haushalt mitzuwirken, zwischenmenschliche Probleme sowie Höhen und Tiefen bewältigen, Geld verdienen und damit haushalten und Risiken eingehen können.[58]

Immer führen falsches Helfen, fehlende Begrenzung und ausbleibende Herausforderung dazu, dass wichtige Entwicklungsschritte bei Kindern und Jugendlichen be- oder verhindert werden. Denn wenn Ängstlichkeit und eigenes Unvermögen zum Maßstab des Handelns werden, wird eine in die Zukunft führende ermutigende Erziehung vereitelt. So werden dem Nachwuchs gezielt lebenswichtige Erfahrungen vorenthalten, Freude an Leistung und Erfolg kann sich so nicht entwickeln. Ein sich durch Selbsttätigkeit, Eigenverantwortung und soziale Kompetenz auszeichnender Platz in der Gemeinschaft ist so nicht zu erreichen. Stehlt den Kindern die Probleme nicht, denn sie sind ein äußerst wichtiges Übungsfeld für den Umgang mit Herausforderungen. Das Statement des bekannten Jugendforschers Prof. Klaus Hurrelmann ist vor diesem Hintergrund Situationsanalyse und Appell zugleich: »Kinder bekommen zu wenig von dem, was sie brauchen, wenn sie zu viel von dem bekommen, was sie wollen!«

## ›Das hast du so zu tun!‹ – Die fatalen Folgen von Macht- und Drohgebaren

Ohne klare Hinweise oder Anweisungen kann keine Gesellschaft funktionieren. Dieser Grundsatz löst weder bei einem Rettungseinsatz noch bei der Kommunikation zwischen Chef-Etage und Mitarbeitern Widerspruch oder Dauerdiskussionen aus. Denn damit ist klar, wer die Verantwortung trägt und wer wie für die Umsetzung zuständig ist. Im Bereich der Erziehung dagegen mangelt es häufig an klaren Aussagen zur Verdeutlichung des Ziels. Stattdessen wird hier alles infrage gestellt, in Zweifel gezogen oder als nicht notwendig zu deklarieren gesucht. So verlieren alle Beteiligten – Eltern, Lehrer und Erzieher – aus dem Auge, Kinder und Jugendliche in angemessener Weise auf das Leben als Erwachsene vorzubereiten.

Doch ständige Ansagen oder gar Drohungen tragen ebenfalls nicht zur Herausbildung von Selbstverantwortung bei. Angst und Druck sind keinesfalls geeignete Erziehungsmittel, weil sie lähmend auf Kinder und Jugendliche wirken oder Aggressionen erzeugen und einen menschenverachtenden

Umgang offenbaren. Andererseits führen Dauerdiskussionen über Alltagsregelungen nur zu Ärger und Zeitverschwendung – und äußerst selten zu tragfähigen Lösungen.

Geraten Eltern mit ihren Kindern in Konfliktsituationen, hat dies meist seinen Ursprung in einer zu laschen Erziehungspraxis oder einer mangelhaften Kommunikationsfähigkeit. Da wird großzügig weggeschaut, sich unklar oder gar nicht geäußert, keine zeitnahe Rückmeldung zu Erreichtem oder noch nicht Erreichtem gegeben. Auch unterschiedliche Reaktionen bei vergleichbaren Situationen führen häufig zu Streit. Als Folge reklamieren die Kinder für sich den bequemsten Weg. Können Eltern dann über unangemessenes Verhalten nicht mehr hinwegsehen, weil andere zu Schaden gekommen sind, der Schulabschluss gefährdet ist, Gewalt und Ignoranz in der eigenen Familie zur Eskalation führen, dann wird machtvoll Zuflucht in autoritären Reaktionsmustern gesucht. Häufig werden dann auch drakonische Strafen angekündigt. Aber wem vorher die Kraft fehlte, das Schiff in relativ ruhigen Gewässern auf Kurs zu halten, dem wird erst recht die Fähigkeit und Stärke fehlen, dies in stürmischer See zu erreichen.

Was sich hier bei klarer Zielvorgabe als Übungsfeld anbietet, sind Mitwirkungen in einem abgesteckten Rahmen. »Möchtest du die Hausaufgaben lieber direkt nach dem Mittagessen oder erst nach einer halbstündigen Luftholpause machen?« – »An welchem Tag in dieser Woche passt es dir am besten, die Großeltern zu besuchen?« – »Wenn deine Sachen einfach so im Haus herumliegen, sollen sie dann für ein oder zwei Wochen aus dem Verkehr gezogen werden?« – »Soll Papa die gemeinsam vereinbarte wöchentliche Zimmerkontrolle am Freitag oder Samstag vor dem Abendessen durchführen? Berücksichtige dabei, dass ein nicht ordentlich gesäubertes Zimmer ohne Aufschub – also vor der vielleicht bald beginnenden Fete oder Verabredung – in den vereinbarten Zustand zu bringen ist.«

In Abgrenzung zu solchen »Korridor-Entscheidungen« sind

»Ziel-Entscheidungen« zu sehen. Da ist äußerst viel inhaltliche Mitwirkung notwendig, weil es ja dabei meist um wichtige Zukunftsfragen von Sohn oder Tochter geht. Hier besteht die Rolle der Eltern darin, als Anreger und Begleiter zu wirken. Dazu bieten sich gut Gegenüberstellungs- beziehungsweise Einschätzungsfragen an, ob bei Gesprächen zwischen Tür und Angel oder mit mehr Ruhe nach einer Mahlzeit. Hier einige Beispiele: »Wirst du eher einen Kopf- oder Hand-Beruf anstreben?« – »Wo würdest du deine Interessen heute zwischen den Polen 1 (trifft voll zu) und 7 (trifft gar nicht zu) einordnen?« – »Welche anderen Studienrichtungen, Berufe usw. gehen dir durch den Kopf? Was passt für dich eher gar nicht?«

Viele Konflikte mit dem Nachwuchs haben auch als Ursache, dass alltägliche Notwendigkeiten als persönliche »Wünsche/Bitten« geäußert werden. »Ich möchte, dass du heute dein Zimmer aufräumst!« – »Bitte hilf mir beim Abwasch!« – »Ich möchte nicht, dass du erst heute Abend die Hausaufgaben machst!« Im Kern lautet die Botschaft: »Vater oder Mutter möchte etwas bzw. etwas nicht.« Besonders in der Pubertät sind »Ich-Botschaften« eine Steilvorlage zum Widerspruch, weil dies die einfachste Art der Abgrenzung von den Eltern ist, unabhängig vom inhaltlich-thematischen Sinn. Mit anderen Worten: »Ich weiß auch, das ich dieses oder jenes tun sollte, aber das will ich doch nicht auch noch meinen Eltern bestätigen.« Werden stattdessen Botschaften als Kausal-Sätze formuliert, dann kommt so das Thema unmittelbar zur Geltung. »Um die angestrebten Noten in der Schule zu erreichen, ist es wichtig, sich durch regelmäßiges Üben die Inhalte anzueignen.« – »Um kein Ungeziefer ins Haus zu holen, ist einmal pro Woche das Zimmer zu säubern.« So reduziert sich durch das Fehlen von »ich bitte, möchte, will usw.« auch der gegen die Eltern gerichtete Protest und verdeutlicht gleichzeitig das inhaltlich Notwendige.

Häufig wird bei offensichtlichem Fehlverhalten von Kindern durch Eltern in Richtung Umfeld geäußert: »Ich habe es ihm/ihr schon zigmal gesagt.« Damit soll meist ein Mangel oder Fehlverhalten erklärt bzw. entschuldigt werden. Im Grunde wird jedoch so eine fehlende erzieherische Kompetenz bzw. Autorität offenbar. Kein Pilot, Feuerwehrchef oder Operateur käme auf die Idee, die Wichtigkeit einer Aussage durch 8-faches Widerholen zum Ausdruck zu bringen. Auch sagt niemand im Standesamt oder in der Kirche bei der Trauung mehrfach Ja. Wenn etwas wichtig ist, muss einmal reichen. Bleibt der Erfolg dennoch aus, kann die Problemlösung nicht in der mehrfachen Wiederholung gesucht werden. Denn, so die US-amerikanische Schriftstellerin Rita Mae Brown: »Wahnsinn ist, wenn man immer wieder das Gleiche tut, aber andere Resultate erwartet.«

# Durch welche Initiativen wird die Leistungsfähigkeit gefördert?

*Zum Erfolg gibt es keinen Fahrstuhl! Aber Wollen und Können führen Stufe für Stufe zum Ziel!*

Ressourcenmangel und Not machen erfinderisch, denn in einer durch wenig bis nichts geprägten Sphäre liefen und laufen Tüftler, Bastler und Forscher zur Höchstform auf. Insoweit schafft eine Überflussgesellschaft einen »optimalen« Nährboden für Lethargie und Unvermögen. Weshalb also sollten Hirn und/oder Muskeln in Aktion gebracht und auf Leistung geschaltet werden, wenn (fast) alles vorhanden ist. Dies wäre reine Energieverschwendung. Auch die besten Ergebnisse der Motivationsforschung werden nur Schalheit bei Kindern und Jugendlichen auslösen, wenn der »Klick zum ich will« ausbleibt. Da jedoch der Alltag täglich neue Herausforderungen bereitstellt, sind die Fähigkeiten zu einem adäquaten Umgang mit diesen zu optimieren. Der aus der Werbung stammende Slogan »Geht nicht, gibt's nicht!« verdient eine Renaissance im Feld der Lern- und Bildungsprozesse.

## Von wegen ›Ich kann nicht mehr‹ – Ein konstruktiver Umgang mit Mangel und Frustrationen ist erlernbar

»Mama, ich kann nicht mehr, mein Bein tut mir weh, setzt mich auf die nächste S-Bahn und lasst mich nach Hause fahren.« Die Radtour hatte erst vor einer halben Stunde begonnen und sollte sich über gut 50 Kilometer erstrecken. Okay, dachten die Eltern, Andy hatte ja schon zu Hause deutlich gemacht, dass er als 14-Jähriger lieber zu Hause bleiben wolle, weil so ein Ausflug doch nur langweilig sei. Nun war der Konflikt da, weil ein häusliches Herumhängen für sie keine Option war. Aber wie sollten sie auf diese Ansage des Sohnes reagieren? Während Andy sauer in 50 Meter Entfernung auf den erlösenden Hinweis wartete, zurückfahren zu dürfen, lief das Krisenmanagement der Eltern auf Hochtouren. Nachdem der erste Ärger runtergeschluckt worden war, kam die Idee, Andy vom »mitgeschleppten Sohn« zum »aktiven Gestalter« zu machen. Also wurde die Karte herausgeholt, die vorherige Planung gestoppt und mit Andy überlegt, was er denn in der Funktion als Tages-Guide in diesem Umfeld interessant finden würde? Nun liefen die Hirnareale bei Andy heiß. Nach einer Zeit meinte er, dies mal versuchen zu wollen, und steckte seine Ziele fest. Die Folge war eine wirklich interessante und entspannte Tour. Selbst die zu bewältigenden Steigungen stellten kein Problem für die Beine dar. Und als die Familie auf dem Rückweg an einem – neben einem See gelegenen – Jugendzeltplatz Rast machte, brachte ihm ein nettes Mädel ansatzweise das Balancieren auf einem Surfbrett bei. Das zeigte Wirkung. So wurde aus dieser »Zwangsreise« insgesamt eine »runde Fahrradtour«.

So wird deutlich: In 70 bis 80 Prozent aller Fälle, wenn der Satz »ich kann nicht mehr« geäußert wird, wird es sich nicht um einen Kräfte- oder Zeitmangel, sondern um Bequemlichkeit oder fehlende Motivation handeln. Fallen Eltern oder andere Erziehungskräfte auf diese Vermeidungsstrategien herein, wird bei einer Wanderung nach wenigen Kilometern, beim Treppensteigen bei einem fehlenden Aufzug oder wenn mehrstündiges Üben ansteht ein deutlich geäußertes »ich kann nicht mehr« ertönen. Früh prägt sich ein, was diese Botschaft dann bewirkt.

Besonders Kinder benötigen Anleitungen und Erfahrungen, wie sie vom »Noch-nicht-Können« über »Ich pack es an« zum

»Ich kann es« gelangen. So machte die 13-jährige Hanna auf dem Anstieg zu einer circa 3000 Meter hoch gelegenen Hütte im Südtiroler Ahrntal etwa zehn Minuten vor dem Ziel eine prägende Erfahrung: Ihr »ich kann nicht mehr« war wirklich nachvollziehbar, denn immerhin lagen vier Wegstunden und ein steiler Klettersteig hinter ihr. Als sie dann aber trotzdem – nach einer kurzen Verschnaufpause und einer gezielten Ermutigung – weiterging, konnte sie beim Erreichen des Ziels stolz darauf sein, es dennoch geschafft zu haben.

Ob es sich um steile Gebirgswege, eine schwierige Hausarbeit, regelmäßiges Klavierüben, Trainieren für den nächsten Ruderwettkampf, eine erneute Präsentation innerhalb einer Hochschulbewerbung oder um »Durststrecken« innerhalb des Berufslebens beziehungsweise in einer Partnerschaft handelt, die Grunderfahrung des »Ich packe es an und will es schaffen« gibt jene Motivation und Kraft, auch die nächste Herausforderung anzugehen. So wächst nicht nur die Fähigkeit im Umgang mit schwierigen Situationen, sondern es entsteht auch Zufriedenheit über die eigene Leistung. Damit wird der aus der Resilienzforschung bekannte Begriff der »Selbstwirksamkeit« konkret erfahrbar.

Werden nicht genug und passende Herausforderungssituationen für Kinder und Jugendliche zugelassen oder gar geschaffen, fehlt das Training zum Durchhalten. Wer jedoch im Kleinkindalter zu viel herumgetragen oder gefahren wurde, ständig an einer Versorgungs-Pipeline angeschlossen war, im Rahmen eines zugelassenen Bewegungsmangels aufwuchs und als Jugendlicher nicht angemessen körperlich-geistig gefordert wurde, wird schnell zur Zauberformel »Ich kann nicht mehr« greifen. Umso mehr, wenn von Kindesbeinen an die Erfahrung damit verbunden war, dass so die geforderte Annehmlichkeit erreicht oder die anstehende Aufgabe von anderen übernommen wurde.

Darin liegt auch eine besondere Tragik: Wenn dieses Lernfeld zu umfänglich fehlt und Kinder viel zu selten angemessen gefordert werden, sind sie bald wirklich nicht mehr in der Lage, überhaupt etwas zu leisten. Dann versagen sie, wenn in Schule und Ausbildung für drei bis vier Stunden konzentriertes Arbeiten erforderlich ist. Ein Kollege berichtete, dass eine 17-jährige Schülerpraktikantin nach eineinhalb Stunden Falten, Kuvertieren und Frankieren der Hauspost sich so überfordert sah, dass sie den Arbeitsplatz verließ und nicht wiederkam. Über Umwege kam die Nachricht an die Dienststelle, sie hätte sich mit einer solch stupiden Arbeit gemobbt gefühlt. Wie ist die Balance zwischen Unter- und Überforderung zu ermitteln?

Viele »Ich-kann-nicht-mehr-Situationen« sind eine Folge ausgebliebener Herausforderung in den zurückliegenden Jahren. Etliche davon führen auf Dauer fast zwangsläufig in Richtung Scheitern. Das geht über ein alltägliches Misslingen hinaus. Scheitern geht an die Substanz, erschüttert die Grundfesten unseres Seins, stellt unsere gesamte Existenz infrage. Wer nicht in diesen Strudel der Verzweiflung geraten möchte, hat nur die Chance, immer erneut das Dranbleiben zu üben, körperlich und geistig. Dazu gehört, sich Herausforderungen bewusst zuzumuten. Gleichzeitig sind auch die Ziele und Wege regelmäßig kritisch zu überprüfen. Denn wer, wie mancher Pilger auf dem Jakobsweg in Richtung Santiago de Compostela, mit zu wenig Training oder einer ungeeigneten Ausstattung startet, wird bald wirklich an seine Grenzen kommen. Zur Vermeidung solcher Erfahrungen gehört auch eine kontinuierliche Vergewisserung der erreichten Ziele. »Okay, ich habe sorgfältig und fristgerecht meine Bewerbungsunterlagen auf den Weg gebracht. Nun muss ich auf die Reaktion der Uni warten.« Solche Rückblicke bzw. Zwischenbilanzen geben neue Energie, relativieren die Schwere weiterer Aufgaben und machen erfahrbar: »Das habe ich erledigt und kann ich!«

»Nicht weil es schwer ist, wagen wir es nicht, sondern es ist schwer, weil wir es nicht wagen«, so der römische Philosoph

Seneca vor fast 2000 Jahren. Beppo Straßenkehrer in Michael Endes Erfolgsroman *Momo* scheint diesen Zusammenhang begriffen zu haben: »Schritt für Schritt und immer konzentriert auf den nächsten Abschnitt« geht er ans Werk, weil beim Blick auf das Gesamtvorhaben schnell die Motivation schwindet.

## ›Mit Kreativität aus Sackgassen herausfinden‹ – Zwischen Konfliktvermeidung und Konfliktlösung

Die meisten Eltern träumen zwar von einem harmonischen Familienleben, stellen aber – besonders bei den Elf- bis 15-Jährigen fest, dass sie sich im Alltag häufig von Konflikten umzingelt fühlen. Ob es um Zimmerordnung, Essverhalten, Ausgehzeiten, Schularbeiten, Geldumgang, Malzeitenregeln, häusliche Mitwirkung oder das Outfit geht, manche Väter und Mütter peilen schon eine Ausbildung zum Konflikt-Mediator an. Aber dabei scheint nicht im Blick zu sein, dass sie selbst entscheiden, ob Auffassungsdifferenzen oder Probleme zum Konflikt werden oder auch nicht. Ein vorschnelles »so nicht«, »nur so« oder »du kannst mich mal ...« wird schnell zum Auslöser für wirklich nervige und kraftraubende Auseinandersetzungen. Meist fühlen sich andere dadurch bevormundet oder angegriffen. So werden Probleme verstärkt und Konflikte inszeniert. Stattdessen wäre die Reaktion »Wie finden wir eine gut umsetzbare Lösung?« ein äußerst effektiver Auftakt zur Problemreduktion bei gleichzeitiger Konfliktvermeidung. Dieser Weg lohnt, um unsere Kräfte nicht in Streitereien zu vergeuden, sondern für positiv Gewolltes einzusetzen. Aber was ist eigentlich ein Konflikt und wie grenzt sich dieser von Problemen ab?

»In der Psychologie, aber auch in den Sozialwissenschaften allgemein spricht man von einem Konflikt dann, wenn zwei Elemente (Interessen, Zielsetzungen, Wertvorstellungen) gleichzeitig gegensätzlich und unvereinbar sind«[59] – oder unvereinbar scheinen. Ein Konflikt kann sich innerhalb einer Person – intra-personal – oder zwischen Personen – inter-personal – ereignen. Soziale Konflikte entstehen, wenn ein Handelnder den Umgang in einer Situation oder die Differenz zu den eigenen Vorstellungen so erlebt, dass er sich durch das Handeln eines oder mehrerer anderer dabei beeinträchtigt sieht, die eigenen Vorstellungen, Gefühle oder Absichten leben oder verwirklichen zu können. Dabei ist zwischen dem Konfliktanlass (um was geht es eigentlich?), den Konflikt begleitenden Gefühlen (z. B. Wut oder Ohnmacht) und dem konkreten Konfliktverhalten (z. B. schmollender Rückzug, Einbringen von Lösungsideen oder tätlicher Aggressionen) zu unterscheiden.

Es gibt Kinder, Jugendliche, Väter und Mütter, die recht häufig in Konflikte geraten. Meist leiden sie darunter und beklagen ein ungutes soziales Umfeld. In der Regel sind sie aber selber die Konfliktauslöser. Denn der Umfang der sozial-emotionalen Kompetenz des jeweils Handelnden entscheidet über die Anfälligkeit, als Konfliktauslöser beziehungsweise Konfliktverstärker zu wirken. Mit anderen Worten: Der instabile Mensch ist der Auslöser für fast alle Konflikte. So geraten gefestigte Eltern seltener in Sackgassen – meist steht ja zu Beginn ein Hinweisschild –, und wenn es dennoch passiert ist, haben sie die Fähigkeit, in relativer Ruhe dafür zu sorgen, ohne zusätzliche Probleme den Rückzug anzusteuern. Diese Zusammenhänge bringt der weltbekannte Kommunikationsforscher und Psychologe Paul Watzlawick (1921–2007) mit spitzer Feder auf den Punkt: »Wer als Werkzeug nur einen Hammer hat, der sieht in jedem Nagel ein Problem.«

Häufig kennen die Kinder die »Auslöseknöpfe«, um Elternteile hochgehen zu lassen, sehr genau und nutzen dies zum eigenen Vorteil. Auch wissen sie recht gut, ob für dieses oder jenes besser Vater oder Mutter anzusprechen ist, um das angestrebte Ziel zu erreichen. Dies wiederum führt dann häufig zu Konflikten zwischen den Eltern. Auch wenn es etliche Konfliktvermeidungsregeln gibt: Eine kräftige Portion verlässliche Vereinbarungen, Gelassenheit und Kreativität eignet sich vorzüglich als elterliches Rüstzeug mit Tiefenwirkung.

Nicht selten werden kreative Menschen eher als »nette Spinner« betrachtet. Dabei sollte Ideen jenseits eingefahrener Wege eine große Wertschätzung entgegengebracht werden. So basiert ein kreatives Konflikt-Lösungs-Management auf der Fähigkeit, in einer Mischung aus Empathie und Kreativität wirksame – wenn auch eher unübliche – Vorgehensweisen zu entwickeln.

Die Mutter, welche auf die Ansage des Sohnes: »Aufs Zimmeraufräumen habe ich keine Lust!« liebevoll-gelassen reagierte und fragte, was denn Lust mit Aufräumen zu tun hätte, nutzte diese Erkenntnisse. Sie reagiert nicht auf der Machtebene, sondern gab folgende lebenspraktische Erläuterung »Weißt du, manchmal habe ich morgens gar keine Lust, das Frühstück für die Familie zu machen und anschließend meinen Tag anzugehen. Und für mich ist es Horror, wenn Hausputz oder die Steuererklärung anstehen. Nun habe ich die Erfahrung gemacht, wenn man dennoch mit etwas Lust an die Aufgabe geht, dass es besser klappt. Probier doch mal aus, ob du mit oder ohne Lust dein Zimmer besser aufräumen kannst, und sag mir bis zum Abendessen, wie es funktioniert hat.«

Eine kleine Einführung in die Bewertung kreativer Leistungen hätte auch der wütenden Mutter gutgetan, deren Tochter während des Schulschwänzens ein sehr originelles und durchdachtes Vogelhaus gebaut hatte (siehe die Einleitungs-Episode in Isabelle Liegls Kapitel Kindheit, S. 32). So kann eine »Bauchschmerzen-Lüge« den Blick auf tiefer liegende Probleme und indirekt damit ebenfalls auf unbekannte, aber nun sichtbar gewordene Fähigkeiten eröffnen.

»Die Betrachtung der Probleme ist das Problem«, sagte der Atomphysiker Albert Einstein (1879–1955). Es kommt einzig darauf an, was dies bei den Menschen auslöst. Somit geht es sowohl um die Zuschreibung der Ursache und Wirkung von Handlungen beziehungsweise Vorgängen als auch um die daraus resultierenden Konsequenzen für das Erleben und Verhalten. Unsichere Menschen werden schnell verängstigt reagieren, sichere Väter und Mütter in abwägender Gelassenheit Lösungspotenziale entwickeln. Um nicht in ein konfliktverstärkendes Agieren und Reagieren zu geraten, benötigen die Handelnden daher neben einer starken Persönlichkeit auch eine deftige Portion Kreativität. Dies ist dann eine gute Ausgangsbasis für vielfältige Lösungsansätze.

Ist ein Problem beziehungsweise eine Krise ein Konflikt? Ein gedanklicher Ausflug in Richtung Fernost kann da weiterhelfen: In China besteht das Wort Krise aus zwei Schriftzeichen. Eines steht für »Chance«, eines für »Gefahr«. Wer sich zu stark auf die »Gefahr« konzentriert, dies ist der Blickwinkel der Ängstlichkeit, wird Chancen nicht aufgreifen können. Eine zu starke Orientierung an der »Chance« birgt hingegen die Gefahr der Unvorsichtigkeit. Ob nun ein Problem oder eine Krise zum Konflikt führt, ist unsere Entscheidung. Wir können diese Herausforderungen gekonnt lösen oder stattdessen daraus einen Konflikt machen. Der Ökonom und Philosoph Professor Wolfgang Berger sagt dazu ganz pragmatisch: »Wir brauchen die Krise, weil die Menschheit nur durch Krisen lernt. Das gilt für das Kollektiv Menschheit genauso wie für jeden Einzelnen.«[60] Mit anderen Worten: Meist setzt erst dann ein lösungsorientiertes Handeln ein, wenn es (kräftig) wehtut.

Um das emotionale und sachliche Durcheinander in Konfliktsituationen ansatzweise ordnen zu können, bietet sich diese in drei Fragen gefasste Kurzanalyse an:

- Liegt's an mir?
- Liegt's am Gegenüber?
- Liegt's an der Situation?

Auch wenn diese Mini-Reflexion keine objektiven Ergebnisse zur Folge haben kann, wird so in der Regel eine brauchbare Ersteinschätzung möglich, vorausgesetzt, die Handelnden orientieren sich an den Fakten. Diese Kurzbewertung wiederum bietet die Chance, alle Kräfte auf eine schnelle Konfliktlösung und zukünftig auf eine Konfliktvermeidung zu richten.

Oft sind Konflikte das Ergebnis eines Streites um Worte. »Ich habe aber gesagt ...«, »Weshalb konnte ich nicht ausreden?«, »Das habe ich ganz anders gemeint.« Wenn dann in Ruhe Sortierarbeit geleistet und das Suchen nach Schuldigen vermieden wird, kann Klarheit entstehen. Dieser Handlungsansatz erhält durch folgende Botschaft des weltweit anerkannten Kommunikationsforschers Professor Paul Watzlawick einen starken Impuls: »Ich weiß nicht, was ich gesagt habe (welche Botschaft ich insgesamt rüberbrachte), bevor ich nicht die Reaktion meines Gegenübers gehört bzw. bemerkt habe.« Denn erst dadurch erfahre ich, was durch meine Worte – bewusst oder unbewusst – ausgelöst wurde. So ist es schwierig und immer eine erneute Herausforderung, das passende Wort zu Thema, Situation und Person in einer wohlwollenden Grundhaltung zu finden. Dazu eine Anmerkung des US-amerikanischen Schriftstellers Mark Twain (1835–1910): »Der Unterschied zwischen einem richtigen und einem beinahe richtigen Wort ist derselbe wie der zwischen einem Blitz und einem Glühwürmchen.« Mit anderen Worten: Wenn auch nur ein Prozent zur Zielerreichung fehlt, verfehlen wir dieses um 100 Prozent!

Versuchten im Mittelalter Alchemisten aus »irgendetwas« Gold zu machen, sind heute Menschen gefragt, die aus »Scherbenhaufen« beziehungsweise »Problem-Konzentraten« lebbare Lösungen oder tragfähige Geschäftsmodelle entwickeln können. Ideenreichtum, Querdenk-Fähigkeiten, Situations-Feeling, Empathie, Verantwortung und Entscheidungsfreudigkeit sind die Erfolgsparameter. Dabei wird auch mit Widerständen zu rechnen sein, weil die Problemverursacher zwar meist schnell aus der Misere wollen, häufig aber, ohne Veränderungen mitzutragen oder zuzulassen. Denn, so der individualpsychologische Analytiker Karlheinz Wolfgang: »Es gibt keine Sachprobleme, alles sind Beziehungsprobleme.« Und leicht variiert kommt Alfred Herrhausen – ein ehemaliger Vorstandssprecher der Deutschen Bank – zu folgender Einschätzung: »Am Ende sind alle Probleme der Wirtschaft Personalprobleme.« Entwickeln sich Probleme jedoch zu Konflikten, absorbieren sie unendliche Kräfte, die unsere Leistungsfähigkeit stark reduzieren.

## ›Das kann auch warten!‹ – Der Bedürfnisaufschub als Maßstab einer Persönlichkeitskarriere

Was haben Süßigkeiten mit Karriere zu tun? Es ist das wohl berühmteste Experiment in der Geschichte der Psychologie: Vorschulkinder bekommen einen Marshmallow vorgesetzt und haben die Wahl zwischen »sofort aufessen oder warten«, um später zwei zu bekommen. Es ging um eine Aufschubzeit von circa 20 Minuten. Die Forschungsfrage war: Wer wird warten, zögern oder zugreifen? Und was bedeutet diese Entscheidung für das spätere Leben? Walter Mischel, weltbekannter Psychologe, »Erfinder« des Marshmallow-Tests und Autor des gleichnamigen Buches (2015), zeigt, wie Selbstdisziplin unsere Persönlichkeit prägt und wie sie uns – in gesundem Maße – hilft, unser Leben zu meistern, ob für den beruflichen, emotionalen und sozialen Erfolg einer Person.

Der Bedürfnisaufschub beschreibt den Vorgang, wenn Wünsche oder erwartete positive Ereignisse nicht nach der »Sofort-Maxime« umgesetzt werden. Der Impuls dazu kann aus unterschiedlichen Nützlichkeitserwägungen oder Sinnhaftigkeiten erfolgen. Er setzt ein klares Wollen und eine ausgeprägte »Frustrationstoleranz« – der Begriff wurde 1938 von Saul Rosenzweig geprägt – voraus. Dazu benötigen die Handelnden wiederum die Fähigkeit, eine negative Anspannung über längere Zeit auszuhalten, ohne die objektiven Faktoren der Situation zu verzerren. Zur Erinnerung und Verdeutlichung: Der Bedürfnis- beziehungsweise Belohnungsaufschub ist nach Sigmund Freud »die größte Kulturleistung des Menschen«.

Mischels Test zeigte: Einige Kinder aßen den Marshmallow sofort auf oder scheiterten schon nach wenigen Minuten, andere hielten ohne Probleme die vorgeschriebene Zeit durch, und wieder andere setzten ausgeklügelte Methoden ein, um sich abzulenken und so das hochgesteckte Ziel zu erreichen.

Jahre später entdeckte Mischel eher zufällig, dass die Fähigkeit der Kinder zum Belohnungsaufschub auch ihr späteres Leben beeinflusste. Denn je besser es ihnen gelang, sich zu beherrschen, desto eher entwickelten sie Selbstvertrauen, Stressresistenz und soziale Kompetenz. So zeigten Folgestudien mit den zu Jugendlichen herangewachsenen ehemaligen Teilnehmern, dass die Kinder, die mehr Selbstkontrolle gezeigt und gewartet hatten, bessere soziale und kognitive Funktionen erzielten und bei einem Intelligenztest bessere Werte erreichten. Sie hatten ein höheres Bildungsniveau, zeigten eine geringere Wahrscheinlichkeit, Drogen zu nehmen, und hatten einen niedrigeren Body-Mass-Index. Gehirn-Scans zeigten, dass bei ihnen mehr Aktivität in Teilen des Gehirns stattfanden, welche für effektive Problemlösungen zuständig sind, als bei jenen, die nicht zu warten in der Lage gewesen waren.

Nun erforschte Mischel, was denn dazu führt, dass Kinder dies schafften oder auch nicht. Ein Ergebnis bei den »aufschiebenden Kindern« war, dass diese auf sichere Bindungserfahrungen in der Kindheit zurückgreifen konnten. Die »unsicher Aufgewachsenen« dagegen hatten aufgrund von negativen Bindungserfahrungen eine schwächer ausgeprägte »Wollens-

Bereitschaft«. Sie schienen nach der Devise zu handeln: »Ob man sich auf diese Aussage wohl verlassen kann? Eher wohl nicht! Was ich hab, das habe ich.« Aufschlussreich für Mischels Analyse waren besonders jene Kinder, die verschiedene Tricks einsetzten, um die 20 Minuten zu überstehen. »Sie haben dem Wissenschaftler gezeigt, was man tun muss, um den ›inneren Schweinehund‹ auszutricksen und ein Ziel zu erreichen.« So ist es hilfreich, das Reizobjekte aus Fühl- und Sichtweite zu verbannen.

»Man kann den Test deshalb symbolisch verstehen und auf alle Lebensbereiche übertragen: Im Alltag kann der zweite Marshmallow für eine Beförderung stehen, die mehr Zeit, Geduld oder Arbeit erfordert; oder für einen kleineren Bauch, für den man auf Süßigkeiten verzichten will; oder für einen Partner, dem man trotz Verlockungen treu bleiben möchte.« Ein weiteres wichtiges Ergebnis: Obwohl Mischel davon ausgeht, »dass die genetische Apparatur eine Tendenz zu hoher oder niedriger Willensstärke vorgibt, macht er ebenso deutlich, dass es von der Freiheit jedes Einzelnen abhängt, die Fähigkeit zur eigenen Selbstkontrolle zu verbessern. Auch jene Menschen, die nicht das Glück hatten, mit der richtigen Genetik ausgestattet zu sein, eine gute Schule zu besuchen oder aufmerksame und motivierende Eltern zu haben, können ihr Gehirn auf Erfolgskurs bringen.«[61]

Auf die Eltern kommt dabei die Aufgabe zu, ihre Kinder nicht zwischen diesem Event und jener Attraktivität pendeln zu lassen, sondern sie gezielt dabei zu unterstützen, Verzichtsleistung auf Zeit zu erbringen. Gerade in einer Welt des »jetzt und sofort« ist dies eine große Herausforderung. »Geduld üben« und »warten können« in unterschiedlichsten Situationen werden so zu einem hochaktuellen und zukunftsprägenden Leistungsmerkmal. Genau hier setzt auch das Buch (2014) von Matthias Sutter *Die Entdeckung der Geduld: Ausdauer schlägt Talent* an. So ist der Marshmallow-Test im übertragenen

Sinne eine gute Trainingsanregung für eine erfolgreiche Persönlichkeitskarriere. Denn wer momentane Bedürfnisse auf Zeit zurückstellen kann, wird sich umfangreicher auf jetzt Wesentliches konzentrieren. »Dran-Bleiben« wird so zur Erfolgsformel.

Viele junge Menschen – besonders im Studium – scheinen jedoch beim Aufschub die Vorzeichen zwischen wichtig und unwichtig zu vertauschen. Aus dem notwendigen Aufschub vordergründiger Bedürfnisse wird dann ein Aufschub von wichtigen Vorhaben. So werden anstehende Prüfungsvorbereitungen gezielt ignoriert, um aktuellen Vorhaben zwischen Feiern, Shopping, Leute Treffen oder Herumhängen nachzugeben. Bald wird das »Verschieberitis-Symptom« zum sich verselbstständigenden Handlungsmodus. Die echte Herausforderung besteht jedoch darin, momentanen Ablenkungen und Versuchungen zu widerstehen, um so durch Selbstbeherrschung das Wichtige zu tun. Im Gegensatz dazu kann eine zu stark ausgeprägte Selbstkontrolle auch die Wirkung haben, eine kraftgebende Lebensqualität massiv zu minimieren. Dies wird in einer genussorientierten und auf schnelle Bedürfnisbefriedigung ausgerichteten Welt eher die Ausnahme sein. Aber eine Abwendung vom jetzt und sofort heiß Erwünschten hat schon große Vorteile. Super Rendite, könnten Profi-Broker im Hinblick auf den Marshmallow-Test prophezeien: Nach kurzer Zeit 100 Prozent Gewinn!

## ›Gefühl oder Verstand?‹ – Was für das Leben in Beruf, Partnerschaft, Familie und Freizeit wichtig ist

»Habe Mut, dich deines eigenen Verstandes zu bedienen!« Als Immanuel Kant dies vor circa 250 Jahren forderte, hatte er sicherlich eine andere Auffassung von dem, was da im Kopf passiert, als dies bei den Neurobiologen unserer Zeit der Fall ist. So definiert Kant »Verstand als das Vermögen zu denken (durch Begriffe sich etwas vorzustellen)«, was die Bereiche analytisches Denken, sachliches Beurteilen und durchschauendes Begreifen umfasst. Über Jahrhunderte wurde so der Verstand – zum Teil gleichgesetzt mit Intelligenz – als Sammelbegriff für die zentrale (kognitive) Leistungsfähigkeit des Menschen betrachtet. Die Einladung Gerhard Hüthers »zur Wiederentdeckung der Freude am eigenen Denken und der Lust am gemeinsamen Gestalten« in seinem Buch *Etwas mehr Hirn, bitte!* hätte Immanuel Kant trotz neuer Erkenntnisse sicher befürwortet.

Spätestens durch das im Jahre 1995 zum Bestseller gewordene Buch des US-amerikanischen Journalisten Daniel Goleman mit dem Titel *Emotionale Intelligenz* wurde jedoch eine radikale Neubesinnung im Umgang mit dem Intelligenzbegriff eingeleitet. Denn hier wird der – teilweise schroffe – Gegensatz zwischen Denken und Empfinden beziehungsweise Verstand und Gefühl überwunden. Heute wissen wir durch die bildgebenden Untersuchungsverfahren der Hirnforschung, dass die Areale für analytisches Denken und emotionales Empfinden recht nah beieinanderliegen, kräftig vernetzt sind und sich gegenseitig ergänzen.

Rückblickend wäre das, was heute als »emotionale Intelligenz« bezeichnet wird, im 19. Jahrhundert nicht innerhalb einer psychologischen Wissenschaft, sondern im Rahmen eines theologisch-moralischen Diskurses, in der Erziehungslehre beziehungsweise in der Literatur behandelt worden. Aber auch vor der wissenschaftlichen Einführung des Terminus »emotionale Intelligenz« durch die Hirnforscher John D. Mayer und Peter Salovey im Jahr 1990 gab es Versuche, die Gegenwelt zu Verstand und Intelligenz in Worte zu fassen. Zur Umschreibung dieser Lebenswirklichkeit wurde die Wortkombination

»Herzens-Bildung« genutzt. In der auch heute noch üblichen Redewendung »mit Herz und Verstand« wird gleichermaßen neben dem Kognitiven die Sphäre des Nicht-Kognitiven des menschlichen Seins ins Blickfeld gerückt. So erhielt der eher »kühle« Verstand ein »warmes« Pendant. Die aus dem Französischen stammende Redewendung »Was tut es denn, ob einer Herzog oder Droschkenkutscher ist, wenn er Geist und Herzensbildung besitzt?« verdeutlicht die Bedeutung von Kognition und Emotion für das soziale Miteinander. Eine afrikanische Lebensweisheit bringt diese Zusammenhänge so auf den Punkt: »Der Kopf hat das Herz zu schützen!«

Häufig wird jedoch deutlich, dass »Kopf« und »Herz« recht ungleich bewertete Geschwister sind. So hüllte und hüllt sich der Verstand häufig in einen höherwertigen oder vornehmeren Nimbus, während das Gefühl eher ein Schattendasein fristet, auf welches, wenn es »hart auf Kante kommt«, zu verzichten ist. Besonders im beruflichen und politischen Bereich wird Verstandes-Argumenten, der sogenannten »normativen Kraft des Faktischen«, ein Vorrang eingeräumt. Dass Emotionen auch schon lange vor dem Erfolgstitel von Daniel Goleman zur emotionalen Intelligenz ansatzweise im Blickfeld waren, wird durch die Bedeutung der Klugheit deutlich, welche schon in der Antike zu den Kardinaltugenden zählte. Wenn also der Intelligenz die Fähigkeit zugeschrieben wird, Wissen speichern und anwenden, Fakten analysieren, Zusammenhänge erkennen und Probleme – oft mithilfe der Logik – lösen zu können, dann kommt der Klugheit die Funktion zu, vor einer intelligenten Äußerung zu überprüfen, in welchem Umfang dies dem jeweiligen Kontext zuträglich ist. So mag es eine intelligente Leistung sein, einem Prüfer im Abschluss-Examen nachweisen zu können, dass seine Position zwischenzeitlich überholt oder gar falsch sei, klug wäre dies auf keinen Fall. Auch öffnet die Klugheit im sozialen Miteinander eine Pforte zur Barmherzigkeit. Mit diesem Blick auf die jeweilige Situation, den Handlungsrahmen, werden ansatzweise auch emotionale Erwägungen berücksichtigt.

In den unterschiedlichsten Alltagssituationen sind immer emotionale Erwägungen und rationale Erfordernisse gleichermaßen zu berücksichtigen, besonders bei sozialen Interaktionen. Stellen Eltern fest, dass ihre Kinder zu stark auf intellektuelle Leistungen programmiert sind und in der Folge emotionale Fähigkeiten evtl. gar abwerten, stehen sie vor der Aufgabe, den brachliegenden emotionalen Bereich zu fördern und darauf hinzuwirken, Abwertungen zu unterbinden. Ein solches Agieren erfordert jedoch viel Feingefühl. Bringen sich hier Eltern engagiert ein, wird dies das Zusammenleben in Schule und Hochschule sowie die Qualität von Freundschaften ihrer Kinder und Jugendlichen nachhaltig positiv befruchten.

»Intelligenz ist das, was wir benutzen, wenn wir nicht wissen, was wir tun sollen«, so der Schweizer Biologe und Pionier der kognitiven Entwicklungspsychologie Jean Piaget (1896–1980); das heißt, es geht ums Verstehen, Folgern und Wählen, besonders in Problemsituationen. Und John D. Mayer und Peter Salovey beschreiben die Fähigkeit, eigene und fremde Gefühle – ob Trauer, Wut, Schmerz oder Freude – (korrekt) wahrzunehmen, zu verstehen, zu beeinflussen und entsprechend angemessen zu handeln, als »Emotionale Intelligenz«. Besonders in komplexen Situationen sind wir darauf angewiesen – vorausgesetzt, es sollen tragfähige Entscheidungen unter Einbeziehung unterschiedlichster Aspekte getroffen werden –, den Verstand, das abstrakte, analytische und logische Denken, welches verstärkt in der linken Gehirnhälfte angesiedelt ist, mit intuitivem Empfinden, ganzheitlicher Wahrnehmung und sozialverträglichem Handeln, welche verstärkt die rechte Gehirnhälfte prägen, zu verbinden. Dabei sollten beide Hirnhälften optimal – und »vorurteilsfrei« – miteinander kooperieren.

Wird dieser Maßstab an die Inhaber von Top-Positionen

in Politik, Hochschule, Wirtschaft, Medien und Zeitgeschehen angelegt, dann könnte mancher intellektuelle Dünkel in sich zerbröseln, und viele der Handelnden würden sich eine Optimierungs-Offensive zur Verbesserung empathischer beziehungsweise sozialer Kompetenzen verordnen müssen. Jede Beurteilung, jede Entscheidung, jede Konfliktsituation, bei welchen nicht gleichermaßen »Gefühl und Verstand« berücksichtigt werden, hat kaum die Chance zu einer nachhaltigen Tragfähigkeit. Denn »wenn wir entdecken, dass sich unser Gehirn mit seinem kognitiven und emotionalen Potenzial in Netzwerken optimal mit anderen entfalten kann, dass wir in all unserer Verschiedenheit zusammengehören, voneinander abhängig und miteinander verbunden sind, dann öffnet sich auch der Weg in eine hoffnungsvolle Zukunft«, denn: »Gemeinsam verfügen wir über deutlich mehr Hirn als allein!«[62]

## ›Empathie als Schlüssel zum Erfolg‹ – Soziale Kompetenz ist erlernbar

Empathie – vom griechischen »empátheia« – wird immer stärker zu einer der wichtigsten Schlüsselkompetenzen in modernen Gesellschaften. Sie kann sich nur dann entwickeln, wenn man selbst Mitgefühl und Wertschätzung erfahren hat. Dies setzt positive Bindungserfahrungen und ein grundlegendes Angenommensein – oder in den Worten von C. Rogers: viel »ungeschuldete Liebe« – in der Kindheit voraus und äußert sich dann nach E. Erikson als sattes »Urvertrauen«. Eine gestörte frühkindliche Bindung, meist aufgrund von negativen Bindungserfahrungen, Misshandlungen oder in der Folge von Trennung und Scheidung, beeinträchtigt dagegen die Entstehung von Empathie nachhaltig. Hier einige Impulse zur Verbesserung der eigenen Empathiefähigkeit:

- Intensivierung der Selbstwahrnehmung: Was passiert bei mir, wenn ich Freude, Schmerz oder Mangel erfahre? Wie reagiere ich auf Stille, Lärm oder Hektik? Welche Gerüche, Speisen oder Getränke bewirken bei mir was? Wie teile ich meine Gefühle meinem Gegenüber mit – oder wieso nicht?
- Ausbau der Fähigkeit des bewussten/aktiven Zuhörens: Was könnte ein Gegenüber mit seiner Botschaft – über den ersten Eindruck hinaus – eigentlich ausdrücken bzw. erreichen wollen? Was ist in einer Äußerung »Sachaussage«, »Selbstoffenbarung«, »Beziehungssausage« und »Appell«, und auf welchem Ohr höre ich besonders gut oder schlecht (mehr bei Friedemann Schulz von Thun)? Wie kann ich meine Anteilnahme an der Botschaft des anderen zum Ausdruck bringen?
- Ausbau der Fähigkeit, die Körpersprache anderer einzuschätzen: Wirkt mein Gegenüber entspannt oder angespannt? Was sagt die Körperhaltung aus? Entspricht die verbale Botschaft der Gestik, dem Gesichtsausdruck? Wie reagiere ich auf diese Wahrnehmungen?

Um mit sich selbst und seinen Mitmenschen einfühlsamer – und damit wirkungsvoller – interagieren zu können, bietet das Konzept der Achtsamkeit einen guten Zugang. Es lehnt sich an das Stress-Reduktions-Programm MBSR – »Mindfulness-Based Stress Reduction« – an. Dabei geht es um das bewusste – nicht wertende – Wahrnehmen des Augenblicks in Verbindung mit einer an- und aufnehmenden inneren Haltung. Dies ist besonders für Menschen mit einem hohen Leistungsanspruch wichtig, um so nicht in die Gefahr zu geraten, den Zugang zu sich selbst zu verlieren. So ist die Achtsamkeit ein Übungsfeld zur Erlangung einer größeren Empathie, lädt zum Ankommen, Verweilen und Auftanken ein und hat zwei Aspekte:

- Achtsamkeit als Vorsicht und Selbstschutz
- Achtsamkeit als Wertschätzung

Dies sind wichtige Voraussetzungen, sich in einer – vielleicht ungewohnten – Behutsamkeit auf eine Situation einzulassen und anderes sein zu lassen. Die stille, aber überdeutlich spürbare Botschaft lautet dann: »Jetzt bin ich hier, bei mir (und bei dir).« Da uns zu häufig eine lärmende Welt daran hindert, zu einer solchen Ruhe zu finden, benötigen die uns verfügbaren Sinnesorgane einige Hilfen. Hinhorchen auf die innere Stimme des Kindes, die eigene und die des Partners, sich in eine Umgebung mental hineinempfinden, alltäglichen Details eine spezifische Aufmerksamkeit schenken, sich der Stille der Natur aussetzen, den Duft von Pflanzen aufsaugen, den Hauch des Windes auf der Haut spüren, sich tastend bekannten oder unbekannten Gegebenheiten annähern, den Sternenhimmel betrachten usw. – all das ist quasi neu zu erlernen. Erst wenn diese Sinnes-Erfahrungen wieder möglich sind, können wir auch achtsamer mit uns umgehen. Wer gut auf sich selbst achtet, kann auch anderen Beachtung zukommen lassen und wird als Konsequenz selbst Wertschätzung erhalten. Ein solches Trainingsprogramm zu mehr Einfühlsamkeit wird gleichzeitig – ganz nebenbei – zur »Tankstelle für die Seele«, um in einer durch Lärm und Hektik geprägten Welt nicht eigene wichtige Selbst- und Leistungs-Ansprüche aufzugeben.

Soziale Interaktionen sind dann erfolgreich, wenn Entscheidungen aufgrund eines gemeinsamen Verständnisses getroffen werden und sich niemand »über den Tisch gezogen« fühlt. Dies baut auf einer Haltung der Achtsamkeit auf, drückt Wertschätzung aus und mündet in einer nachhaltig wirksamen Übereinkunft. Um so handeln zu können, muss angemessen mit deutlich werdenden Auffassungsunterschieden innerhalb von sozialen Interaktionen umgegangen werden. Dies macht auch eine kräftige Portion Transparenz, Toleranz und Akzeptanz erforderlich. Sie braucht zur Wirksamkeit ein wertzuschätzendes Gegenüber. Nur dann wird jemand die Mühe auf sich nehmen, um des anderen willen nicht die eigene Auffassung – koste es, was es wolle – durchsetzen zu wollen. Wer jedoch nicht – oder nur selten – bei sich ist, kann sich nicht in Situationen einfühlen und auf andere einlassen. Wem es an Selbstachtung mangelt, wird einem anderen auch keine Achtung entgegen bringen (können). Fehlt diese Voraussetzung, wird ein störungsarmes und vertrauensvolles Interagieren verhindert. Es führt kein Weg daran vorbei: Empathie und Toleranz sind der Schlüssel für ein zufriedenes und durch den einen oder anderen Erfolg geprägtes Leben.

Diese häufig als »Soft Skills« der sozialen Kompetenz bezeichneten Persönlichkeitsmerkmale erhalten heute eine immer größere Bedeutung, denn fehlende Fachkenntnisse sind leichter nachzuarbeiten als grundlegende Persönlichkeitsmerkmale. So wird der Zusammenhang erfahrene Wertschätzung → Selbst-Bewusstsein → Selbst-Vertrauen → Selbst-Kompetenz → Selbst-Management → Weitergabe von wertschätzender Empathie ins Blickfeld gerückt. Im Grunde handelt es sich um eine nach oben offene positive Spiralbewegung.

Wenn unsere Kinder und Jugendlichen Wertschätzung erhalten, werden sie diese weitergeben. Es entwickelt sich dadurch ein positiv verstärkender Rückkopplungs-Prozess. Er wird geprägt durch das Wissen um wichtige Zusammenhänge, ein situationsadäquates Können und eine wertschätzend-ermutigende Haltung, welche sich dann in einem kompetenten Handeln äußert. Der Nutzen ist erheblich und wird in einem sympathischeren Auftreten, einer effektiveren Kommunikation in der Kombination mit einer größeren Konfliktvermeidungsfähigkeit sowie in mehr Zufriedenheit und Lebenserfolg sichtbar. Manchmal führt wirkliches Einfühlungsvermögen auch dazu, besser gar nichts zu sagen, wie dies ein Song der »Wise Guys« zum »falschen Wort am falschen Ort« auf den Punkt bringt: »Denn sonst bekommst du garantiert als Lohn 'ne Ladung nonverbale Kommunikation.«

# ›Wie pack ich's an?‹ – Gut geplant ist halb erreicht

Auch »*Eine Reise von 1000 Meilen beginnt mit dem ersten Schritt*«, so der Titel eines Buches der Psychoanalytikerin Professor Luise Reddemann. Wer möglichst ohne gravierende Zwischenfälle sein Ziel erreichen möchte, wird viel Sorgfalt in die Vorbereitung investieren. So werden Schuhwerk, Proviant, Notfall-Pack und persönliches Durchhaltevermögen, ob es sich nun um eine Trekking-Tour in den Rocky Mountains oder um eine mehrtägige Erkundungs-Wanderung in der Sahara handelt, zum Erfolgs- oder Misserfolgsgaranten.

Setzen sich Jugendliche mit der Frage auseinander, welche Berufsrichtung sie anstreben wollen, möglichst nicht erst kurz vor dem Schulabschluss, dann sind ebenfalls Ziele festzulegen, Weg-Erkundungen vorzunehmen, Fragen zu klären und viele Vorbereitungen zu treffen. Äußerst wünschenswert ist dabei eine moderat-wirksame – nicht dominante – Begleitung durch die Eltern. Regelmäßige gemeinsame und vorher terminierte Treffen bilden dafür einen guten Rahmen, um Ziele zu konkretisieren und an der Bereitstellung der notwendigen Mittel zu arbeiten. Dabei sollte die Hauptinitiative von den Söhnen und Töchtern ausgehen. Und da auch eine super Vorbereitung nicht den Erfolg garantiert, sind Ideen-Reichtum, Durchhalte-Vermögen und Alltagsbewältigungs-Geschick die wichtigsten Wegbereiter. Dabei besteht die Hauptaufgabe der Eltern darin, dieses Vorhaben anregend, verstärkend und moderierend zu begleiten.

Als ein Jugendlicher sich in einer verfahrenen Situation an einen erfahrenen Konflikt-Coach wandte, um aus der momentanen Bredouille herauszukommen, war dessen erste Frage: »Was ist dein Konzept?« Die etwas verwirrte Reaktion zeigte, dass er sich eigentlich noch keine Gedanken gemacht hatte, auf welche Weise er sein Problem meistern wollte.

Ein Konzept ist ein Handlungsleitfaden zur Erreichung von

Zielen. Somit ist die Zielklarheit die wichtigste Voraussetzung. Fehlt diese, kann aber auch ein Vorab-Konzept der Zielfindung dienen. Ist klar, was erreicht werden soll, sind die Fragen des Zeitraums, der benötigten Mittel (spezielle Kenntnisse, technische Notwendigkeiten, wichtige Rahmenbedingungen, Geld, mögliche Kooperationspartner usw.) zu klären und schriftlich festzuhalten. Um als Eltern den Söhnen und Töchtern konkrete Hilfestellungen zu geben, wird hier auf die erprobte und praktisch gut umsetzbare SMART-Regel hingewiesen.

Das Akronym SMART ist eine treffsichere Abkürzung für Specific Measurable Accepted Realistic Time Bound und dient zum Beispiel im Projektmanagement sowie im Rahmen von Mitarbeiterführung und Personalentwicklung zur Definition von Zielbereichen innerhalb von Zielvereinbarungen.[63]

- Spezifisch: Ziele müssen eindeutig (nicht vage) und so präzise wie möglich definiert sein. (Nicht: »Ich möchte an einer Elite-Hochschule studieren«, sondern: »Mein Ziel ist, von der Uni X angenommen zu werden.«)
- Messbar: Ziele müssen überprüfbar sein. (Z. B. Zwischenziele oder Kostengrenzen einhalten.)
- Akzeptiert: Ziele müssen von den Beteiligten von innen heraus akzeptiert werden. (»Stehen ich und meine Eltern wirklich hinter der Entscheidung?«)
- Realistisch: Ziele müssen möglich sein. (Z. B. nicht: »Im nächsten Halbjahr will ich von meiner Physik-Fünf auf eine Eins kommen.«)
- Terminiert: Ziele benötigen eine klare Zeitvorgabe, bis wann die Arbeit abgeschlossen ist. (Z. B.: »Bis zum ... ist die Bewerbung abzuschicken.«)

Es handelt sich hier um eine Mindestbeschreibung, die je nach Kontext weiter zu konkretisieren ist. Ergänzend benötigen längerfristige Konzepte auch eine Differenzierung nach Nah-,

Zwischen- und Endzielen in der Verbindung mit festgelegten Zeitintervallen zur Überprüfung der Teilziele. Eine Regel: Je höher oder ungewohnter die Ziele sind, umso kleinschrittiger ist die Vorgehensweise.

Eine äußerst gute Hinführung auf berufsbezogene Abstimmungsprozesse zwischen Kindern und Eltern ist ein frühzeitiges Praktizieren von miteinander ausgehandelten Vereinbarungen zum Tagesablauf. Ob Aufstehzeiten, Badnutzungsregeln, Zimmersauberkeit, Haushaltsmitwirkung, Ausgehzeiten, Kleidungsgepflogenheiten, Smartphone-Nutzung und Finanzgebaren – zuerst wird vereinbart, um welche Ziele es geht. Dann stehen die Modalitäten der Zielerreichung im Fokus. Sinnvollerweise benötigen solche Vereinbarungen als Basis klare »Entscheidungs-Korridore« (mehr dazu im Abschnitt ›Das hast du so zu tun!‹, Seite 309), um anstelle von Dauerdiskussionen nutzbare Ergebnisse zu erreichen. Regelmäßige Termine zur Überprüfung, ob der Kurs noch klar ist und auch eingehalten wird, werden dann wichtige Zielerreichungs-Begleiter. Und damit die Beteiligten nicht unter Gedächtnislücken leiden, werden die wichtigsten Vereinbarungen schriftlich festgehalten. Solche Bedingungen des Aufwachsens markieren gleichzeitig ein passgenaues Trainingsfeld zum Umgang mit Zielvereinbarungen jeglicher Art.

Streben Jugendliche dann Jahre später beispielsweise ein Studium im Ausland an, sind alle zu klärenden Fragen beziehungsweise wichtigen Punkte aufzulisten, mit der SMART-Liste abzugleichen, nach Wichtigkeit zu ordnen, in ein Zeitraster zu bringen, um dann der Reihe nach abgearbeitet zu werden. Dann stellen sich Erfolge fast von alleine ein.

## ›Ich hab's geschafft!‹ – Gedanken zwischen Party-Time und Zukunftsglück

»Ein jegliches hat seine Zeit«, dies ist die prägende Botschaft des Buches Kohelet im Alten Testament. Weiter heißt es dort: »Es gibt eine Zeit des Säens und eine des Erntens.« Seit Jahrhunderten feiern Menschen eine Ernte in Dankbarkeit. So beinhaltet ein zufrieden machendes »Ich hab's geschafft« den Rückblick auf eine Zeit intensiver Arbeit im Stadium des Erfolges. Ein (sehr) guter Studienabschluss, bei der Bestenfeier im Zentrum stehen, ein Traumziel erreicht zu haben, wer solche Erfolge nicht gebührend feiert, wird einen starken Mangel im Persönlichkeitsbereich offenbaren. Ergänzend unterstreicht ein in Freude zum Ausdruck gebrachtes »Ich hab's geschafft« einerseits die Verinnerlichung einer wichtigen Zielerreichung und ist gleichzeitig eine prägende Voraussetzung dafür, um in einer Mischung aus Gelassenheit und neuem Eifer die nächsten Schritte im beruflichen oder privaten Bereich anzugehen.

In der Regel hat die längere Konzentration auf ein herausgehobenes Ziel den Nebeneffekt, wichtige, nicht dem Vorhaben direkt dienende Lebensbereiche zu vernachlässigen. Musste beispielsweise für die Aufgabenstellung X kräftig gepaukt werden, fehlte neben der Zeit meist auch die mentale Voraussetzung für ein Einlassen auf bedeutsame andere Alltagsfelder. War für das Fach Y ein sehr intensives Eintauchen in diese Sphäre notwendig, gerieten gesellschaftspolitische oder kulturelle Themenfelder an den Rand. Diese zielbedingte Einengung des Blickfeldes macht dann auch Freunde, die Familie und erst recht Beziehungspartner zu Betroffenen. Auch wenn in der Regel mit viel Verständnis auf diesen Mangel reagiert wird, kein – besonders emotionales – »zu wenig« bleibt auf Dauer folgenlos. Es ist dann nicht die Aufgabe des Umfeldes, mehr Kontakt- oder Zuwendungszeit zu erbitten oder gar einzufordern, sondern es ist Aufgabe des erfolgreichen Akteurs, diese – wenn auch nachvollziehbaren – Einschränkungen von sich aus auszugleichen. Erfolgt dies nicht in angemessener Weise, ist mit meist subtil ablaufenden Konflikten oder Beziehungsbrüchen zu rechnen.

»Kopf, Herz und Hand«, mit dieser Dreieinheit rückte Heinrich Pestalozzi die Ganzheitlichkeit des Menschen ins Zentrum. Er verdeutlichte: »Das Greifen geht dem Begreifen voraus«, das Empfinden steuert das Denken und Handeln. Heute, circa 200 Jahre später, wird dieses Verständnis durch die neuen Erkenntnisse der Hirn- und Lernforschung massiv unterstützt. In seinem Buch *Ichlinge. Warum unsere Kinder keine Teamplayer sind* (2012) beschreibt der Psychologe Dr. Stephan Valentin die Folgen, wenn dieser Dreiklang aus Kopf, Herz und Hand gestört wird. Auch wenn Valentin seine Untersuchungen auf Kinder und Jugendliche bezieht, steuern sich auch viele beruflich stark eingebundene Erwachsene zu intensiv über das eigene Ego. Parallel dazu wird Teamgeist in fast allen Stellenausschreibungen – unabhängig von der Position – als wichtigstes Kriterium herausgestellt. Fachwissen allein überzeugt nicht. Ein Agieren als Einzelkämpfer hat kaum eine Zukunft. Auch wenn sich junge Menschen selbst als Teamplayer sehen, so gibt es häufig eine beträchtliche Diskrepanz zwischen der Selbst- und Außen-Einschätzung. Gut im Team zu funktionieren bedeutet, sich ein- oder auch unterordnen zu können, empathiefähig zu sein und Konfliktvermeidungs-Strategien anwenden zu können, um so konstruktiv gemeinsame Ziele schnellst- und bestmöglich zu erreichen. Eine Arbeitsgruppe macht noch lange kein Team, sondern ist bloß eine Ansammlung von Individuen. Selbst Teamplayer müssen in veränderten Konstellationen erneut zueinanderfinden. Erst dann kann eine leistungsfähige Arbeit beginnen.

Mit tollem Abschluss das Ziel erreicht! Und was kommt nun? Besonders bei Hochbegabten, sehr Zielstrebigen und Supererfolgreichen werden häufig Defizite im Bereich der sozial-emotionalen Kompetenzen deutlich. Unabhängig davon erfordern Studien- und Ausbildungszeiten in der Regel überproportionale Kopfarbeit. Dies sollte ein Anlass sein, nach einem erfolgreich absolvierten Studium vor einem unmittelbaren Start ins Berufsleben den Bereichen »Herz und Hand« eine größere Beachtung zu zollen. Das ermöglicht dem Kopf, nach einer Hochleistungsphase in einen ruhigeren Modus umschalten zu können. So wird der »komprimierten Anspannung« eine »wirksame Erdung« ermöglicht. Andere Themen, erfrischende Gedanken, erfüllende Sozialkontakte erhalten dann einen angemessenen Raum, um so aus einer »Muss-Zeit« in eine »Muße-Zeit« zu gelangen. Es rentiert sich, nach dem Abschluss eines Studiums ein »Timeout« als Aufschubzeit zur Rekreation des eigenen Selbst einzuplanen.

Denn wer ohne eine solche Zwischenphase aus einem getriebenen Studium schnell ins berufliche Getriebe wechselt, gerät leicht in die Gefahr, selbst schnell zerrieben zu werden. Eine Alternative ist, sich für mehrere Monate in Australien oder Neuseeland als Backpacker den eigenen Lebensunterhalt zu verdienen, in einem Volunteering-Programm in Entwicklungsländern Hand anzulegen, sich eigenständig in Projekten für Straßenkinder in Südamerika oder Indien zu engagieren, als Erntehelfer in Kuba oder Wildhüter in Namibia zu arbeiten, sich in Kinderheimen, Krankenhäusern, Behinderten-Einrichtungen oder Resozialisierungs-Projekten mit Straffälligen einzubringen; immer wird so hautnah erfahren, welche unentdeckten oder unterentwickelten Potenziale existieren, wo eigene Grenzen deutlich werden, wie wichtig im Alltag Herz und Hand sind, in welcher Dankbarkeit die Menschen reagieren, kurz: wie vielfältig das Leben ist.

In der Regel wird so auch – quasi als Nebenprodukt – eine große Dankbarkeit über die eigenen Lebensbedingungen deutlich, von denen der größte Teil der Menschheit meist noch nicht einmal träumen kann. Eine solche mehrmonatige Intensiv-Auszeit wiederum ist gleichzeitig die praktischste und preiswerteste »Zusatz-Ausbildung« zur Entwicklung und Förderung emotional-sozialer Kompetenzen und zur besseren Nachvollziehbarkeit anderer (Über-)Lebens-Wirklichkeiten. Bei den meisten Menschen, die sich so engagiert in unbekannte Alltagsbedingungen einbringen, setzt anschließend eine große Wertschätzung darüber ein, auf der »besseren Seite der Welt« geboren worden zu sein. Dies kann sich dann auf die bald zu treffenden beruflichen Mitwirkungsmöglichkeiten und privaten Entscheidungen auswirken. So werden »Herz, Hand und Kopf« in ihrer je eigenen Bedeutung und Wichtigkeit nachhaltig erfahren.

Wer solche Erfahrungen machte, hat sich damit auch einen wirkungsvollen Selbstschutz geschaffen, nicht in ein Hamsterrad des Getriebenseins zu geraten oder dieses gezielt anzuhalten, um so den Bezug zu sich und den wichtigsten Personen nicht zu gefährden. Viele, oft weltweit vernetzte, aber sozial verarmte Top-Manager haben erst ihre emotionale Isolation bemerkt, als die noble Behausung zum Ort erstarrter Einsamkeit wurde. Achtsamkeit ist das Stichwort, um das emotionale Wohlbefinden, die Gesundheit und das eigene Beziehungsumfeld bei einer zu starken Aufgaben-Fixiertheit nicht zu ramponieren.

Das Glück ist mit den Zielstrebigen! Dies ist eine recht gängige Auffassung im Berufsleben. Aber, das Glück macht nie so glücklich, wie das Unglück unglücklich macht! Wer zum Beispiel über einen langen Zeitraum oder dauerhaft nur sein Studium oder seine Karriere im Blick hat und seine Familie, Freunde und Partner vernachlässigt, verfehlt meist das Glück. Der Volksmund wiederum weiß, dass Glück wie Glas leicht zerbricht. So liegen Erfolge und Misserfolge oft recht beieinander. Kraft, Ausdauer und Ideenreichtum sind zwar äußerst wichtige Wegbereiter für ein Vorankommen, aber keinesfalls Erfolgsgaranten. Was macht im Leben eigentlich wirklich glücklich? Woran sind glückliche Menschen zu erkennen? Ist es vielleicht eher sinnvoll, nicht aufs Glück zu setzen, sondern ein zufriedenes Leben anzustreben, da Glück ein schwer zu fassendes Etwas ist?

»Es geht nicht darum, dem Leben mehr Tage zu geben, sondern den Tagen mehr Leben«, so die englische Ärztin und Begründerin der modernen Hospizbewegung Cicely Saunders (1918–2005). So haben wir die Wahl, mutlos, hilflos, hoffnungslos oder couragiert, selbstwirksam und zuversichtlich unser Leben anzugehen. Die großen Fragen der menschlichen Existenz erwarten Antworten: Was gibt meinem Leben Sinn und Halt? Lege ich Wert auf ein üppiges Bank-Konto oder ein sattes Beziehungs-Guthaben? Setze ich auf routinierte Unverbindlichkeit oder lasse ich mich auf substanzielle Begegnungen ein? Betrachte ich mich als den Nabel der Welt oder sehe ich mich als aktiven Teil einer Gemeinschaft? Was sind meine Prioritäten? Wie positioniere ich mich im Alltag? Letztlich sind es doch die immateriellen Güter wie Gesundheit, Partnerschaft und soziales Engagement, die den Menschen wirklich zufrieden machen. »Besitz und Geld sind jedenfalls nicht die entscheidenden Faktoren, die das Glück des Menschen bestimmen. Das weiß die Wissenschaft schon seit Langem. Auch die Politik hat erkannt, dass es neue und andere Indikatoren geben muss, die das Wohlergehen der Menschen bestimmen«,[64] so Sophia Seiderer in ihrem Text zum ersten World Happiness Report mit dem Titel: »Die Suche nach dem wahren Glück«. »Nur« das Beherzigen dieser Erkenntnisse und die konkrete Umsetzung in den Lebensalltag stehen noch aus. Dabei erhält die Fähigkeit, liebevolle Beziehungen zu schaffen, eine zentrale Bedeutung. Denn »im Grunde sind es doch die Verbindungen mit Menschen, die dem Leben seinen Wert geben«, so der preußische Gelehrte, Schriftsteller, Staatsmann und neuhumanistische Bildungsreformer Wilhelm von Humboldt.

## Danksagung von Isabelle Liegl

Für die vielen wertvollen Ratschläge und die liebevolle Unterstützung möchte ich mich sehr herzlich bedanken bei Bettina Burda, Casper Gerhard (Präsident der Stanford-Universität von 1992 bis 2000), Yoko Higuchi-Zitzmann, Hannah Kleinfeld, Carmen Kölz und Jenny Levié für ihren Sachverstand, meinem Mann Prof. Dr. Alexander Liegl und unseren Söhnen Alexander und Frederic, bei Prof. Arnulf Melzer (TUM), Thomas Montasser, dem ich sehr viel verdanke, bei Nina Ruge, die mir den größten Freundschaftsdienst erwiesen hat, bei Dr. Patricia Scherer, für ihre unglaubliche Hilfsbereitschaft, bei Martina Schulz von Siemens, Katharina Theml – bei ihr konnte ich viel lernen –, bei Ester von Salis und vor allem bei meinen wunderbaren Eltern.

## Ein dankbarer Rückblick von Albert Wunsch

Das Denken und Handeln von Menschen wird immer wesentlich durch das mitgeprägt, was andere in sie hineingelegt haben. So danke ich meiner Familie für das immer existierende kraftgebende Hinterland sowie einigen Freunden und Kollegen für ihre fachliche Unterstützung. Dadurch wuchs meine Kraft, sodass ich mit Freude und Elan für Menschen in unterschiedlichsten Situationen Handlungs-Impulse für ihre je eigenen Fragen und Probleme einbringen konnte, um so ihren Lebensweg zu stabilisieren. Die dabei erhaltenen positiven Rückmeldungen verstärkten dann wiederum meine Energie. Das so entstandene Praxis-Repertoire wurde hier für Sie als Leserinnen und Leser zur Mitnutzung verfügbar gemacht.

# Anmerkungen

[1] http://www.huffingtonpost.de/2016/03/04/erfolgreiche-menschen-tipps-_n_9382072.html; letzter Zugriff: 2.11.2016.

[2] Zu Methode und Wert der Rankings siehe www.topuniversities.com, www.timeshighereducation.com (»World University Rankings 2015–2016 Methodology«) oder www.researchtrends.com. Unter www.telegraph.co.uk gibt es Hinweise zur Interpretation der Rankings (»How to read different university rankings«).

[3] *The Wall Street Journal*, www.wsj.com/articles/the-top-u-s-colleges-1475030404.

[4] *The IB Learner Profil Booklet*, International Baccalaureate Organisation IBO, Cardiff 2008.

[5] Interview mit André Stern, *Die freie Welt*, Internet- und Blogzeitung für die Zivilgesellschaft, vom 5. Februar 2014.

[6] »Da ist viel Technikphobie«, *Welt am Sonntag*, Nr. 27, 3. Juli 2016, S. 1.

[7] Norbert Lossau, »Denkste«, *Die Welt*, 26. Oktober 2016, S. 20.

[8] Gabi Popp, »Einmal um die Welt«, *Süddeutsche Zeitung*, Nr. 43, 22. Februar 2016, S. R4.

[9] *The Wall Street Journal*, www.wsj.com/articles/the-top-u-s-colleges-1475030404 vom 30.9.2016, S. 6.

[10] Denkste«, Interview mit Hirnforscher Ernst Pöppel, *Die Welt*, 26. Oktober 2016, S. 20.

[11] www.athena-mentor.com.

[12] Für einen Vergleich von altem und neuem SAT-Test siehe www.washingtonpost.com/news/grade-point/wp/2016/05/11/why-your-new-sat-score-is-not-as-strong-as-you-think-it-is/. Zum Thema ACT siehe www.act.org/content/act/en/products-and-services/the-act-educator/about-the-act/continuous-improvement.html.

[13] *International Journal of Psychoanalysis*, 1958: 39: 350–373.

[14] Slade, A., »Attachement Theory and Research: Implications for the theory and practice of individual psychotherapy with adults«, in: Cassidy, J., Shaver, P. (Hrsg.), The Handbook of Theory and Research, New York: Guilford Press 1998, zitiert nach: http://de.wikipedia.org/wiki/Bindungstheorie; letzter Zugriff: 16.6.2016.

[15] Karl Gebauer/Gerald Hüther, *Kinder brauchen starke Wurzeln*, Mannheim 2005, S. 5 ff.

[16] Mehr dazu in: Albert Wunsch, *Mit mehr Selbst zum stabilen ICH*. Heidelberg 2013.

[17] Zur Abgrenzung hier einige Kernsätze aus Adolf Hitlers *Mein Kampf:* »Meine Pädagogik ist hart. Das Schwache muß weggehämmert werden. In meinen Ordensburgen wird eine Jugend heranwachsen, vor der sich die Welt erschrecken wird. Eine gewalttätige, herrische, unerschrockene, grausame Jugend will ich. Jugend muß das alles sein. Schmerzen muß sie ertragen. Es darf nichts Schwaches und Zärtliches an ihr sein.« Zitiert nach Hermann Rauschning: Gespräche mit Hitler, Zürich und New York 1940, Verlag Oprecht, S. 237.

[18] Karl-Heinz Wolfgang ist einer der fundiertesten individualpsychologischen Analytiker Deutschlands.

[19] Muhammad bin Raschid Al Maktum, Herrscher des Emirats Dubai und Premierminister, Verteidigungsminister sowie Vizepräsident der Vereinigten Arabischen Emirate.

[20] Jean-Jacqes Rousseau, *Emil oder über die Erziehung*, Paderborn 1978, S. 65.

[21] http://www.oecd.org/berlin/themen/pisa-studie/; letzter Zugriff: 13.12.2016

[22] https://www.welt.de/print/die_welt/politik/article160386547/Bundeslaender-betreibt-gezieltes-Notendumping.html; letzter Zugriff: 16.12.2016.

[23] *Rheinische Post* vom 7.7.2016.

[24] Ausgenommen sind in unserer sozialen Marktwirtschaft die Schwachen und Kranken.

[25] So würde nach einer großen Umfrage der Meinungsforscher von Fittkau & Maaß fast jeder zweite Deutsche gerne für längere Zeit aus dem Job aussteigen, knapp die Hälfte davon, um einen Burn-Out zu überwinden bzw. einer totalen Erschöpfung vorzubeugen. *Rheinische Post*, 3.9.2016, S. 2.

[26] Albert Wunsch, »Abschied von der Bespaßungspädagogik«, in: Christian Sebastin Moser, Peter Danich, Dietmar Halper (Hg.), *Schlüsselbegriffe der Demokratie*. Wien 2008, S. 40.

[27] http://www.rp-online.de/leben/gesundheit/ernaehrung/barmer-report-immer-mehr-deutsche-sind-adipoes-aid-1.6146457; letzter Zugriff: 28.7.2016.

[28] Dass manche Kinder spezielle Fördermaßnahmen aufgrund körperlicher, geistiger oder anderer Defizite brauchen, dürfte selbstverständlich sein.

[29] Zur Verdeutlichung: Harvard-Professor Ezzati wertete an der School of Public Health am Imperial College in London mit Hunderten internationalen Wissenschaftlern rund 1700 Bevölkerungsstudien aus 186 Ländern aus den Jahren 1975 bis 2014 aus. Dabei wurden die Daten von 19,2 Millionen Menschen berücksichtigt. Das Fazit: »Die Zahl der Menschen, deren Gewicht ein ernstes Problem für ihre Gesundheit darstellt, ist größer als jemals zuvor«, ohne »eine kluge Ernährungspolitik und verbesserte Gesundheitsvorsorge« werde es eine heftige »Fettleibigkeits-Epidemie« geben. In zehn Jahren dürfte fast jeder fünfte Erdenbewohner krankhaftes Übergewicht auf die Waage bringen. In Deutschland sind schon mehr als 26 % der Menschen überernährt. Quelle: http://www.zeit.de/wissen/gesundheit/2016-03/uebergewicht-adipositas-ernaehrung-bmi-entwicklung sowie http://www.spiegel.de/gesundheit/ernaehrung/uebergewicht-es-gibt-mehr-dicke-als-duenne-menschen-a-1084960.html; letzter Zugriff: 13.12.2016.

[30] Da diese Aktivitäten nicht zum Nulltarif zu haben sind, können Großeltern, Paten und weitere Familienmitglieder gut Eintrittskarten zu Festen schenken.

[31] Auch wenn diese wichtigen Grundsätze in der Druckfassung etwas herb wirken könnten, wenn Eltern die Zusammenhänge begreifen, werden sie diese Punkte in nachvollziehbaren Worten zum Wohl des Tieres und der Verantwortungsübernahme der Kinder einbringen.

[32] http://www.erziehungstrends.net/Einfach-erziehen; letzter Zugriff: 14.7.2016.

[33] http://www.t-online.de/eltern/erziehung/id_42258780/fruehfoerderung-kinder-foerdern-ohne-druck-.html; letzter Zugriff: 6.8.2016.

[34] http://www.huffingtonpost.de/2016/03/17/leben-kinder-probleme_n_9486398.html; letzter Zugriff: 7.7.2016.

[35] Khalil Gibran: *Der Prophet.* Übersetzt von Ditte und Giovanni Bandini. © der deutschen Übersetzung: 2002 dtv Verlagsgesellschaft, München. Mit freundlicher Genehmigung.

[36] *Spiegel Online* vom 24.11.2015.

[37] OECD-Bericht, Bildung auf einen Blick 2015, https://www.bmbf.de/de/bildung-auf-einen-blick-2014-1231.html; letzter Zugriff: 21.11.2016.

[38] Carl Rogers, *Entwicklung der Persönlichkeit,* 13. Auflage, Stuttgart 2000, S. 23.

[39] Ebd. S. 24.

[40] *Rheinische Post* (Hochschulseite) vom 17.12.2016

[41] *Rheinische Post*, 18.7.2016.

[42] Christine Brinck in *Die Welt* vom 16.12.2000.

[43] Nelson Mandela, http://www.waldorfkindergarten-moehringen.de/4qualitaets2.html.

[44] Übersetzung der Mitschrift eines Vortrags: https://translate.googleusercontent.com/translate_c?depth=1&hl=de&prev=search&rurl=translate.google.de&sl=en&u=https://www.ted.com/talks/angela_lee_duckworth_grit_the_power_of_passion_and_perseverance/transcript&usg=ALkJrhhL0nzaS_eEOPxJYFiojsfC5nA1hw; letzter Zugriff: 15.12.2016.

[45] *Die Welt*, 17.7.2015.

[46] https://www.google.de/#q=dass+beispielsweise+Sch%C3%BCler+mit+einer+Stunde+mehr+Musik+und+einer+Stunde+weniger+Mathematik+in+der+Woche+ein+besseres+Mathe-Abitur+geschrieben+h%C3%A4tten+als+die+reinen+Mathematiker; letzter Zugriff: 3.8.2016.

[47] http://www.spektrum.de/news/macht-musik-intelligent/1151099; letzter Zugriff: 2.8.2016.

[48] http://www.focus.de/familie/erziehung/das-raecht-sich-spaeter-bitterlich-diese-faulenzer-attitueden-sollten-sie-ihrem-kind-keinesfalls-durchgehen-lassen_id_5807702.html; letzter Zugriff: 15.8.2016.

[49] http://www.faz.net/aktuell/beruf-chance/jung-gebildet-arbeitsscheu-die-generation-y-erobert-die-welt-12571399.html; letzter Zugriff: 29.7.2016.

[50] http://www.faz.net/aktuell/beruf-chance/arbeitswelt/generation-y/generation-y-an-der-langen-leine-12212618.html; letzter Zugriff: 5.8.2016.

[51] http://www.rp-online.de/leben/gesundheit/psychologie/internetsucht-bedroht-300000-kinder-aid-1.5598965; letzter Zugriff: 15.10.2016.

[52] *Rheinische Post*, 3.10.2016, Hochschulseite.

[53] Zitat des Tages, *Rheinische Post*, 28.10.2016.

[54] Josef Röll in einem Vortrag des familienforums edith stein am 25.10.2016.

[55] Siehe hierzu die differenzierten Forschungsergebnisse von Prof. Paula Bleckmann: http://www.dasmili.eu/art/eine-frage-des-milieus-werden-unsere-kinder-von-computern-bedient/#. WFOvz7nIO00, sowie folgenden Überblick: http://www.erziehungstrends.net/Digitales-Lernen; letzter Zugriff: 16.12.2016.

[56] Ausführlich setze ich mich mit diesem Thema in meinem Buch *Die Verwöhnungsfalle* auseinander. München 2013.

[57] http://www.spiegel.de/lebenundlernen/schule/helikopter-eltern-wie-ueberbehuetung-den-kindern-schaden-kann-a-915507.html; letzter Zugriff: 15.10.2016.

[58] http://www.stern.de/familie/kinder/teenager-lernen-eigenstaendigkeit--8-faehigkeiten--die-jeder-18-jaehrige-haben-sollte-6801508.html; letzter Zugriff: 8.8.2016.

[59] Karl Berkel, *Konflikte verstehen, analysieren, bewältigen.* Heidelberg 1997, S. 10.

[60] http://www.archeviva.com/kooperationen/geld/business-reframing/19899-2/; letzter Zugriff: 30.7.2016.

[61] http://www.faz.net/aktuell/beruf-chance/arbeitswelt/der-marshmallow-karriere-test-von-walter-mischel-13239811.html; letzter Zugriff: 9.8.2016; weitere Infos: Interview mit Walter Mischel, Spektrum.de, http://www.spektrum.de/news/selbstkontrolle-kann-man-lernen/1370046; letzter Zugriff: 8.8.2016.

[62] Gerald Hüther, *Etwas mehr Hirn, bitte*, 2015.

[63] G. T. Doran, There's a S.M.A.R.T. way to write management's goals and objectives. In: *Management Review*, 70. Jg., Nr. 11, 1981, S. 35 f.

[64] Sophia Seiderer, »Die Suche nach dem wahren Glück«, *Die Welt*, 13.5.2012.